—— 乡村振兴特色优势产业培育工程丛书 ——

中国牦牛产业发展蓝皮书

（2024）

中国乡村发展志愿服务促进会 组织编写

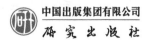
中国出版集团有限公司
研究出版社

图书在版编目 (CIP) 数据

中国牦牛产业发展蓝皮书 . 2024 / 中国乡村发展志
愿服务促进会组织编写 . — 北京 : 研究出版社，2025.
7. — ISBN 978-7-5199-1903-0

Ⅰ . F326.33

中国国家版本馆 CIP 数据核字第 2025TR4321 号

出 品 人：陈建军
出版统筹：丁　波
责任编辑：韩　笑

中国牦牛产业发展蓝皮书（2024）

ZHONGGUO MAONIU CHANYE FAZHAN LANPI SHU (2024)

中国乡村发展志愿服务促进会　组织编写

研究出版社 出版发行

（100006　北京市东城区灯市口大街 100 号华腾商务楼）

北京建宏印刷有限公司印刷　新华书店经销

2025 年 7 月第 1 版　2025 年 7 月第 1 次印刷

开本：710 毫米 × 1000 毫米　1/16　印张：16.25

字数：256 千字

ISBN 978-7-5199-1903-0　定价：59.00 元

电话（010）64217619　64217652（发行部）

本书编写人员

主　　编：罗晓林

副 主 编：王　军　赵洪文　马志杰　梁春年　谢　鹏
　　　　　张翔飞

编写人员：（按姓氏笔画排序）
　　　　　刘晓畅　李瑞哲　张　丽　张新军　张馨怡
　　　　　尚恺圆　税晓燕

本书评审专家
（按姓氏笔画排序）

王瑞元　李金花　李俊雅　李聚桢　吴燕民

张忠涛　陈昭辉　赵世华　饶国栋　聂　莹

裴　东　谭　斌　薛雅琳

编写说明

习近平总书记十分关心乡村特色产业的发展，作出一系列重要指示。2022年10月，习近平总书记在党的二十大报告中指出："发展乡村特色产业，拓宽农民增收致富渠道。巩固拓展脱贫攻坚成果，增强脱贫地区和脱贫群众内生发展动力。"同月，习近平总书记在陕西考察时强调，产业振兴是乡村振兴的重中之重，要坚持精准发力，立足特色资源，关注市场需求，发展优势产业，促进一二三产业融合发展，更多更好惠及农村农民。2023年4月，习近平总书记在广东考察时要求，发展特色产业是实现乡村振兴的一条重要途径，要着力做好"土特产"文章，以产业振兴促进乡村全面振兴。2024年4月，习近平总书记在重庆主持召开的新时代推动西部大开发座谈会上强调，要坚持把发展特色优势产业作为主攻方向，因地制宜发展新兴产业，加快西部地区产业转型升级。

为贯彻落实习近平总书记的重要指示和党的二十大精神，紧密围绕"国之大者"，按照确保重要农产品供给和树立大食物观的要求，中国乡村发展志愿服务促进会认真总结脱贫攻坚期间产业扶贫经验，启动实施"乡村特色优势产业培育工程"，选择油茶、油橄榄、核桃、杂交构树、酿酒葡萄，青藏高原青稞、牦牛，新疆南疆核桃、红枣9个特色优势产业进行重点培育。这9个产业，都事关国计民生，经过多年的努力特别是脱贫攻坚期间的工作，具备了加快发展的基础和条件，不失时机地促进实现高质量发展，不仅是必要的，而且是可行的。中国乡村发展志愿服务促进会动员和聚合社会力量，促进发展木本油料，向山地要油料，加快补齐粮棉油中"油"的短板，是国之大者。促进发展核桃、杂交构树等，向植物要蛋白，加快补齐肉蛋奶中"奶"的短板，是国之大者。促进发展青藏高原青稞、牦牛和新疆南疆核桃、红枣，促进发展西北地区葡萄酒产业，是脱贫地区巩固拓展脱贫攻坚成果和实现乡村产业振兴的需要，也是实现农民特别是脱贫群众增收的重要措施。通过培育重点企业、强化科技支撑、扩大市场销售、对接金融资源、发布蓝皮书等工作，努力实现产业发展、农民增收、企业盈利、消费者受益的目标。

发布蓝皮书是培育工程的一项重要内容，也是一项新的工作。旨在普及产业知识，记录产业发展轨迹，反映产业状况，推广良种良法，介绍全产业链开发的经验做法，对产业发展进行预测、展望，营造产业发展的社会氛围，加快实现高质量发展。从2023年开始，我们连续编写出版了9个产业发展的蓝皮书，受到社会欢迎和好评。

2025年的编写工作中，编委会先后召开编写提纲讨论会、编写调度会、专家评审会等一系列重要会议。经过半年多的努力，丛书成功付梓面世。丛书的编写与出版，得到了各方的大力支持。在此，我们诚挚感谢所有参加蓝皮书编写的人员及支持单位，感谢评审专家，感谢出版社及各位编辑，感谢三峡集团公益基金会的支持。尽管已是第三年编写，但由于对9个特色产业发展的最新数据掌握不够全面，加之能力有限，书中难免存在疏漏谬误，欢迎广大读者批评指正。

下一步，我们将深入贯彻习近平总书记关于发展乡村特色产业的重要指示精神，密切跟踪9个特色产业的发展情况，加强编写工作统筹，进一步提升编写质量，力求把本丛书编写得更好，为乡村特色优势产业的发展贡献力量，助力乡村全面振兴。

丛书编委会

2025年5月

代　序

乡村振兴特色优势产业培育工程实施方案

中国乡村发展志愿服务促进会

2022年7月11日

　　民族要复兴，乡村必振兴。脱贫攻坚任务胜利完成以后，"三农"工作重心历史性转到全面推进乡村振兴。为贯彻落实习近平总书记关于粮食安全的重要指示精神，落实《国家乡村振兴局 民政部关于印发〈社会组织助力乡村振兴专项行动方案〉的通知》（国乡振发〔2022〕5号）要求，中国乡村发展志愿服务促进会（以下简称促进会）认真总结脱贫攻坚期间产业扶贫经验，选择油茶、油橄榄、核桃、酿酒葡萄、杂交构树，青藏高原青稞、牦牛，新疆南疆核桃、红枣9个特色优势产业进行重点培育，编制《乡村振兴特色优势产业培育工程实施方案》（以下简称《实施方案》）。

一、总体要求

（一）指导思想

　　以习近平新时代中国特色社会主义思想为指导，全面贯彻习近平总书记关于"三农"工作的重要论述，立足新发展阶段，贯彻新发展理念，构建新发展格局，落实高质量发展要求。按照乡村要振兴、产业必先行的理念，坚持"大食物观"，立足不与粮争地，坚守18亿亩耕地红线，本着向山地要油料、向构树要蛋白的思路，加快补齐粮棉油中"油"的短板、肉蛋奶中"奶"的短板，持续推进乡村振兴特色优势产业培育工程。立足帮助优质农产品出村进城，不断丰富市民的"米袋子""菜篮子""果盘子""油瓶子"，鼓起脱贫地区人民群众的"钱袋子"。立足推动农业高质高效、乡村宜居宜业、农民富裕富足，为全面推进乡村振兴、加快农业农村现代化提供有力支撑。

（二）基本原则

——坚持政策引导，龙头带动。以政策支持为前提，积极为产业发展和参与企业争取政策支持。尊重市场规律，发挥市场主体作用，择优扶持龙头企业做大做强，充分发挥龙头企业的示范带动作用。

——坚持突出重点，分类实施。突出深度脱贫地区，遴选基础条件好、带动能力强的企业，进行重点培育。按照"分产业、分区域、分重点"原则，积极推进全产业链发展。

——坚持科技支撑，金融助力。加强对特色优势产业发展的科研攻关、科技赋能作用，促进科研成果及时转化。对接金融政策，促进企业不断增强研发能力、生产能力、销售能力。

——坚持行业指导，社会参与。充分发挥行业协会指导、沟通、协调、监督作用，帮助企业加快发展，实施行业规范自律。充分调动社会各方广泛参与，"各炒一盘菜，共办一桌席"，共同助力产业发展。

——坚持高质量发展，增收富民。坚持"绿水青山就是金山银山"理念，帮助企业转变生产方式，按照高质量发展要求，促进产业发展、企业增效、农民增收、生态增值。

（三）主要目标

对标对表国家"十四五"规划和2035年远景目标纲要，设定到2025年、2035年两个阶段目标。

——到2025年，布局特色优势产业培育工程，先行试点，以点带面，实现突破性进展，取得明显成效。完成9个特色优势产业种养适生区的划定，推广"良种良法",建设一批生产基地。培育一批龙头企业、专业合作社和家庭农场等市场主体,建立重点帮扶企业库,发挥引领带动作用。聘请一批知名专家,建立专家库,做好科技支撑服务工作。培养一批生产、销售和管理人才,增强市场主体内生动力,促进形成联农带农富农的帮扶机制。

——到2035年,特色优势产业培育工程形成产业规模,实现高质量发展。品种和产品研发取得重大突破,拥有多个高产优质品种和市场占有率高的产品。种养规模与市场需求相适应,加工技术不断创新,产品质量明显提升,销售盈利能力不断拓展,品牌影响力明显增强。拥有一批品种和产品研发专家,一批产业发展领军人才和产业致富带头人,一批社会化服务专业人才。市场主体发展壮大,实现一批企业上市。联农带农富农帮扶机制更加稳固,为共同富裕添砖加瓦,作出积极贡献。

二、重点工作

围绕特色优势产业培育工程目标,以"培育重点企业、建立专家库、实施消费帮、搭建资金池、发布蓝皮书"为抓手,根据帮扶地区自然禀赋和产业基础条件,做好五项重点工作。

(一)培育重点企业

围绕中西部地区,特别是三区三州和乡村振兴重点帮扶县,按照全产业链发展的思路遴选一批产业基础好、发展潜力大、创新能力强的企业,建立重点帮扶企业库,作为重点进行培育。对有条件的龙头企业,按照上市公司要求和现代企业制度,从政策对接、金融支持、消费帮扶等方面进行重点培育,条件成熟的推荐上市。

(二)强化科技支撑

遴选一批品种研发、产品开发、技术推广、工艺研究等方面的专家,建立专家库,有针对性地对制约产业发展的"卡脖子"技术难题进行联合攻关。为企业量身研发、培育种子种苗,用"良种良法"助力企业扩大种养规模。加强产品研发攻关,提高产品品质和市场竞争力。充分发挥企业家在技术创新中的重要作用，鼓励企业加大研发投入，承接和转化科研单位研究成果，搞好技术设备更新改造，强化科技赋能作用。

（三）扩大市场销售

帮助企业进行帮扶产品认定认证，给帮扶地区产品提供"身份证"，引导销售。利用促进会"帮扶网""三馆一柜"等平台和载体，采取线上线下多种方式销售。通过专题研讨、案例推介等形式，开展活动营销。通过每年发布蓝皮书活动，帮助企业扩大影响，唱响品牌，进行品牌销售。

（四）对接金融资源

帮助企业对接国有金融机构、民营投资机构，引导多类资金对特色优势产业培育工程进行投资、贷款，支持发展。积极与有关产业资本合作，按照国家政策规定，推进设立特色优势产业发展基金，支持相关产业发展。利用国家有关上市绿色通道，帮扶企业上市融资。

（五）发布蓝皮书

组织专家编写分产业的特色优势产业发展蓝皮书。做好产业发展资料收集、整理、分析工作，加强国内外发展情况对比分析，在总结分析和深入研究的基础上，按照蓝皮书的基本要求组织编写，每年6月前对外发布上一年度产业发展蓝皮书。

三、保障措施

（一）组建项目组

促进会成立项目组，制定《实施方案》并组织实施。项目组动员组织专家、企业家和有关单位，分别成立9个项目工作组，制定产业发展实施方案并组织实施。做好产业发展年度总结，编写好分产业特色优势产业发展蓝皮书。

（二）争取政策支持

帮助重点龙头企业对接国家有关产业政策、产业发展项目。协调相关部门，加大帮扶工作力度，争取将脱贫地区重点龙头企业的产业发展规划纳入国家有关部门和有关地区的专项发展规划并给予支持。争取各类金融机构对重点帮扶龙头企业给予贷款、融资优惠,助力重点帮扶企业加快发展。

(三)坚持典型引领

选择一批资源禀赋好、发展潜力大、市场前景广的种养基地作为示范种养典型,选择一批加工能力精深、技术先进、效益良好的龙头企业作为产品加工示范典型,选择一批增收增效、联农带农富农机制好的市场主体作为联农带农富农典型。通过典型示范,引领特色优势产业培育工程加快发展。

(四)搞好社会动员

建立激励机制,让热心参与特色优势产业发展的单位和个人政治上有荣誉、事业上有发展、社会上受尊重、经济上有效益。加强宣传工作,充分运用电视、网络等多种媒体,加大舆论宣传推广力度,营造助力特色优势产业培育工程的良好社会氛围。招募志愿者,创造条件让志愿者积极参与特色优势产业培育工程。

(五)加强协调促进

充分利用促进会在脱贫攻坚阶段取得的产业发展经验和社会影响力,协调脱贫地区龙头企业对接产业政策,动员产业专家参与企业技术升级和产品研发,衔接金融资源帮助企业解决资金难题。发挥行业协会的积极作用,按照公开、透明、规范要求,帮助企业规范运行,自我约束,健康发展。

四、组织实施

(一)规范运行

在促进会的统一领导下,项目组和项目工作组根据职责分工,努力推进9个特色优势产业培育工程实施。项目组要根据产业特点组织制定专家库、重点帮扶企业库的建设与管理办法、产业发展培育项目管理办法,包括金融支持、消费帮扶、评估评价等办法,做好项目具体实施工作。

(二)宣传发动

以全媒体宣传为主,充分发挥新媒体优势,不断为特色优势产业培育工程实施营造良好的政策环境、舆论环境、市场环境,让企业家专心生产经营。宣传动员社会各方力量，为特色优势产业培育工程建言献策。

（三）评估评价

发动市场主体进行自我评价，通过第三方调查等办法进行社会评价。特色优势产业培育工程项目组组织有关专家、行业协会、企业代表，对9个特色优势产业发展情况、市场主体进行专项评价。在此基础上，进行评估评价，形成特色优势产业发展年度评价报告。

CONTENTS | 目录

第二章

牦牛产业发展外部环境 / 035

第四章

牦牛产业发展重点企业 / 129

第五章

牦牛产业发展的代表性产品/品牌 / 143

第六章

牦牛产业发展效益评价 / 157

第七章

牦牛产业发展趋势与对策 / 205

绪　论

牦牛作为青藏高原及其周边高寒牧区的特有畜种,其产业是我国重要的生态资源和畜牧业支柱产业。2024年,随着乡村振兴战略的深入推进,以及对特色优势产业扶持力度的不断加大,牦牛产业在转型升级、科技创新、市场拓展以及生态保护等方面均取得了显著进展,但也面临着新的机遇与挑战。

我国现有牦牛数量庞大,占全球牦牛总数的绝大部分,主要分布在青海、西藏、四川、甘肃、云南等省(区)的高寒牧区。牦牛为当地农牧民提供了肉、乳、毛绒等多种畜产品,是高寒少数民族地区的主要生产资料和重要的经济来源。其养殖高度契合高寒生态条件,是一种独特的生态养殖模式,对防止高原生态环境恶化、维持生态平衡具有不可替代的作用。在当前全球对绿色、有机食品需求日益增长的背景下,牦牛产品凭借其"绿色肉食品"的独特优势,受到国内外消费者的广泛关注,市场潜力巨大。

近年来,牦牛养殖方式逐渐从传统的纯天然放牧向规模化、集约化、标准化转变,舍饲、半舍饲养殖比例逐年提高。牦牛繁育技术、营养需求标准、疫病防控体系不断完善,推动了牦牛产业的良性发展。牦牛肉以其高蛋白、低脂肪、氨基酸种类丰富等优点,被誉为"高原绿色有机食品",在国内外市场上的认可度不断提高。牦牛奶、皮、毛绒等产品也受到消费者青睐,市场需求持续增长。随着交通基础设施的不断完善,牦牛产品的销售市场进一步拓展,产业规模不断扩大。

然而,牦牛产业在发展过程中仍面临诸多挑战。草地资源的可持续利用问题日益突出,超载过牧现象在部分地区依然存在,导致草地退化,影响牦牛产业的长远发展。牦牛遗传资源的保护与利用有待加强，品种改良工作相对滞后，影响了牦牛的生产性能和产品质量。此外，牦牛产品的加工技术相对落后，产品附加值较低，品牌建设不足，加上进口牛肉的冲击，以及肉牛产业的不对等竞争等因素，市场竞争力有待提升。在生态保护与产业发展之间寻求平衡，实现牦牛产业的可持续发展，是当前亟待解决的问题。

为推动牦牛产业高质量发展，国家和地方政府出台了一系列政策措施，包括良种补贴、草原生态保护补助奖励、牦牛标准化养殖示范场创建等，为产业发展提供了有力的政策保障。同时，科技在牦牛产业发展中的支撑作用日益凸显。科研人员在牦牛遗传育种、营养调控、疫病防控、产品加工等方面开展了大量研究工作，取得一系列重要成果。例如，通过基因组学研究，挖掘牦牛优良性状的基因资源，为牦牛品种改良提供了科学依据；研发的牦牛标准化养殖技术，提高了养殖效率和产品质量；创新的牦牛产品加工工艺，丰富了产品种类，提升了产品附加值。科技的不断进步，为牦牛产业转型升级注入了强大动力。

牦牛产业的发展对促进农牧民增收、推动区域经济发展发挥了重要作用。牦牛养殖及相关产业为农牧民提供了大量的就业机会，增加了农牧民的收入来源，改善了农牧民的生活。同时，牦牛产业的发展带动了上下游相关产业的协同发展，如饲料加工、兽药生产、畜产品加工、物流运输等，形成了完整的产业链，为地方经济增长作出了积极贡献。从生态效益来看，牦牛养殖业作为一种生态友好型产业，其粪便作为有机肥料还田，可以改善土壤肥力，促进草地植被生长，对维护高原生态系统的稳定具有重要意义。此外，合理发展牦牛产业还可以减少对野生动植物资源的依赖，保护生物多样性，实现经济发展与生态保护的良性互动。

为全面、系统、客观地反映2024年中国牦牛产业的发展状况，总结经验，分析存在的问题，预测未来发展趋势，特编写《中国牦牛产业发展蓝皮书（2024）》。本书旨在普及牦牛产业知识，为政府决策提供参考依据，为企业投资和发展提供指导，为科研人员提供研究素材，促进社会各界对牦牛产业的关注和支持,推动牦牛产业可持续、高质量发展,助力乡村振兴战略的实施。

在编写过程中,我们广泛收集了国内外牦牛产业的相关数据和资料,深入调研了牦牛主产区的产业发展现状,组织了多场专家研讨会,并充分吸纳牦牛产业分布地区从事牦牛研究和生产的行业精英人员的意见,力求使本书内容准确、权威、实用。尽管如此,由于牦牛产业涉及面广,且发展迅速,书中难免存在不足之处,恳请广大读者批评指正,以便我们在今后的工作中不断完善和改进。本书总体架构如下:

绪论,主要介绍本书编写的背景、调研情况、基本架构等。

第一章"牦牛产业发展基本情况",主要介绍和分析了我国牦牛产业的发展情况,从养殖、加工、从业人员、产品营销及品牌建设等方面进行介绍,反映我国牦牛产业的发展现状。

第二章"牦牛产业发展外部环境",该部分分析了影响我国牦牛产业发展的外部因素,主要从政策环境、技术环境、市场需求和牦牛产业与肉牛产业优劣势等方面进行分析,明确现阶段我国牦牛产业发展的优势与不足。

第三章"牦牛产业发展重点区域",主要对青海、西藏、四川、甘肃四个牦牛主产区域,从牦牛产业生产、饲养管理、种业、市场经营及基础设施建设等方面进行分析。

第四章"牦牛产业发展重点企业",主要从青海、西藏及四川各区域中选择从事牦牛产品加工且具有代表性的生产企业,从过去3~5年企业发展、企业背景、产品类型、销售产值等方面内容进行阐述。

第五章"牦牛产业发展的代表性产品/品牌",主要对牦牛肉类产品、乳类产品、绒类产品及文创类产品进行详细介绍。

第六章"牦牛产业发展效益评价",主要从牦牛产业促进农民增收、带动企业发展和推动区域发展的经济效益,改善青藏高原地区生态条件的生态效益,促进社会稳定、增强组织凝聚力的社会效益等方面进行了阐述。

第七章"牦牛产业发展趋势与对策",从牦牛养殖、加工和市场销售三个重要方面对牦牛产业发展的趋势进行阐述,对各环节存在的问题及原因进行分析，提出对策性建议。

　　附录为2024年牦牛产业发展大事记。引录了近5年内牦牛产业发展的相关政策、重要活动、重要研究和产业项目等重要事迹。

第一章

牦牛产业发展基本情况

第一节 引 言

牦牛是起源于青藏高原的特殊牛种，主要分布于青藏高原及其毗邻的高山及亚高山地区，北抵阿尔泰山脉，南达喜马拉雅山脉，西起昆仑山脉、天山山脉、帕米尔高原，东至岷山。在国外牦牛主要分布在蒙古国、俄罗斯、尼泊尔、印度和巴基斯坦等国，而国内主要分布在青海、西藏、四川、新疆、甘肃、云南6个省（自治区）。牦牛不仅能为牧民提供肉、乳、毛皮、燃料等多种生产生活必需品，同时在经济、生态、文化、运输与劳力、药用、旅游、科研等多个方面具有重要的作用和独特价值。在经济价值方面，牦牛肉是高原居民的重要蛋白质来源，具有高蛋白、低脂肪、富含必需氨基酸和矿物质的优良特点；牦牛奶营养丰富，脂肪含量高，用于制作酥油、酸奶、奶酪等传统食品，素有"高原绿色有机食品"之美誉，是藏族饮食的核心；牦牛毛绒可织成帐篷、绳索、衣物（如牦牛绒制品），皮则用于制作靴子、马具等耐用物品。可以说，牦牛养殖是高原牧民的主要经济来源，相关产品（如牦牛肉干、奶制品）在国内外市场也逐渐受到青睐。在生态价值方面，牦牛耐寒、耐低氧，可适应极端环境，能在高海拔贫瘠草场生存，帮助维持脆弱的高原生态系统。在维持草场平衡、保护生物多样性方面，牦牛发挥着不可替代的作用。通过适度放牧控制杂草生长，促进草场更新；牦牛粪便作为天然肥料，有力改善了土壤肥力。牦牛与高原特有动植物形成的共生关系，是生态链的重要环节。在文化价值方面，牦牛是藏族、羌族等民族文化的象征。在藏族、羌族等文化中，牦牛被视为是神圣的图腾，象征力量、坚韧和奉献精神。牦牛角、头骨常用于宗教祭祀，酥油灯等制品与藏传佛教仪式紧密相关。牦牛毛编织、皮革加工等技艺是非物质文化遗产的重要组成部分。在运输与劳力价值方面，牦牛能负重穿越雪山、沼泽等险峻地形，历史上是茶马古道、戍守边防的重要运输力量，被誉为"高原之舟"。在偏远地区，牦牛仍用于农耕犁地、驮运物资等，支持牧民的游牧与迁徙生活方式。在药用价值方面，牦牛角、骨髓、血液等在藏药等传统医药中被用于治疗风湿、贫血等疾病。而在现代医学研究方面，牦牛奶中的活性成分（如免疫球蛋白、共轭亚油酸）具有抗氧化、增强免疫力等潜力。在旅游价值方面，牦牛牧场体验、文化节庆（如牦牛赛跑）是高原旅游的特色项目，也成为主要的生态旅游吸引点。在科研价值方面，牦牛对极端环境的适应机制为生物医学、遗传学提供了良好的研究模型。总之，牦牛是高寒地区的"生命支柱"，其经济、生态、文化等价值不可替代。合理保护和开发利用好牦牛遗传资源，推动其可持续利用和产业良性发展，对维护高原生态平衡、促进民族地区发展、加快乡村振兴均具有重要意义。

当前，牦牛产业已成为推动中国西部高原地区畜牧业可持续发展、加快乡村振兴和提升农牧民生活水平的主要驱动力之一。近年来，牦牛养殖方式已逐步由纯天然放牧向规模化、标准化、智能化方向转变，牦牛舍饲、半舍饲养殖比例逐年升高。随着牦牛产业科技水平的不断提升，牦牛高效繁育、草畜平衡、疫病防控等技术和体系亦不断得到完善和提高。牦牛现代农业产业园、产业集群、数字化与智慧牧场、科技小院等建设也取得长足发展，诸多因素进一步推动了牦牛产业的转型升级。随着有机、绿色产品消费观念的普及，生长于青藏高原无污染高寒地带的牦牛成为天然绿色食品的主要来源和象征。随着消费者对天然、健康、有机农畜产品的需求增加，牦牛肉、乳、毛绒成为高端市场的热门选择。在"一带一路"倡议下，牦牛产品出口潜力增强，国际市场需求持续增长，推动行业向全球化迈进，牦牛养殖业也获得更广阔的发展市场。

2024年，牦牛产业在国家政策、技术创新和市场需求等综合因素的多重驱动下，正加速向规模化、数字化、品牌化转型，呈现出良好的发展态势。

第二节　养殖情况

一、牦牛遗传资源的分布

牦牛分布以青藏高原为中心，向周边蔓延，遍布喜马拉雅山脉、帕米尔高原、天山山脉、祁连山和阿尔泰山脉等广大中亚高地。中国是牦牛的主产地，拥有牦牛1590多万头，占世界牦牛总数的94%以上。此外，在蒙古国、俄罗斯、吉尔吉斯斯坦、塔吉克斯坦、尼泊尔、印度、不丹、阿富汗、巴基斯坦等国，亦有约99万头牦牛，占世界牦牛总数的约6%。

中国是牦牛的起源和驯化地，拥有丰富的牦牛遗传资源，其主要分布在青海、西藏、四川、新疆、甘肃和云南6个省（自治区），在内蒙古贺兰山区、河北北部寒冷山区也有零星分布。中国不仅是世界上拥有牦牛数量最多的国家，也是世界上拥有牦牛品种（遗传资源）最多的国家。根据最新的《国家畜禽遗传资源品种名录（2024年版）》及农业农村部文件信息，我国当前共计拥有24个牦牛地方品种（遗传资源）和2个培育品种。与2011年第二版《中国畜禽遗传资源志·牛志》相比，增加了13个地方品种（遗传资源）和1个培育品种，增幅超过100%。目前，青海省拥有6个牦牛品种（遗传资源），西藏自治区拥有6个，四川省拥有6个，甘肃省拥有5个，新疆维吾尔自治区拥有2个，云南省拥有1个（见表1-1）。分布区域广、地理分布差异明显是中国牦牛遗传资源地理分布的主要特点。不同区域的牦牛品种（遗传资源）之间存在着不同程度的遗传差异，这些差异与地理环境、人类活动及各品种遗传特性等因素密切相关。

表1-1　中国牦牛品种（遗传资源）数量情况

省（自治区）	品种	数量（万头）
青海	青海高原牦牛	377.23
	环湖牦牛	79.60
	雪多牦牛	34.53
	玉树牦牛	57.56
	大通牦牛	3.61
	阿什旦牦牛	0.43
西藏	西藏高山牦牛	429.97
	娘亚牦牛	16.05
	斯布牦牛	4.13
	帕里牦牛	2.55
	类乌齐牦牛	15.66
	查吾拉牦牛	5.53
四川	九龙牦牛	14.79
	麦洼牦牛	190.27
	木里牦牛	6.88
	金川牦牛	40.85
	昌台牦牛	105.67
	亚丁牦牛	6.03
甘肃	甘南牦牛	105.21
	天祝白牦牛	13.52
	肃南牦牛	6.82
	肃北牦牛	2.31
	美仁牦牛	5.34
新疆	巴州牦牛	12.43
	帕米尔牦牛	20.24
云南	中甸牦牛	8.13

资料来源：第三次全国畜禽遗传资源普查和新认定的牦牛遗传资源（肃北牦牛、美仁牦牛）申报材料。

二、牦牛养殖现状

（一）草地资源及养殖规模

最新全国国土变更调查结果显示，我国共有草地26321.57万公顷，其中天然牧草地21255.03万公顷，占80.8%；人工牧草地58.82万公顷，占0.2%；其他草地5007.73万公顷，占19.0%。从行政区域分布来看，西藏天然草地面积最大，为8006.50万公顷，主要为高寒草原和高寒草甸。其次为内蒙古、新疆和青海，天然草地面积分别为4792.20万公顷、3959.80万公顷和3666.39万公顷。内蒙古草原以温性草原和荒漠草原为主，青海以高寒草甸和高寒草原为主，新疆则盐生草甸、高寒草原、荒漠草原和高寒草甸均有分布。此外，四川、甘肃、黑龙江和云南天然草地面积分别为943.49万公顷、656.62万公顷、56.88万公顷和12.25万公顷，其中四川草地资源80%以上为高寒草甸，云南草地资源86%以上为热带亚热带草原。

牦牛产业主要是以天然草地植物为饲草来源的一种传统产业，沿袭着依赖天然草地的自然再生产能力维持其饲草需要的模式。近年来，我国牦牛存栏量整体呈现增长态势，从2014年的1200.40万头增长到2024年的1590.28万头（见表1-2）。其中，2024年，青海牦牛存栏量585.77万头，占全国牦牛的36.83%，居全国首位；西藏牦牛存栏量437.12万头，占全国牦牛的27.49%；四川牦牛存栏量383.70万头，占全国牦牛的24.13%；青海、四川和西藏牦牛存栏量总和占全国牦牛存栏总量的88%以上。甘肃拥有141.27万头，占全国牦牛总数的8.88%；新疆拥有33.75万头，占全国牦牛总数的2.12%；云南拥有7.99万头，占全国牦牛总数的0.50%。随着人口数量和牦牛存栏量的不断增加，部分地区出现了不同程度的草地退化现象，生产力有所减弱，草地可利用性呈下降趋势。

表1-2 2014—2024年近10年牦牛存栏量

单位：万头

时间	青海	西藏	四川	甘肃	新疆	云南	全国
2014年	397.08	293.62	370.29	116.86	14.25	7.99	1200.40
2015年	420.00	311.89	367.04	118.36	14.17	7.76	1239.52
2016年	457.26	256.89	376.33	132.63	15.13	8.33	1246.85
2017年	467.76	313.00	372.34	128.86	16.57	9.94	1308.77
2018年	456.35	372.35	369.29	122.63	17.13	8.43	1346.47
2019年	469.02	174.25	382.01	129.77	19.12	4.95	1179.43
2020年	467.54	410.21	413.26	142.47	21.33	5.70	1460.80
2021年	554.66	410.10	417.45	144.80	23.74	6.11	1557.22
2022年	554.95	446.64	369.57	127.86	29.69	6.25	1535.33
2023年	570.81	438.76	389.79	134.52	31.23	6.87	1572.44
2024年	585.77	437.12	383.70	141.27	33.75	7.99	1590.28

资料来源：2014—2024年《中国畜牧兽医年鉴》数据信息。

（二）牦牛繁育

目前，牦牛繁育技术仍主要依靠本品种选育和杂交改良。在继续探索"因地制宜""因种制宜"的牦牛本品种选育方法的基础上，根据不同牦牛品种的种质特性及品种（群体）间的遗传差异，制订选育计划，确定选育目标和选育方向，取得显著成效。但中国大部分地方牦牛品种生产性能较低，特色性状挖掘利用仍不够。为提高牦牛选育效率和品质，分子标记辅助选育、基因芯片辅助选育等现代生物育种技术在牦牛本品种选育中初步得到了应用。

通过有计划地开展牦牛杂交改良，可达到大幅提高其生产性能和产品商品率的目的。2024年，随着大通牦牛、阿什旦牦牛及部分地方牦牛品种改良计划的推进，牦牛种间杂交改良取得显著进展。同时，牦牛种间杂交技术推广工作得到进一步加强，基础设施更加完善，种间杂交人工授精技术更为成熟，改良力度逐年加大，繁育目标更为明确，覆盖面亦逐年扩大。利用人工授精技术开展娟姗牛、安格斯牛、西门塔尔牛与牦牛种间杂交，在提高产奶、产肉性能方面均取得了显著效果。此外，利用牦牛、地方黄牛和安格斯牛进行三元杂交形成的杂种肉牛，具有适应性好、生长速度快、产肉性能好等优点。随着科研投入力度的加大及牦牛繁育技术的发展与推广，牦牛可视化输精、同期发情技术在牦牛杂交改良中获得一定范围的推广和普及。但与其他畜种相比，规模小而分散、管理粗放等问题仍然严重制约着牦牛种间杂交改良的效果。

牦牛传统养殖主要为放牧养殖，因而饲养成本相对较低。当前已推广放牧补饲、半舍饲育肥、全舍饲育肥、短期集中育肥、直线育肥、异地育肥等多种牦牛养殖新技术，充分利用了当地优良的牧草资源，降低了育肥成本，缩短了育肥周期，提高了生产效率。然而，牦牛育肥养殖目前并未形成完善的育肥养殖产业链，与高水平的牦牛养殖产业还存在一定差距。

（三）牦牛营养调控

当前，牦牛营养调控主要是在冷季或暖季进行补饲或舍饲，根据营养需求，向日粮中添加蛋白质、微量元素、氨基酸和生物活性物等，以达到提高牦牛生产性能、改善乳肉品质的目的。通过保证营养供需平衡实现牦牛精准营养调控，达到高效、生态养殖的目的。2024年，牦牛营养调控相关领域有一些新的标准发布，如青海省发布了地方标准《牦牛犊牛营养需要量》（DB63/T 2360—2024），明确了35～65千克犊牛的能量、蛋白质等精准营养需求，为品种选育和高效养殖提供科学依据。随着牦牛产业科技水平的提升，牦牛营养需要标准将逐渐完善。除了营养成分外，饲料的品质和环保性也受到一定程度的重视。优良适口的饲料能够提高牦牛的采食量和消化率，促进其生长发育；开发和使用环保型饲料添加剂，能够减少养殖过程中对环境的污染和破坏。贯穿全程的营养调控、精准饲养、因地制宜的饲养模式研发与应用，将推动牦牛产业标准化进一步发展。

（四）牦牛疾病防控

牦牛常见疾病有传染性疾病和普通性疾病两大类。传染性疾病常见的有细菌性疾病、病毒性疾病和寄生虫性疾病，包括口蹄疫、炭疽、布鲁氏菌病等。病毒性腹泻是低温环境中常见的病毒性疾病之一，是威胁牦牛健康，造成犊牛死亡的主要接触性传染病。牦牛常发性疾病包括犊牛肺炎和消化不良、犊牛脐炎及脐带异常病、瘤胃积食、子宫脱垂、胎衣不下,以及牦牛外伤等各类疾病。2024年,牦牛疫病防控取得新成效。青海省推广高效低残留驱虫方案(如长效注射剂),替代传统磷制剂和氯制剂,减少耐药性并降低环境污染。四川省若尔盖县2024年试点牦牛病毒性腹泻与牛传染性鼻气管炎二联灭活疫苗,跟踪显示发病率下降60%;甘孜州研发的牦牛病原检测技术,可在1小时内完成现场检测,准确率高达95%,解决了高原牧区采样难、诊断延迟的痛点。

"养防结合,防重于治"是牦牛疾病防控的主导理念。引导牧民做好圈舍管理,建立定期消毒制度,切断传播途径,加强饲养管理及完善免疫程序,科学预防接种。牦牛发生疾病时,做好隔离措施。通过临床症状观察、病理剖检以及实验室诊断等方法对发病牦牛的病因病情进行准确的分析诊断,在查明病因后要合理选择药物进行治疗。在用药时轮换使用药物,避免病原菌出现耐药性。除此之外,还要定期驱虫。

(五)牦牛养殖及饲养管理模式

牦牛传统养殖方式以全放牧为主,受牧草营养供给不平衡、疫病防治不便捷、环境条件不可控等诸多因素影响,生产效率较为低下。2024年,牦牛养殖方式继续向规模化、集约化、标准化方式转变。其中,牦牛养殖户以传统放牧为主,少量补饲;部分合作社和企业以"放牧+补饲"、舍饲两种养殖方式为主;部分企业以舍饲为主。随着高效养殖技术的研发应用与示范推广,目前已形成了如"4218""三结合顺势养殖""牧繁农育""1+N""舍饲+补饲技术集成""数字化智慧养殖"等多种因地制宜的牦牛高效养殖模式,为牦牛产业转型升级提供了思路和示范。牦牛养殖区域更加重视经济与生态效益协调发展和区域化协同发展,牦牛育肥生产向饲草料更丰富的农牧交错带和低海拔农区转移,半农半牧区牦牛舍饲错峰出栏和低海拔农区牦牛高效育肥模式继续扩大。

(六)牦牛主要畜产品状况

当前,随着人们生活水平的不断提高和市场多元化需求的增加,牦牛产品也向着多元化方向发展。除传统的牦牛肉、乳产品外,牦牛肉精细分割、排酸嫩化后制成的西式牛排、牦牛排等产品供不应求，还有以牦牛新鲜肉生产的风干肉、牛肉干以及以牦牛乳为原料加工的酸奶、奶粉、奶贝、干酪、奶油等产品，牦牛的骨髓、皮、角、血液和内脏等也都出现了新的加工利用方式。在医药、保健、化妆品、文化旅游、科创等多个行业均出现了与牦牛相关的产品和消费形式。随着直播电商的兴起，部分企业和商家借助网络平台促进了牦牛产品的深度消费，加深了广大消费者对牦牛产品的关注和了解，提升了牦牛产品的品牌知名度。

第三节　加工情况

一、行业概述

牦牛产业作为青藏高原地区最具特色的传统支柱产业，在促进民族地区经济发展、保障牧民增收和维护边疆稳定等方面发挥着不可替代的作用。随着城乡居民消费升级和健康饮食理念的普及，牦牛肉等产品正日益受到市场青睐，展现出广阔的发展前景。然而，受制于高原特殊的自然地理条件、传统的生产经营方式和薄弱的基础设施等因素，当前牦牛屠宰加工业仍面临着产业链条短、加工水平低、产品附加值不高等突出问题，严重制约了产业高质量发展。为全面把握行业发展现状，中国农业科学院北京畜牧兽医研究所优质功能畜产品创新团队在甘肃、青海、四川、西藏等主要牦牛产区开展了牦牛屠宰企业技术现况及产业需求和牦牛肉加工企业技术现况及产业需求抽样调研。调研情况如下：

（一）牦牛屠宰企业现状

1.屠宰规模分析

牦牛屠宰企业的规模呈现明显的地域差异和层级分化，牦牛屠宰企业的设计屠宰规模从年屠宰量10万~15万头到6000~7000头不等，甘肃安多、青海西北弘的设计屠宰规模超过10万头。但各企业的实际产能利用率普遍偏低,甘肃安多实际屠宰量仅为设计产能的5%,中型企业如青海夏华(3万头)、甘肃伊康源(5万头)和四川鹏飞(6万头)的实际屠宰量维持在设计规模的25%~30%,小型企业如西藏藏家6000头和西藏东郊7500头(目前已停止屠宰)。从地域分布看,青海企业平均设计规模最大(9万头),西藏次之(4.6万头),甘肃(7.3万头)和四川(4万头)相对较小。所有调研企业的实际屠宰量均未超过2万头,行业整体面临产能过剩的挑战,特别是大型企业的固定资产闲置问题尤为严重,亟须通过拓展销售渠道、开发新产品等方式提高产能利用率。屠宰企业的用工规模不稳定,多为季节性雇用。

2. 牦牛屠宰与销售状况分析

企业屠宰的牦牛来源以外购为主,自养比例目前较低,仅少数企业如青海夏华(自养1500头)、四川鹏飞(自养2200头)拥有自有牧场,但规模有限,这与当前牦牛以放牧养殖为主有关。目前,牦牛屠宰年龄均为36月龄以上,甘肃安多(36~48月龄)、青海夏华(36月龄)等企业偏好屠宰较年轻的牦牛,多为育肥牦牛;西藏藏家牦牛(60月龄以上)、西藏高原蓝(60月龄)则屠宰高龄牦牛。牦牛平均胴体重在150~230千克。胴体分割方法以四分体、二分体偏多,但规模化屠宰企业为迎合内地市场消费习惯,也开始借鉴肉牛分割方法对牦牛肉进行部位肉精细分割。产品销售方式也呈现热鲜肉、冷鲜肉、冷冻肉等多种方式并存。生鲜牦牛肉的主要销售渠道为批发商、农贸市场、中小餐馆,部分企业有自营直销和连锁超市等渠道。

3. 设备与技术分析

行业整体处于从传统屠宰向现代化加工过渡阶段,但技术进步受资金投入不足和人才短缺等多重因素制约,行业内不同企业的技术应用水平呈现显著差异。如甘肃昌翔和青海夏华已经采用24~72小时胴体冷却成熟工艺,而西藏生达、东郊等企业尚未引进该技术。企业普遍存在迫切的技术升级需求,主要集中在以下领域:牦牛肉精细分割技术、保鲜与冷链物流技术、解冻损失控制技术等。

（二）牦牛肉加工企业现状

1. 企业状况分析

牦牛肉加工企业的生产规模差异显著，大型企业（如西北骄）年加工量可达万吨级，而小型企业（如鹏飞、云端）的产能仅维持在百吨级，实际年销售量亦呈现较大跨度，从5000吨至100~200吨不等。此外，在乡村振兴政策的推动下，部分合作社开始涉足牦牛肉乳的加工领域，其产能普遍低于传统中小型企业产能。在加工技术方面，规模化企业多采用现代生产工艺，而中小型企业仍以传统加工工艺为主。企业用工规模同样呈现梯度差异：大型企业的员工总数通常在100人左右，中小型企业维持在50~60人，合作社等新型经营主体的用工规模则更为有限。在人力资源结构上，生产工人主要来源于本地劳动力市场，而部分规模较大的企业会额外聘用外部专业管理人员以优化运营效率。

2. 设备与技术分析

牦牛肉加工企业的技术改进需求主要集中在优化产品品质、拓展高附加值产品（如副产物高值化利用技术等）、提升加工效率3个方面。部分企业提出牦牛肉干制品同质化严重的问题，正尝试通过开发中高端西式产品（如调理牛排、预制菜等）实现差异化竞争，但这一转型过程亟须配套的腌制、嫩化及杀菌工艺作为技术支撑。一些企业瞄准智能化改造技术升级的重点方向，如溯源系统和供应链管理系统的建设，以实现从牧场到餐桌的全流程质量控制。一些小型企业更关注基础生产设备的自动化改造，以缩短工期、降低人力成本。总体来看，技术改进需结合企业规模差异化推进，大型企业应聚焦精深加工和智能化，中小企业则应优先解决基础工艺优化问题。然而，行业普遍面临着研发平台和技术创新人才短缺等制约因素。调查数据显示，绝大多数企业缺乏从事技术研发与产品开发的专业人员，且具备中级及以上职称的技术人员占比极低。这一现状不仅限制了企业对市场需求的快速响应能力，还导致加工工艺长期停滞于传统模式，进一步加剧了产品同质化。

二、技术创新

青藏高原独特的生态环境和优质的牦牛资源,为发展生态畜牧业、生产有机畜产品和功能性食品提供了天然优势。然而,当前牦牛产业仍面临加工技术落后、产品附加值低、市场适应性不足等问题。传统加工方式以手工操作为主,生产效率低,产品品质不稳定,且存在食品安全隐患。此外,由于饮食习惯差异,内地消费者对高原传统风味产品的接受度较低,限制了牦牛产品的市场拓展和品牌溢价能力。调研发现,当前牦牛肉加工行业存在两大突出问题:一是照搬普通肉牛加工模式,未能充分挖掘牦牛肉的品质特色;二是产品定位模糊,难以精准对接市场需求。为此,部分企业已开始探索工艺创新和产品升级,以适应不同消费群体的需求。

(一)牦牛屠宰工艺创新

绿色嫩化技术是针对牦牛屠宰年龄偏大、肉质老韧的问题,产学研联合研发的低压电刺激结合冷却成熟工艺,通过调控宰后肌肉的糖酵解、产酸及成熟过程,显著提升牦牛肉的嫩度、风味和多汁性,同时降低能耗,提高生产效率。该技术已在部分企业推广应用,有效提升了牦牛肉的市场接受度。

减菌保鲜技术是为解决牦牛屠宰过程中初始污染率高、货架期短的问题。研发的臭氧水胴体喷淋减菌技术,可将胴体表面菌落总数降低3个数量级,使产品货架期延长2~3倍,为冷链运输和远距离销售提供了技术保障。

(二)牦牛肉精深加工创新

传统产品升级。在保留牦牛肉干、腌腊制品等传统风味的基础上,企业通过优化工艺(如减少烟熏、油炸等环节),降低有害物质生成,开发出绿色酱卤牦牛肉制品等更符合现代健康饮食需求的产品。

高端产品开发。瞄准旅游市场和中高端消费群体,企业推出了一系列创新产品,如精分割冷鲜牦牛部位肉(如原切牛排、带骨肉)、调理牦牛肉制品(如青稞藜麦牦牛肉肠、蒜香蕨麻牦牛肉肠)、发酵牦牛肉(采用低温腌制和风干工艺,风味独特)等。

牦牛产业要实现高质量发展，需从标准化生产、市场细分和品牌建设三方面突破。首先，推动标准化生产是提升产业效率的关键。通过引入自动化分割设备、精准温控冷鲜技术及全程冷链物流，可大幅提高产品的一致性和安全性，降低加工损耗。例如，推广低压电刺激嫩化技术和臭氧减菌工艺，能有效改善肉质并延长货架期，为跨区域销售奠定基础。其次，精准市场细分至关重要。针对不同消费场景开发差异化产品：面向高端餐饮供应精分割冷鲜牦牛部位肉；为零售渠道设计便捷的调理肉制品（如即食牦牛肉肠）；结合高原牧区文化开发礼品类产品（如发酵手撕牦牛肉干），以满足旅游市场和节庆需求。最后，强化品牌建设，挖掘青藏高原生态与文化价值，通过地理标志认证、有机标识和故事化营销，塑造"高海拔、纯天然、高品质"的品牌形象。政府与企业可联合搭建电商平台，拓展私域流量，并针对内地消费者开展牦牛肉营养与烹饪方式的科普宣传，逐步打破市场认知壁垒。通过技术创新与品牌赋能，牦牛产业有望从传统粗加工迈向高附加值赛道，成为青藏高原特色经济的支柱产业。

三、龙头企业

（一）青海夏华清真肉食品有限公司

青海夏华清真肉食品有限公司作为国家级农业产业化重点龙头企业，在牦牛产业领域具有示范引领作用。公司依托国家肉牛牦牛产业技术体系综合试验站平台，建立了完善的现代化生产体系，包括标准化屠宰车间、精深加工车间、5000吨级冷链仓储设施等核心基础设施。通过产学研协同创新，公司与国内顶尖科研机构建立了长期稳定的技术合作关系，在牦牛屠宰加工领域取得多项突破性进展。

公司创新开发了基于嫩度分级的牦牛肉加工体系，通过精准控制冷却、成熟等关键工艺参数，成功研制出原切牦牛排、调理牦牛肉等系列高端产品。目前产品线已覆盖30多个细分品类，包括上脑、眼肉等优质部位肉及火锅涮食系列，实现了从传统屠宰向精细化加工的转型升级。

（二）红原牦牛乳业有限责任公司

红原牦牛乳业作为国家级农业产业化重点龙头企业，构建了覆盖300公里半径的现代化奶源采集网络，创新实施"龙头企业+牧户"的产业联动模式，直接带动6000余户藏族牧民增收致富。公司引进国际先进乳品加工设备和技术，建成年处理鲜奶能力达10万吨的现代化生产基地。

依托青藏高原独特的生态环境优势，红原牦牛乳业坚持"零添加"的产品理念，充分保留牦牛乳中的共轭亚油酸、α-亚麻酸等营养成分。通过持续的技术创新，公司已形成涵盖全年龄段人群的营养奶粉系列，并成功开发常温液态奶、低温巴氏奶等新品类。其产品先后获得食品真实品质认证（FA认证）和"天府粮仓"精品品牌称号，品牌影响力持续提升。

第四节　从业人员

一、养殖环节人员概述

青藏高原地区的牦牛养殖仍以传统游牧方式为主导，牧民群体普遍具备丰富的草原生态知识和放牧经验。这些牧民虽然受教育程度有限，但在长期实践中形成了一套与高原生态系统高度契合的畜牧生产模式。夏季选择高海拔阴凉地带放牧，冬季转场至向阳背风区域，利用自然地形规避极端天气影响。这种因地制宜的季节性轮牧方式，不仅有效利用了不同海拔的草场资源，还避免了过度放牧对生态环境的破坏。

为适应现代畜牧业发展需求，促进产业升级，近年来高原牧区积极推进畜牧业经营体制改革。通过组建股份制合作社、建立生态家庭牧场等方式，推动传统牧业向现代化转型。重点推广"草畜循环"生态养殖模式，实施"三增三适"技术规范，并借鉴"拉格日"等成功经验，引导牧民转变生产经营方式。这些措施有效促进了牧区经济结构调整，实现了生态保护与产业发展的协调统一。

在技术推广方面，基层科技服务能力显著提升。过去由于基层技术力量薄弱，许多先进养殖技术难以有效推广。具体表现在：技术指导缺乏系统性，培训内容与实际需求脱节；技术推广手段单一，主要依靠传统的集中授课方式；后续跟踪服务不到位，技术落地效果难以保证。随着乡村振兴战略的深入实施，通过"走出去、请进来"的人才培养策略，一方面引进外部专家进行技术指导；另一方面选派本地技术骨干外出进修学习，逐步建立起了一支稳定的专业技术队伍。目前，每个重点牧业县都配备了专业技术人员，能够为牧民提供包括疫病防治、科学饲养、品种改良等在内的全方位技术服务。

二、加工环节人员概述

牦牛加工业呈现"小散弱"的特点，以中小企业和合作社为主体。从业人员主要来自周边农村，普遍具有以下特征：文化程度以初中为主，专业技能培训不足；季节性用工比例较高，技术传承存在断层；专业技术人才严重短缺，平均每家企业仅有1~2名中级以上职称人员。这种人力资源结构导致企业普遍面临工艺创新和技术升级受限等问题，制约了产业向精深加工方向发展。以冷鲜肉加工为例，由于缺乏专业的技术团队，一些企业无法有效掌握气调包装、精准温控等关键加工技术，导致产品保质期短、品质不稳定。要突破这些发展瓶颈，需要政府、企业和教育机构多方协同，共同构建完善的加工人才培养体系。

第五节　营销情况

一、牦牛养殖商品化水平

当前，我国牦牛养殖商品化水平呈现"规模稳定但区域分化显著、初级产品与高附加值产品发展不均衡"的阶段性特征。从供给端看，2024年，全国牦牛存栏量达到1590.28万头，但出栏率区域差异明显，甘肃的商品转化率最高为

23.11%，其次是青海（16.64%），然后是西藏（14.64%）。从产品看，以牦牛肉、牦牛奶及牦牛工艺品为主。当前牦牛产品商品化进程正从粗放式规模扩张转向"品质提升+文旅增值"的复合模式。牦牛产业作为我国高寒牧区的特色支柱产业，在旅游冲击和市场需求推动下呈现出多元化发展趋势。一方面，由于牦牛产业兼负经济与生态发展的重要任务，在旅游热的带动下，牦牛产业受到一定冲击，致使出栏量下降，供给压力增大；另一方面，随着旅游市场对牦牛文化体验需求的快速增长，生态观光、民俗体验、研学康养等新型旅游产品不断涌现，带动了牦牛文化体验消费，加之国家政策扶持和品牌化战略的实施，牦牛食品"绿色有机"等认证提升了产品竞争力，以及人们对高蛋白、低脂肪健康食品需求的持续增长，牦牛产业在市场消费上的需求火爆。

（一）牦牛生产出栏情况分析

西藏产品畜数量和出栏数量在牦牛主产区中处于最低水平，且低于全国平均水平，产品畜数量在2009年达到峰值，每百头牦牛中产品畜为19头，随后持续下滑至2012年的最低值10.1头。但2013年后逐步回升，2014年至2023年产品畜数量从12.77头上升至14.64头。出栏率波动显著，2018年和2019以每百头牦牛中出栏16头达到峰值。甘肃产品畜数量在牦牛主产区中居于首位，且多数时期高于全国平均水平，从2009年至2012年，产品畜数量逐渐减少，从每百头牦牛中产品畜23.74头减少至最低值13.89头。2013年到2023年，产品畜数量整体呈现上升趋势，峰值出现在2022年，为30.97头。出栏率同样领跑其他主产区，2023年达到峰值23.11头，最低值出现在2013年，为13.88头。青海地区产品畜数量大体呈现增长态势，从2009年的16.41头增长至2023年的16.64头，其中2010年为最低值14.25头，2014年达到峰值19.55头。在2009年至2023年，全国牦牛出栏率整体呈波动上升趋势，说明随着政府出栏政策推动和牧民养殖方式转型对提高牦牛养殖出栏效率具有积极作用。在2024年，牦牛养殖业效益不断下滑，但随着国家和地方政府不断采取补贴等相应纾困措施，对稳定牦牛产业发展起到了关键作用（见图1-1、图1-2）。

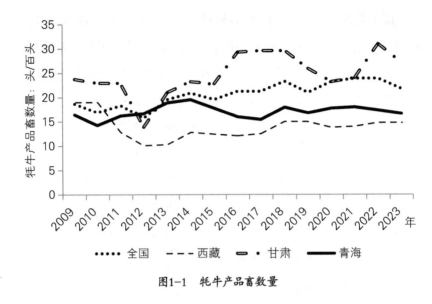

图1-1 牦牛产品畜数量

资料来源：西藏自治区牦牛产业技术体系产业经济与政策研究数据库。

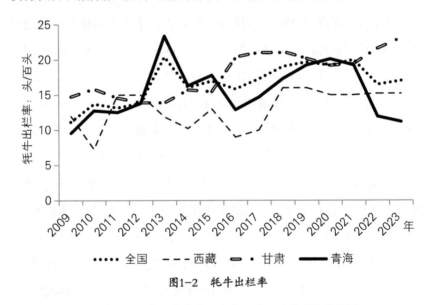

图1-2 牦牛出栏率

资料来源：西藏自治区牦牛产业技术体系产业经济与政策研究数据库。

（二）牦牛生产商品量情况分析

从商品化水平来看，牦牛存栏量虽保持相对稳定，但出栏率的区域差异显著，甘肃地区以每百头牦牛中出栏23.11头的出栏率领跑主产区，西藏为14.64头，青海为16.64头。这种供给端的区域不平衡将直接影响2024年的市场供应格局。相比之下，需求端却呈现全面升温态势，牦牛鲜肉消费保持年均3.8%的稳定增长，高附加值奶制品转型加速，工艺品销售受文旅带动持续放量，三大品类形成的复合需求对供给端形成持续压力。由于传统养殖模式向文旅融合型产业的转变过程中，养殖规模收缩与产品价值提升存在时间差，导致短期供给能力无法匹配市场需求。旅游市场在挤占养殖资源的同时，也通过文化溢价显著拉动了牦牛制成品需求，2023年西藏牦牛制成品销量增长5.3%，甘肃牦牛鲜肉销售额增长16.6%。在出栏率持续下滑的背景下，产业向高附加值方向加速转型。

二、牦牛主要产品销售情况

（一）牦牛鲜肉产品销售情况

从销售情况来看，2015—2023年，全国牦牛鲜肉消费呈现稳步增长态势，销量从465909吨增至648460吨，年均增长率约4.2%。尤其是在2020年后增速加快，反映出后疫情时代市场需求持续扩大，这与健康饮食需求上升及政策扶持息息相关。从区域分布看，四川长期占据销量首位，但占比有所下降（市场份额从38%下降至27.5%）；西藏增长较为显著，2023年销量较2015年增长51.4%，反映出旅游和文化体验对消费的带动作用；青海和甘肃也保持稳定增

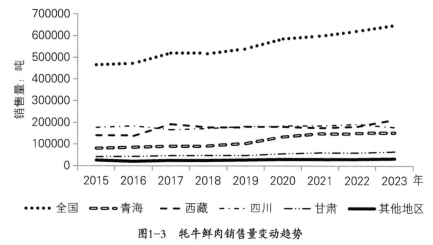

图1-3　牦牛鲜肉销售量变动趋势

资料来源：西藏自治区牦牛产业技术体系产业经济与政策研究数据库。

长，其中青海2023年销量较2015年增长91.3%，表明区域市场在持续扩张。此外，其他非传统消费地区的销量增长45.2%，说明牦牛鲜肉市场正逐步突破地域限制，向更广泛的地区渗透（见图1-3）。

在销售额方面，全国牦牛鲜肉销售额从2015年的148.6亿元大幅增长至2023年的366.2亿元，年均增速达11.9%，远超销量增长，表明产品单价提升或附加值增加（见图1-4）。区域价格分析显示，西藏和四川的单价较高。西藏地区2023年单价约为4.78万元/吨，高于全国均价，体现了高原特色产品的品牌溢价和品质优势；2023年四川地区7.13万元/吨的单价为全国最高，可能与其完善的深加工产业链有关。这种价格差异也反映出不同区域在产品结构和发展模式上的差异化特征。结合政策背景和市场环境分析，牦牛鲜肉消费的增长受到多重因素推动，包括国家政策扶持、品牌化战略提升产品竞争力，以及旅游市场带动文化体验消费等。同时，健康饮食趋势使得高蛋白、低脂肪的牦牛肉需求上升，尤其是在2020年后表现明显。然而，未来需关注全国牦牛出栏量下降的潜在影响，并进一步优化供应链、深化品牌建设，以维持市场需求增长势头，在保障供给的同时实现产业可持续发展。总体来看，牦牛鲜肉消费市场呈现量价齐升的特点，主产区增长显著，非传统市场逐步拓展。未来发展需结合文旅融合和品牌赋能，以应对挑战并挖掘更大潜力。

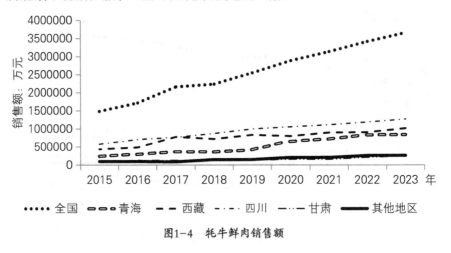

图1-4 牦牛鲜肉销售额

资料来源：西藏自治区牦牛产业技术体系产业经济与政策研究数据库。

（二）牦牛奶销售情况

2015—2023年间，全国牦牛奶销售量基本在3.5万~3.9万吨区间波动，2023年为35203吨，较2015年的38749吨下降9.2%，但同期销售额却从2.95亿元增长至4.22亿元，增幅达43%，反映出产品附加值和溢价能力的显著提升。这种量减价增的趋势可能与产业转型升级有关，即从追求规模扩张转向注重品质提升和附加值创造。区域分布上，青海作为传统主产区虽然仍保持销量靠前的位置，2023年销量10156吨，占全国总量的28.8%，但较2015年下降19%；西藏则保持相对稳定，2023年销量12383吨，与2015年的13325吨基本持平，展现出较强的市场韧性。值得注意的是，四川和甘肃等传统产区销量下滑明显，分别从2015年的8625吨、2687吨降至2023年的8178吨、2425吨。而其他地区销量则从1565吨增至2061吨，增长31.7%，显示出消费区域正在逐步多元化，向更广阔区域拓展（见图1-5、图1-6）。

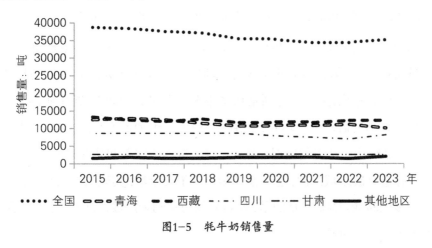

图1-5 牦牛奶销售量

资料来源：西藏自治区牦牛产业技术体系产业经济与政策研究数据库。

从价格走势看，全国牦牛奶平均单价从2015年的0.76万元/吨上涨至2023年的1.20万元/吨，涨幅达57.9%，远超同期鲜肉产品的价格增速。这种价格快速攀升主要得益于三方面因素：首先是产品结构持续优化，奶酪、奶粉等高附加值产品占比提升；其次是品牌效应日益凸显，特别是"高原""有机"等特色标签的市场认可度提升；最后是消费升级趋势下，高品质乳制品需求持续增长。分区域看，甘肃地区单价最高，2023年达到1.32万元/吨，充分体现了其原产地优势；四川地区单价1.25万元/吨紧随其后，与其他地区相比具有明显价格梯度优势。

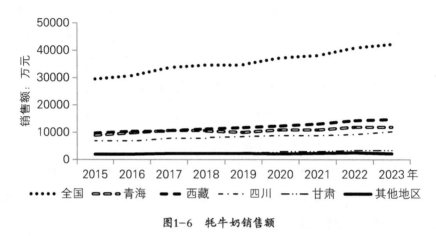

图1-6　牦牛奶销售额

资料来源：西藏自治区牦牛产业技术体系产业经济与政策研究数据库。

基于政策背景分析，牦牛奶产业正处于转型升级关键期。虽然整体原料奶产量增长放缓，但在国家政策扶持和消费升级双重驱动下，产品结构持续优化，深加工比例不断提高。特别是在文旅融合发展的带动下，牦牛奶制品作为特色旅游商品的需求快速增长，奶酪、奶粉等高附加值产品占比提升，进一步推动了产品结构向高端化发展。未来随着冷链物流完善和品牌建设深化，牦牛奶产业有望突破地域限制，进一步拓展高端消费市场，实现从数量型增长向质量型发展的转变。需要注意的是，原料奶供应波动和区域发展不平衡仍是制约行业发展的主要挑战。

（三）牦牛工艺品销售情况

2015—2023年间，牦牛工艺品（制成品）消费市场呈现出规模扩张与价值提升并行的显著特征。从销售数据来看，全国牦牛工艺品销售量总体持续增长，从2015年的688.8万件提升至2023年的944.7万件，累计增幅达37.2%，年均保持4%的稳定增速；与此同时，销售额表现更为亮眼，同期销售额从1.42亿元跃升至2.25亿元，增幅达58.5%，这种量价齐升的态势主要得益于文旅产业的蓬勃发展和消费者对特色文化产品需求的持续升温,是市场需求的持续释放和产品附加值有效提升的结果。区域格局方面,四川作为传统核心产区始终保持领先地位,2023年销量达492万件,占全国总量的52%,但市场份额较2015年下降约8个百分点;西藏地区展现出最强增长动能,销量从146.5万件增至237.7万件,增幅达62.3%,这与当地文旅产业快速发展密切相关;青海、甘肃等地区也保持稳健增长,青海从59.4万件增至79.6万件(增长34%),甘肃地区虽然基数较小,但增长势头强劲,2023年销量较2015年增长25.6%,反映出区域市场多元化发展趋势。而其他地区则出现波动,2023年销量较2015年增长14.8%,显示出市场拓展的不均衡性。值得注意的是,2020年受特殊环境影响,全国销量出现短暂回调,但随后快速恢复,展现出较强的市场韧性(见图1-7、图1-8)。

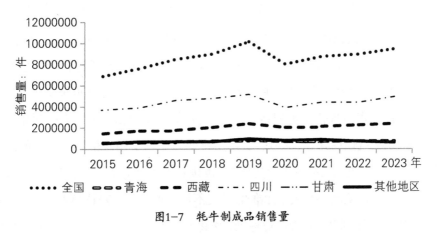

图1-7　牦牛制成品销售量

资料来源:西藏自治区牦牛产业技术体系产业经济与政策研究数据库。

从价格上看,全国牦牛制成品平均单价从2015年的20.58元/件提升至2023年的23.77元/件,累计涨幅15.5%。这一价格提升主要源自三方面驱动力:首先是产品创新持续深化,将传统工艺与现代设计有机融合,有效提升了产品附加值;其次是品牌建设成效显现,"非遗传承""手工匠心"等文化标签产生显著溢价效应;最后是消费者对具有文化内涵的特色产品支付意愿增强。区域价格差异明显,四川地区凭借独特的文化底蕴,2023年单价达26.53元/件,位居全国前列；西藏和青海分别以20.25元/件和15.62元/件紧随其后，形成梯次分布的价格体系，这种差异既反映了区域特色，也体现了不同市场定位。

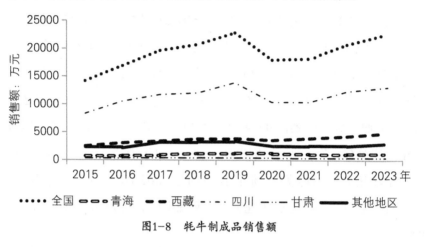

图1-8　牦牛制成品销售额

资料来源：西藏自治区牦牛产业技术体系产业经济与政策研究数据库。

　　牦牛制成品消费的快速增长与文旅融合发展战略的实施密不可分。随着生态旅游、民俗体验、研学旅行等新型业态的兴起，牦牛制成品作为特色文化载体的需求持续释放。特别是在品牌建设方面，通过深度挖掘传统文化价值，将游牧文化元素与现代审美相结合，产品的市场竞争力和溢价能力得到显著提升。当前，牦牛制成品已从单纯的实用品转变为兼具实用价值和文化价值的特色商品。这种转变不仅拓展了消费场景，也延长了产业链条，但同时也面临着产品同质化、区域发展不均衡、标准化程度不足等挑战。未来特色产品发展，需要通过加强设计创新、完善产业标准、深化文旅融合等举措，提升产业发展的质量和效益。

三、牦牛产业品牌建设情况

（一）牦牛品牌建设意义

　　牦牛品牌建设不仅关乎产业发展与农牧民生计，更涉及文化传承和区域经济的长远发展。牦牛作为青藏高原特有的物种，其产品具有绿色、有机、高营养等独特优势，但长期以来受限于品牌化程度低、市场认知不足，难以充分释放经济价值。通过系统化的品牌建设,能够显著提升牦牛产品的市场辨识度和溢价能力,推动牦牛产业从传统粗放的低附加值生产模式转向高品质、高效益的现代化产业体系。品牌化发展有助于整合分散的农牧业资源,推动标准化、规模化生产,提高产业链协同效率,从而增强市场竞争力。同时能够带动农牧民增收致富,促进乡村振兴,缩小城乡差距,为高原地区可持续发展注入新动能。当前,牦牛区域品牌虽具有一定知名度,但全国性统一品牌尚未形成,品牌溢价能力有限。此外,品牌保护机制尚不完善,假冒伪劣产品时有发生,损害了牦牛产品的市场声誉。通过强化品牌文化内涵,如结合藏族文化和高原生态元素,塑造"稀缺性+健康性"的品牌故事,能够有效提升消费者对牦牛肉的价值认知,从而突破低价竞争的困境。完善的溯源与标准化体系(如区块链技术应用)能够增强消费者信任,解决当前市场对食品安全和品质的担忧,为品牌建立长期信誉。产业链整合与高附加值产品开发(如牦牛肉干、胶原蛋白等)能够拓展多元消费场景,满足高端餐饮、健康食品等细分市场需求,提升整体盈利能力。此外,借助"一带一路"等政策推动国际化推广,瞄准有机食品和健康食品市场,能够帮助牦牛品牌突破地域限制,应对进口牛肉的竞争压力。从市场竞争格局看,当前中国牛肉品牌分散且同质化严重,牦牛产品凭借其独特的地域性和文化属性,具备差异化突围的先天优势。通过精准营销(如电商、直播、高端渠道布局)和品牌故事传播,在消费者心中建立深刻的品牌形象和忠诚度。同时,区域公用品牌与企业品牌的协同发展(如"青海牦牛集团"的示范作用),能够整合资源,降低中小养殖户的市场风险,提升产业整体抗风险能力。牦牛品牌建设不仅是应对进口冲击、提升产业效益的必然选择,更是推动青藏高原特色畜牧业可持续发展、实现乡村振兴的重要路径。其核心在于通过文化赋能、科技支撑和全产业链协同,将地域稀缺性转化为品牌核心竞争力。

(二)牦牛产业品牌建设现状

当前牦牛品牌建设正处于从传统粗放模式向现代化、高附加值方向转型的关键阶段。品牌化发展已初步显现成效,依托"高原有机""非遗工艺"等特色标签。目前，牦牛品牌建设主要聚焦于部分区域品牌的线上销售及品牌建设探索，整体尚处于发展阶段。祁连牦牛、天祝白牦牛、香格里拉牦牛肉、肃南牦牛等品牌在全国牛肉品牌线上销售中崭露头角。祁连牦牛市场份额为0.01%，上架商品活跃度为0.08%，品牌活跃度为0.05%；天祝白牦牛市场份额近乎为0，上架商品活跃度为0.03%，品牌活跃度为0.02%；香格里拉牦牛肉市场份额为0.01%，上架商品活跃度为0.03%，品牌活跃度为0.02%；肃南牦牛市场份额为0.01%，上架商品活跃度为0.02%，品牌活跃度为0.01%。不过，这些品牌的市场份额均较小，在竞争激烈的牛肉市场中影响力有限。旅游产业对牦牛品牌形成双重影响：一方面，生态观光挤占草场资源导致出栏量下降；另一方面，民俗体验等新型业态推动西藏工艺品销量增长62.3%，甘肃鲜肉销售额提升16.6%，品牌文化内涵得到市场认可。与此同时，进口牛肉价格冲击加剧，2023年进口均价50~55元/千克，远低于国产均价75~80元/千克，牦牛品牌需通过深加工和文旅融合提升附加值以应对竞争。整体而言，牦牛品牌正经历"规模见顶、价值攀升、区域重构"的转型关键时期，亟须在品质升级、产业链整合与文化价值深挖中寻求突破。随着市场需求的增加，越来越多的企业开始进军牛肉行业，市场中的牛肉品牌也逐渐增多，随之而来的品牌化趋势也日益明显。知名品牌的产品不仅具有一定的保障，而且往往拥有更好的品质和口感，更受到消费者的青睐。消费者对牛肉品质的要求越来越高，更倾向于选择有质量认证标志和知名品牌的牛肉产品。从品牌建设来看，截至2022年，与肉牛牦牛相关的"全国农产品地理标志"产品共有62个，其中青海15个，内蒙古7个，贵州6个，甘肃5个，西藏、广西各4个，四川3个，江西、河南、山东、云南、黑龙江、宁夏各2个，安徽、新疆、湖南、湖北、辽宁、吉林各1个。与肉牛牦牛相关的"全国名特优新农产品"44个，其中内蒙古16个，新疆9个，河南、甘肃各4个，山西、宁夏、广东各2个，陕西、四川、山东、江西、重庆各1个。不难看出，坚持数量与质量并重原则，着力推进牦牛生产高质高效，已成为现阶段我国牦牛产业发展的核心任务（见图1-10、图1-11）。

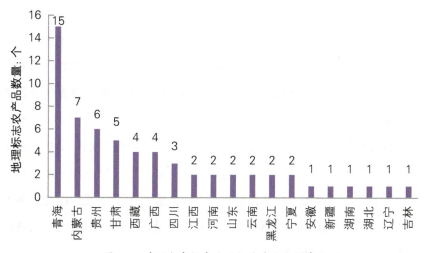

图1-9 中国肉牛牦牛地理标志产品分区情况

资料来源:《中国肉牛行业发展趋势分析与未来前景研究报告（2023—2030年）》。

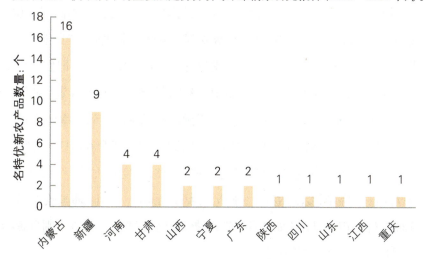

图1-10 中国肉牛牦牛名特优新农产品情况

资料来源:《中国肉牛行业发展趋势分析与未来前景研究报告（2023—2030年）》。

（三）牦牛产业品牌建设案例分析

1. 中国牦牛品牌建设案例

中国牦牛产业主要分布在青藏高原及周边地区,如青海、甘肃、四川、西藏等地,以"祁连牦牛""天祝白牦牛""肃南牦牛"等区域公用品牌为代表。

这些品牌的核心竞争力在于独特的自然环境和传统放牧方式，强调"高原生态""天然放养"等卖点。例如，青海省拥有15个与牦牛相关的"全国农产品地理标志"产品，地方政府通过政策扶持（如《"十四五"全国畜牧兽医行业发展规划》）推动标准化养殖和品牌化发展。然而，中国牦牛品牌建设仍面临诸多挑战。首先，养殖以散户为主，屠宰、加工、销售环节衔接不足，产业链分散，导致产品附加值低。其次，尽管有地理标志认证，但市场推广较弱，品牌影响力有限，消费者认知度不高，高端市场被进口牛肉占据。同时，缺乏统一的质量分级体系，溯源技术应用不足，标准化程度低，影响品牌公信力。最后，相比澳大利亚、新西兰等牛肉出口国，中国牦牛品牌的国际市场份额较小，国际化进程缓慢，尚未形成全球性影响力。

2. 韩国"韩牛"品牌建设案例

韩国的"韩牛"（Hanwoo）品牌通过文化赋能、科技管理和高端定位，成功打造了高溢价的本土牛肉品牌。其成功经验在于，韩国推行"身土不二"理念，强调本土消费的爱国精神，使韩牛成为高端礼品和节日食品，即使韩牛价格昂贵，消费者仍会因其本土文化认同而愿意支付溢价。自2008年起，韩国实施"韩牛可追溯系统"，每头牛配备12位识别码，记录从出生到屠宰的全过程数据，确保品质可控。同时，利用DNA检测防止假冒，增强消费者信任。"韩牛"主要面向国内高端餐饮和礼品市场，通过严格的分级制度（如大理石花纹评分）和品牌营销（如韩剧、综艺植入），强化其奢侈品属性。另外，韩国政府通过补贴、育种支持和市场推广（如"韩牛节"）推动产业发展，行业协会则负责标准制定和品牌维护，形成良性生态。

3. 对比与启示

牦牛品牌建设在全球范围内呈现出不同的发展路径，其中中国和韩国的案例尤为典型。中国的牦牛产业以区域公用品牌为主导，依托高原生态优势和地理标志认证，但在品牌整合、国际化和产业链协同方面仍有提升空间；而韩国的"韩牛"则通过文化赋能、精准管理和高端市场定位，成功塑造了高附加值品牌形象。中国牦牛品牌建设的优化路径可借鉴韩国"韩牛"品牌成功经验，通过系统化策略实现价值提升。基于青藏高原独特的生态环境和藏族文化底蕴，应着力构建"高原珍品""生态健康"的品牌核心价值体系，将牦牛产品的稀缺性和健康属性转化为品牌溢价能力。同时提炼牦牛与藏族共生千年的文化符号（如"高原之舟"精神），开发牦牛主题文创、纪录片、非遗工艺联名产品，打造类似"韩牛祭祀文化"的情感附加值。在质量管控方面，需建立覆盖养殖、加工、流通全链条的标准化体系，实施基于区块链技术的质量追溯系统，建立"一牛一码"数字身份证，覆盖牧场环境数据（温湿度、草质）、养殖周期、屠宰加工环节等信息，消费者扫码可查看全生命周期记录，并通过统一的质量分级标准增强市场公信力。产业整合层面，要培育具有全产业链运营能力的龙头企业，整合上下游资源，形成"合作社+企业+科研机构"利益共享模式，重点开发符合现代消费趋势的深加工产品矩阵，包括休闲食品、功能性食品等高附加值品类，比如针对年轻消费群体，开发牦牛奶酪棒、牦牛肉纤维能量棒等，切入健身代餐市场，同时构建线上线下融合的新型渠道网络。国际市场拓展应把握"一带一路"合作机遇，以有机认证和地理标志保护为抓手，借鉴礼品化包装策略，设计具有藏族纹样的牦牛肉礼盒，进入中亚国家的高端商超渠道。重点突破高端健康食品市场。实现品牌突围的关键在于将地域特色资源、现代科技应用和文化价值传播有机融合，形成差异化的品牌竞争优势。这一系统性品牌建设路径不仅有助于提升产业效益，更能促进青藏高原特色畜牧业的可持续发展。

第二章

牦牛产业发展外部环境

第一节　引　言

牦牛作为我国青藏高原及周边高寒牧区特有的战略性资源，不仅是我国西部少数民族地区居民赖以生存的经济支柱，更是高寒生态系统维系和民族文化传承的重要载体，对推动牧区实现乡村振兴和农牧民增收目标意义重大。近年来，随着消费者对绿色有机食品需求的爆发式增长，以及国家"质量兴农""食品安全"战略的深入推进，农畜产品质量建设已成为牦牛产业可持续发展的生命线。然而，少数民族牧区受地理环境、生产传统和产业链条分散等多重制约，在质量标准体系构建、品牌化推广、质量追溯技术应用等方面长期滞后，需要从外部环境视角厘清机遇与挑战，探索质量突围路径。目前，牦牛产业在标准化建设、质量管控和市场培育等方面仍面临系统性发展短板。需要通过加强标准制定、质量安全管理、认证追溯体系建设和监管执法，进一步提升牦牛产品的质量安全水平，推动牦牛产业健康发展。依托国家社会科学基金项目"青藏区牧民草地质量保护行为及引导政策研究"（24BMZ050）和西藏自治区牦牛产业技术体系产业经济与政策研究专项（XZARS-MN-2024）研究成果，本章从政策环境、技术环境、市场需求，以及同行肉牛产业比较优势与劣势四个方面对牦牛产业发展外部环境进行分析。

牦牛是高寒地区的重要特色产业，生产总体上呈上升趋势。中国作为牦牛主产国，中国牦牛存栏量占世界牦牛存栏总量的90%以上。近年来，我国牦牛养殖规模逐渐扩大，牦牛存栏量整体呈上升趋势，四大主产区牦牛存栏量总和占全国牦牛存栏总量95%以上。同时随着中国牦牛市场认可度不断提高，牦牛质量也持续上升。为满足市场需求，我国牦牛屠宰量逐年扩大，由2016年的302万头增加至2023年的385.3万头，实现了产值高速增长，2023年已突破1000亿元。但牦牛产业发展面临多重制约因素，其提质增效需要系统性突破。在种质资源方面，良种覆盖率偏低与育种体系不完善形成恶性循环，种牛区域性供需失衡、遗传评估体系缺失、育种技术落后等问题交织，导致出栏周期长达4~5年，养殖效益难以提升。生产方式转型滞后表现为传统放牧仍占主导，草畜平衡管理粗放、科学饲养技术应用不足、设施化养殖程度低等问题突出，反映出科技支撑的严重不足。更关键的是，产业组织化程度低下制约了现代化进程，"小而散"的养殖模式与产业化需求脱节，具体表现为生产单元规模过小、专业合作组织匮乏、牧民市场意识薄弱、产业链整合度低等结构性矛盾。这些因素共同构成了阻碍产业升级的复合型瓶颈，亟须通过种质创新、技术升级和组织变革的协同推进来实现突破。

第二节　牦牛产业发展政策环境分析

牦牛是青藏高原及周边高寒地区特有的畜种，牦牛产业是我国畜牧业的重要组成部分，是青藏高原及周边高寒地区特色经济的支柱，对维护高原生态安全、保障牧民生计、促进区域经济发展具有不可替代的作用。牦牛在生态系统中扮演着关键角色，在经济和社会文化领域具有显著的价值。牦牛的养殖为青藏高原及其周边地区的居民提供了乳制品、肉类、皮毛等生活必需品，是藏族人民日常生活中不可或缺的一部分。牦牛独特的生态适应性使其成为高原地区重要的畜种资源。其肉、奶、皮、毛等产品不仅丰富了当地居民的食物和经济来源，而且促进了地区经济的发展和农民生活水平的提升。同时，牦牛在地方文化中占据着重要地位，不仅是牧民生活的依靠，也是文化、习俗和身份的象征。传统的牦牛养殖方式中蕴含着丰富的民俗文化，成为高原地区人民精神生活的重要组成部分。近年来，牦牛产业受到市场价格波动、成本持续上升等多重因素的影响，导致养殖户面临前所未有的经营压力和挑战。为此，国家和地方政府出台了一系列支持政策，旨在稳定产能、优化产业结构并提升抗风险能力。

一、国家产业支持政策分析

2025年是"十四五"规划收官之年，同时也是全面贯彻落实党的二十届三中全会精神开局之年。2025年中央一号文件对进一步深化农村改革、推进乡村全面振兴作出系统部署，明确提出深入学习运用"千万工程"经验，持续增强粮食等重要农产品供给保障能力，持续巩固拓展脱贫攻坚成果，着力壮大县域富民产业，着力推进乡村建设，着力健全乡村治理体系，着力健全要素保障和优化配置体制机制，千方百计推动农业增效益、农村增活力、农民增收入。这一部署不仅是党的二十届三中全会精神和2024年中央经济工作会议精神在"三农"领域的细化实化，更体现了推动新征程"三农"工作从战略上布局、在关键处落子的明确思路，释放出进一步深化农村改革，着力破除制约生产力发展的体制机制障碍，扎实推进乡村全面振兴的鲜明信号，为关键之年"三农"工作稳中求进提供有力政策保障。

2024年11月22日，中华人民共和国商务部（以下简称商务部）收到中国畜牧业协会、吉林省畜牧业协会等代表国内牛肉产业正式提交的《中华人民共和国牛肉产业保障措施调查申请书》，申请人请求对进口牛肉进行保障措施调查。2024年12月27日，商务部发布公告《关于对进口牛肉进行保障措施立案调查的公告》（2024年第60号），依据《中华人民共和国保障措施条例》第三条的规定，商务部决定自2024年12月27日起对进口牛肉进行保障措施立案调查。

2024年国家层面出台的一系列肉牛养殖支持政策，旨在应对肉牛产业面临的严峻形势，稳定基础产能，保障养殖场户的利益，促进肉牛产业的可持续发展。通过落实各项支持政策，可以有效缓解养殖场户的经营压力，特别是在保障饲草料供给和加强疫病防控方面，为养殖场户提供实质性的帮助，减少因饲料成本上升和疫病风险带来的损失。通过推行降低饲草成本、强化信贷保险政策支持等措施，减轻养殖场户的经济负担，增强他们的生产信心。通过加强生产监测预警和指导服务，提高中小型养殖场和养殖户应对市场波动的能力，有助于稳定肉牛生产。2024年底，商务部对进口牛肉进行保障措施立案调查的决定,体现了国家对国内肉牛产业的保护态度,维护了国内肉牛产业的健康发展。表2-1系统梳理了自2021年初至2025年1月国家为支持肉牛产业高质量发展所出台的一系列政策,涵盖了肉牛产业的多个方面,从遗传改良、抗菌药使用减量化、畜牧兽医行业发展规划,到具体的肉牛生产发展五年行动方案等,体现了政府对肉牛产业发展的全面引导和扶持。

表2-1　行业相关产业政策情况

时间	发布部门	政策名称	主要内容
2021.04	农业农村部	《推进肉牛肉羊生产发展五年行动方案》	到2025年,牛羊肉自给率保持在85%左右;牛肉产量稳定在680万吨左右;牛规模养殖比重达到30%
2021.04	农业农村部	《全国畜禽遗传改良计划(2021—2035年)》	力争通过15年的努力,建成比较完善的商业化育种体系,自主培育一批具有国际竞争力的突破性品种,确保畜类核心种源自主可控
2021.10	农业农村部	《全国兽用抗菌药使用减量化行动方案(2021—2025年)》	到2025年末,50%以上的规模养殖场实施养殖减抗行动
2021.11	国务院	《"十四五"推进农业农村现代化规划》	实施基础母畜扩群提质和南方草食畜牧业增量提质行动,引导一批肉牛肉羊规模养殖场实施畜牧圈舍标准化、集约化、智能化改造
2021.12	农业农村部	《"十四五"全国畜牧兽医行业发展规划》	实施肉牛肉羊生产发展五年行动,坚持稳定牧区发展农区、开发南方草山草坡的发展思路,推进农牧结合、草畜配套
2022.03	农业农村部	《关于落实党中央国务院2022年全面推进乡村振兴重点工作部署的实施意见》	加快发展草食畜牧业。实施肉牛肉羊增量提质行动,开展草原畜牧业转型升级试点示范
2024.09	农业农村部等七部门	《关于促进肉牛奶牛生产稳定发展的通知》	着力稳定肉牛奶牛基础产能,有效降低养殖场户饲草成本。内蒙古、四川、西藏、甘肃、青海、宁夏、新疆等7个牧区省份和新疆生产建设兵团要组织实施好草原畜牧业转型升级整县推进项目,督促项目县按照批复的项目实施方案抓好落实,加强高产稳产优质饲草生产、优良种畜和饲草种子扩繁以及防灾减灾饲草贮运体系等基础设施建设;加强项目资金全链条监管和日常调度,严格按照有关制度支出和使用资金,提高项目建设质量。强化信贷保险政策支持等

时间	发布部门	政策名称	主要内容
2025.01	中共中央、国务院	《中共中央、国务院关于进一步深化农村改革 扎实推进乡村全面振兴的意见》	扶持畜牧业稳定发展。推进肉牛、奶牛产业纾困，稳定基础产能。提升饲草生产能力，加快草原畜牧业转型升级

（一）财政补贴政策：从"碎片化"到"精准化"

1. 补贴范围扩大与类型多样化

基础母牛扩群补贴：自2014年中央财政在内蒙古、青海等15个牦牛主产区启动试点以来，通过"见犊补母"模式（每新生一头犊牛补贴500~1500元），直接激励牧民保留基础母牛。至2016年全国推广时，试点区母牛存栏量平均增长12%，犊牛成活率超过85%。该政策主要通过"见犊补母"等激励机制稳定母牛存栏量，对保障牛肉供应链的基础环节起到了积极作用。良种补贴：中央持续投入冻精补贴（每剂补贴10~30元）、种牛引进专项补贴（如2021年西藏那曲引进安格斯种牛每头补贴1.5万元），推动牦牛良种覆盖率从2010年的38%跃升至2022年的63%。然而，帕里牦牛、天祝白牦牛等22个地方品种因保种场运营成本高（年均需200万~500万元），面临基因资源流失风险，亟须建立专项保护基金。规模化养殖补贴：2018年畜禽粪污资源化利用整县推进项目对存栏300头以上的标准化养殖场给予50万~100万元建设补贴，配套沼气发电设备补贴比例达30%。政策驱动下，青海玉树、四川阿坝等地建成万吨级有机肥加工中心23个，带动规模化养殖比例从2015年的18%提升至2022年的35%。但中小散户因自筹资金门槛高（需承担40%建设费用），设备配套率不足25%，形成"政策惠及断层"。

2. 补贴机制优化

补贴机制由分散的"项目性补贴"转向系统化、精准化支持，立足国家产业发展全局，注重普惠性与区域牦牛产业发展差异协同。从"一刀切"的统一标准，升级为契合全国牦牛产业布局的差异化策略，依据不同区域生态承载、产业基础等,由国家统筹制定分层分类补贴规则。如针对青藏高原核心牦牛养殖区(生态敏感、产业依赖度高)与川西高原等特色养殖区(产业基础有别、生态功能各异),国家依据区域生态承载上限、牦牛产业发展阶段,差异化设定补贴方向与强度。在青藏高原,侧重生态友好型养殖补贴,对采用轮牧休牧、种植优质牧草补饲的主体,按牦牛存栏量给予阶梯性环境友好补贴;在川西高原,针对牦牛精深加工起步需求,对建设标准化屠宰加工设施、开展牦牛产品溯源体系搭建的主体,给予专项建设补贴。2022年监测显示,基于国家统筹的区域差异补贴模式,不同区域养殖主体收入增幅较"一刀切"时期提升9到15个百分点,既保障生态保护底线,又适配各区域产业发展路径,夯实全国牦牛产业协同发展根基。同时,金融支持创新同步升级,围绕国家牦牛产业发展规划,推出"活体抵押贷款""邮牛易贷"等全国性或跨区域金融产品,突破了地域限制,为养殖主体提供灵活融资渠道,从资金端缓解压力,助力构建全国一体化、可持续的牦牛产业发展金融支撑体系,推动产业协同进阶。

(二)生态保护与可持续发展:从限制性政策到协同治理

1. 草畜平衡与资源化利用

实施草原生态奖补机制对于限制超载放牧、保护草原生态环境具有显著效果。自2016年起,政府在33个试点县(市、区)启动了全株青贮玉米补贴政策,该政策于2018年成功扩展至100个县(市、区)。西藏那曲试点"牧光互补"光伏牧场,棚圈顶部铺设光伏板,年发电收益反哺饲草采购,形成能源—牧业循环模式。此外,2019年推出的环保奖补政策进一步推动了肉牛牦牛养殖业的绿色发展,粪污综合利用率达到了75%。然而,值得注意的是,尽管整体环保成效显著,但中小散户的设施配套率仍显不足,尚不到30%,这成为当前制约产业环保水平进一步提升的关键因素之一。

2. 绿色生态政策深化

2021年《"十四五"推进农业农村现代化规划》明确提出南方草食畜牧业增量提质行动以来,政府大力支持种草养畜,旨在通过优化资源配置与产业结构,推动肉牛养殖业的绿色发展。在此基础上,"生态补偿+产业融合"模式得到广泛推广。该模式不仅强调对草原生态的保护与修复，通过生态补偿机制激励农户参与草原保护，还注重产业间的深度融合，促进肉牛养殖业与种草业的协同发展。

（三）种质资源保护与遗传改良：从被动保护到主动创新

1.地方品种保护强化

为保护和利用地方牛种资源，我国已经建立了包括牦牛、秦川牛等在内的地方牛种基因库，国家级牦牛基因库保存冷冻精液12万剂、胚胎8000枚，涵盖全球85%的牦牛遗传资源。西藏当雄建成全球首个高原濒危家畜克隆平台，成功繁育体细胞克隆帕里牦牛，保种效率提升5倍，并在此基础上推进杂交改良计划，旨在通过科学的杂交手段提升牦牛的生产性能。同时，国家级"肉牛遗传改良计划"也逐步落地，该计划聚焦于提升良种覆盖率，设定将良种覆盖率提升至60%以上的明确目标。

2.种业创新政策支持

种业创新政策支持的重点已从单一的保护策略转向种业创新与产学研相结合的综合性策略，旨在通过这一转变有效提升核心种源自给率。为具体落实这一策略，政府设立了专项基金以支持良种繁育体系的建设，为牦牛种业的长期发展奠定了坚实的资金基础。此外，为加强理论与实践的结合，推动技术创新与产业升级，高校与产业界联合成立了现代肉牛产业学院。这一举措不仅促进了学术研究与产业需求的深度融合，也为牦牛种业创新提供了人才保障和技术支撑。

（四）市场体系建设：从分散经营到全产业链整合

1.品牌与附加值提升

推动地理标志产品认证已成为增强产品特色与市场辨识度的重要手段，如青海祁连牦牛肉获欧盟地理标志认证，出口价格提升至65欧元/千克，为进一步提高产品附加值，政府与企业共同支持牦牛肉产品的精深加工。青海可可西里公司开发牦牛骨肽、胎盘素等生物制品，使副产品增值8~10倍，并通过技术创新与工艺优化，开发出更多高附加值的产品。政府还鼓励"养殖+加工+销售"

一体化模式的推广，这不仅促进了产业链上下游的紧密衔接，还提高了整体运营效率。此外，政府通过培育龙头企业，发挥其示范引领作用，进一步推动了整个牦牛肉牛产业的品牌建设与市场竞争力提升。

2.冷链物流支持

冷链物流支持政策正经历着从单一养殖环节扶持向全产业链整合的重要转变。这一转变的核心目的在于通过强化品牌与提升产品附加值，推动牦牛肉牛产业的全面升级。2023年，财政部安排48亿元支持青藏高原建设126个产地冷库，新增库容80万吨，损耗率从之前的25%降至12%。中央财政支持冷链物流基础设施建设，扩大市场覆盖范围，为牦牛肉牛产品从产地到餐桌的高效、安全流通提供了坚实保障。

二、地方产业支持政策分析

鉴于牦牛产业在区域经济结构中占据的战略性地位以及其蕴含的独特资源禀赋，地方政府秉持高度的政策关切与战略规划意识，持续深入探寻适配本地实际的产业扶持路径。随着市场环境的动态演进以及产业发展迈向新的阶段，地方政府以牦牛养殖、加工、销售等全产业链为核心，基于不同区域的产业基础和差异化特征，精准施策，相继出台了一系列具有针对性的政策举措。特别是在养殖技术升级、市场渠道拓展、产业融合促进等关键领域，综合运用财政补贴、技术赋能、项目驱动等多元化政策工具，全力推动牦牛产业向高质量、可持续方向发展，以期达成产业增值、农牧民收入增长的政策目标，为区域经济繁荣与社会稳定提供坚实有力的支撑。

（一）青海牦牛产业发展政策环境分析

青海地处青藏高原腹地，牦牛作为青藏高原特有的畜种资源，不仅是牧民群众赖以生存的物质基础，更是推动畜牧业稳定增收的关键要素。青海省委、省政府高度重视牦牛产业发展，在2018年发布的《关于加快推进牦牛产业发展的实施意见》中，明确提出到2025年，将青海打造成为全国牦牛特色产业优势区、全国重要的牦牛肉生产基地与精深加工基地，全面确立青海牦牛在全国乃至全球牦牛产业中的核心地位。

在产业规划与布局方面，青海省持续强化战略谋划。《关于加快推进牦牛产业发展的实施意见》秉持"调结构、创品牌、接产业、连环节、强开发、促脱贫"的总体思路，践行"3331"实施战略。通过大力宣传生态畜牧业发展模式、建设有机畜产品生产基地、推广牦牛高效养殖技术等举措，积极推进"牦牛产业发展三年行动计划"，全力构建契合时代发展需求的牦牛产业发展机制，有效加快了产业发展进程。

生态保护政策为牦牛产业的可持续发展筑牢根基。全面落实草原生态保护补助奖励政策，出台《加强禁牧和草畜平衡工作的若干措施》，对精准划定禁牧和草畜平衡区、科学核定合理载畜量等工作作出明确规定。通过实施禁牧补助[7.5元/（亩·年）]与草畜平衡奖励[2.5元/（亩·年）]，促使青海三江源地区超载率从2015年的23%降至2022年的8%，植被盖度恢复至67%。同时，积极探索生态畜牧业合作社发展路径，推行四季游牧等措施实现草畜平衡，推动牦牛产业发展方式由粗放型向可持续型转变。在2021—2022年，青海省借助饲草基地建设项目，于12个县（市、区）建成28个标准化饲草种植基地，高产优质饲草种植规模超7.4万亩；2021年，通过高原饲草料配送体系建设项目，在11个县（市、区）建设了多个饲草料区域集散配送中心、配送点、饲草良种繁育基地及生产基地；2024年，印发《青海省饲草产业振兴三年行动方案（2024—2026年）》，进一步明确饲草产业发展方向与任务，提升优质饲草供给能力。

在产业链构建上，着力推动全产业链整合与市场拓展。围绕"聚集建群、创新活群、绿色兴群、融合强群"的重点任务，开展牦牛优势特色产业集群建设。积极培育9个区域公用品牌，如"祁连牦牛肉"，成功获得欧盟地理标志认证，出口价格达65欧元/千克，精深加工产品附加值大幅提升。

良种繁育体系建设也得到高度重视。支持建设牦牛规模化养殖场、生态牧场，制定牦牛标准化养殖生产管理规范，提升牦牛养殖集约化、规模化、设施化水平。国家级牦牛基因库保存大量冷冻精液与胚胎，覆盖全球85%遗传资源，青海大学的"野血牦牛×家牦牛"三元杂交技术使后代18月龄体重显著增加。

在经营主体培育方面,积极引导支持种养大户、生态(家庭)农牧场、生态畜牧业合作社、产业化龙头企业、社会化服务组织等新型经营主体规范运营发展。省农业农村厅等多部门于2024年10月30日印发《青海省稳定牛羊及奶业发展十项措施》,明确高效繁殖、人工授精等10个方面补贴标准,涵盖畜牧产业发展各环节,助力各类经营主体发展。

然而,当前产业发展仍面临一些挑战,如生态补偿力度有待加大、技术转化效率较低、国际竞争压力增大等。未来需进一步优化政策环境,持续推动青海牦牛产业高质量发展。

(二)西藏牦牛产业发展政策环境分析

在西藏地区,牦牛产业在经济、生态、文化等领域均具有举足轻重的地位,深度关联"四件大事""四个创建"。西藏自治区高度重视,紧扣"稳粮、兴牧、强特色"要求,陆续出台一系列政策文件,全力推动牦牛产业发展。

产业规划层面,《西藏自治区牛产业发展的实施意见》《关于加快推进牦牛产业发展的指导意见》等,明确产业发展方向与重点任务,致力于构建科学合理的产业体系。通过"稳粮、兴牧、强特色"的战略布局,引导资源合理配置,促进牦牛产业与其他农牧业协同发展。

生态保护政策为牦牛产业可持续发展筑牢根基。《西藏自治区第三轮草原生态保护补助奖励政策实施方案(2021—2025年)》全面落实,对精准划定禁牧和草畜平衡区、科学核定合理载畜量作出详细规定。为进一步优化,还起草了《关于调整〈西藏自治区第三轮草原生态保护补助奖励政策实施方案(2021—2025年)〉相关政策和标准的通知》,从草畜平衡和禁牧区面积、禁牧补助、草畜平衡奖励、限高保底标准及资金用途等方面进行优化调整,促进草原生态与牦牛养殖的协调发展。

良种繁育体系建设备受关注。《西藏自治区"十四五"牲畜良种育繁推体系建设项目实施方案》的发布,助力挖掘良种资源,加大良种选育力度。西藏自治区积极提升科技服务能力,出台能繁母牛扩群增量扶持政策,引导养殖场户优化畜群结构,提高能繁母牛比例,为产业发展提供优质种源保障。

产业链构建方面，西藏着力推动全产业链整合与拓展。推动建立牧繁农育一体化发展策略，逐步延伸牦牛产业链条。积极培育牦牛优势品牌集群，以"同一区域、同一产业、同一品牌、同一商标"为导向，全力打造牦牛高原特色产品品牌和企业品牌，以及区域公用品牌，提升产品市场竞争力。落实粮改饲项目，起草《西藏自治区2023年粮改饲项目实施方案》，按180元/亩标准对收储使用饲草的经营主体进行补贴，保障饲草供应，提升养殖效益。

在经营主体培育上，西藏积极引导支持各类新型经营主体规范运营发展。《西藏自治区关于促进新型农牧业经营主体高质量发展若干举措（试行）》通过"以奖代补"等形式，明确对龙头企业、专合社（联合社）和家庭农场等的激励举措与奖励标准，激发经营主体活力。

此外，西藏结合农区、牧区和半农半牧区的特点，精准识别潜力优势，科学确定主导品种、空间布局和养殖规模，推进牦牛产业转型升级。大力推进绿色养殖，提高牦牛舍饲率和冬春补饲水平，适当调整畜群结构，创建资源高效、环保友好型的现代化牦牛养殖行业。这些政策相互协同，为西藏牦牛产业营造了良好的发展政策环境，有力推动产业向高质量、可持续方向迈进。但产业发展仍面临一些挑战，如生态补偿机制需进一步完善、技术推广效率有待提高等，未来需持续优化政策体系，促进产业更好发展。

（三）四川牦牛产业发展政策环境分析

四川省委、省政府高度重视牧区畜牧业发展，作为国内主要牦牛产区，甘孜地区拥有超1.42亿亩自然草场，其牦牛数量占全国总数13.2%、省内48%，产业地位显著。在此基础上，四川围绕牦牛产业推出了较为完善的政策，有力地推动产业发展。

在产业规划层面，《四川省甘孜牦牛产业集群建设方案（2022—2024年）》紧密对接省、州"十四五"农业农村现代化规划、现代农业园区建设总体规划以及"三江六带"现代农业产业布局。结合当地山水林田湖草沙空间特点与生态现状，综合考量产业资源分布、规模及位置特征，实施"10+3"建设区域布局，确立"一心、两带、三区"建设格局。以甘孜县牦牛现代农业园区为核心，打造牦牛全产业链发展中心，坚持"好种育好牛，好牛产优质肉奶产品"路径，推动产业科学布局与发展。

生态保护与可持续发展政策扎实落地。落实中央财政支持的草原生态奖补政策，精准划定禁牧和草畜平衡区，科学核定合理载畜量，促进草原生态恢复，为牦牛产业可持续发展筑牢生态根基。川西北现代草原畜牧业全产业链发展模式、农牧结合模式及牦牛标准化育肥技术推广项目，推动生态与产业协调共进，提升产业发展质量。

《促进牦牛产业高质量发展政策措施》以推动牦牛产业高质量发展为核心目标，通过系统性措施构建现代产业体系，促进生态保护与经济效益协同发展。具体路径包括：推动养殖模式转型升级，推广"放牧+补饲""牧繁农育"等标准化养殖方式，完善棚圈、贮草棚等基础设施以缩短饲养周期，提升出栏率与商品化率；强化良种繁育体系建设，重点保护九龙牦牛等六大地方品种资源，通过能繁母牛扩群、跨区域种公牛引进及人工授精技术优化种群结构，并建立竞争立项机制择优支持实施主体。为稳定基础产能，2024年10月至2025年12月对能繁母牛养殖户按300元/头实施专项补贴，同步推进饲草供应体系创新，通过卧圈种草、人工饲草基地建设及免耕补播技术应用，提升饲草产量并修复草原生态。针对高原灾害风险，构建多层级防灾减灾体系，依托中央至县级草料储备库建设、保险机构防灾物资采购及基层兽医队伍能力强化，将牦牛死亡率控制在3%以内。产业经营层面则着力推动组织模式转型，推广"龙头企业+合作社+牧民"联农带农机制，支持家庭牧场等新型主体发展，并延伸产业链至屠宰加工与品牌建设，配套社会化服务网络覆盖饲草种植、疫病防控等环节。财政金融支持方面，整合涉农资金重点投向标准化养殖、良种繁育等领域，创新开发"牦牛贷"、活体抵押等金融工具，通过政府担保费率限制（≤1%）、贷款贴息及风险补偿机制降低融资成本，同时引导社会资本参与产业投资，形成多元化投入格局。政策体系旨在通过技术集成、制度创新与资源统筹，实现牦牛产业生态化、集约化、全链化发展。

这些政策协同发力，显著推动四川牦牛产业发展。然而，产业发展仍面临生态补偿标准有待提高、科技成果转化应用效率需提升等问题。在未来,四川需持续完善政策体系,进一步提升牦牛产业竞争力,实现产业高质量、可持续发展。

（四）甘肃牦牛产业发展政策环境分析

在脱贫攻坚行动的有力推动下,甘肃省牦牛产业实现了逐步壮大,牦牛存出栏数量呈现稳步增长态势,为牧民带来显著的增收成效。这一发展成果离不开甘肃省一系列针对性政策支持,这些政策构建起了有利于牦牛产业发展的良好政策环境。

在产业规划方面,甘肃省制定了明确的牦牛产业发展规划,清晰界定了发展目标与重点任务。如《甘肃省"十四五"现代丝路寒旱农业发展规划》,对牦牛产业的发展路径进行了系统规划,为产业发展提供了宏观指引,促进资源合理配置,引导产业朝着科学、有序的方向发展。

财政资金支持政策为产业发展注入了强劲动力。政府通过财政专项资金,大力扶持牦牛产业的多个关键环节。在养殖场建设补贴方面,对符合标准的新建或改扩建牦牛养殖场给予资金支持,改善养殖基础设施条件,提升养殖规模化水平。在品种改良补贴方面,积极推动牦牛品种的优化升级,对引进优良种牛、开展人工授精等品种改良工作的养殖场户给予补贴,提高牦牛群体质量。疫病防控补贴则保障了牦牛养殖的生物安全,为疫苗采购、疫情监测等防控工作提供资金保障,降低疫病发生风险。

技术研发与推广政策致力于提升养殖效率与产品质量。甘肃省加大对牦牛养殖技术的研发投入,鼓励科研机构与高校开展联合攻关,如甘肃农业大学与甘南州畜牧科学研究所合作,在牦牛高效养殖技术研究方面取得了多项成果。同时,通过举办技术培训班、开展科技下乡活动等方式,大力推广科学养殖技术。市场开拓与品牌建设政策积极提升牦牛产业附加值。甘肃省积极组织企业参加各类农产品展销会,拓展牦牛产品销售渠道。同时,加强品牌建设与营销推广,打造了如"甘南牦牛肉""天祝白牦牛"等具有地域特色的品牌。

产业链延伸政策有力促进了牦牛产业综合效益的提升。政府鼓励发展牦牛屠宰加工、乳制品加工等项目，延长产业链条，增加产品附加值。甘南州建成了多家现代化牦牛屠宰加工厂，开发出牦牛肉干、牦牛酸奶等多种产品，不仅提高了牦牛产品的市场流通性，还进一步促进了产业的多元化发展。

自2018年脱贫攻坚战实施以来，甘南、天祝等地凭借天然资源优势，在精准扶贫政策的扶持下，将牦牛养殖确立为牧区的富民产业。这些政策激发了牧民的养殖积极性，促使养殖投入不断加大，科学饲养技术得以广泛推广，养殖水平持续提高。然而，当前甘肃牦牛产业发展仍面临生态补偿机制不够完善、产业融资渠道相对狭窄等问题。未来，甘肃省需进一步优化政策体系，持续推动牦牛产业高质量发展，为牧区经济繁荣与乡村振兴注入新的活力。

以上各省区出台的政策均围绕肉牛产业或畜牧业发展，从良种繁育、养殖规模扩展、金融保险支持、疫病防控、稳定养殖收益、推动产业融合及可持续发展等多方面制订措施，对于肉牛产业的稳定发展具有重要的指导意义。

总体来看，国家层面和地方层面出台的肉牛养殖支持政策取得了初步成效。然而，政策的长期效果还需进一步观察，特别是在市场供需平衡、养殖成本控制、疫病防控等方面，仍需持续关注和优化政策支持。

第三节 牦牛产业发展技术环境分析

一、牦牛养殖技术环境分析

（一）牦牛的生态适应性与生理特征

1.牦牛的生态适应性

牦牛能够在极端的高寒、高海拔环境中生存，具有耐寒、耐饥、抗病等特性，因此成为当地牧民的重要经济来源。研究揭示了牦牛在基因层面对低氧环境的适应性，其中相关基因的正向选择与其高海拔生存能力紧密相关。在生理适应方面，相较其他动物，牦牛具有更强的心肺功能，使其能在低氧条件下维持正常生理活动。经过长期进化，牦牛的消化系统已能高效利用当地营养价值较低的劣质牧草。在行为特征上，牦牛展现出高效的觅食行为，偏好选择营养丰富的草本植物。此外，牦牛的社会行为和繁殖习性也与环境紧密相关，例如，它们会在繁殖季节选择适宜的时间交配，以确保后代能在有利环境中成长。

2.牦牛的生理结构与功能

牦牛的生理结构和功能特征是其在高寒地区生存的关键保障。牦牛的心肺结构相较于其他物种更为发达，较大的肺活量和心脏容量能够有效提高其对低氧环境的适应能力。此外，牦牛具有特殊的消化系统，能够高效消化粗纤维含量较高的饲料，使其在资源稀缺的环境中仍能保持良好的营养状态。

在生理功能方面，牦牛的体温调节能力同样显著，能够在寒冷气候中维持相对恒定的体温，减少因寒冷导致的能量损失。同时，牦牛在寒冷季节的代谢速率较低，进一步降低了能量消耗。这些生理适应性不仅增强了牦牛在极端环境下的生存能力，而且为其健康养殖提供了基础保障。

（二）牦牛养殖现状分析

牦牛养殖主要采用传统游牧和半游牧方式，尤其是在青藏高原及其周边地区，养殖方式主要依赖于当地的自然条件和草场资源。在中国西藏及青海等高寒地区，牦牛养殖模式是以放牧为主，结合圈养的养殖方式。得益于牦牛对高海拔环境的强适应性，养殖户能够利用广阔的草原资源放牧以降低成本并提高效益。这些地区的牦牛养殖正逐渐向科学化和现代化转型，养殖户开始重视牛舍建设时的地势、光照和通风等条件，饲养管理和合理放牧策略的实施。牦牛的养殖规模多样，从小规模家庭养殖到大规模的集约化养殖均有。小规模养殖的牧民家庭中，牦牛通常作为家庭的经济支柱，为家人提供肉类、奶制品等生活必需品，同时也是文化和社会身份的重要象征。而经济的发展促使一些地区出现了规模化养殖，这些养殖场采用现代化管理和技术，以提高生产效益和经济回报。

在不同地区，牦牛养殖的特点也有所不同。西藏、青海等高原地区由于适宜的气候和丰富的草场资源，成为牦牛养殖的主要区域。这些地区的牧民利用丰沛的草场和牦牛在高海拔、寒冷的环境中表现出的抗病性和适应性,使牦牛养殖成为当地经济的重要组成部分。然而,随着气候变化和草场退化的问题日益严重,牦牛养殖的可持续性受到威胁,养殖者面临着环境压力和饲料不足的挑战。

养殖效益方面,牦牛产品的市场需求持续增长,尤其是肉类和乳制品,因其独特的风味和营养价值而受到消费者青睐。但由于养殖管理水平不一,部分养殖户的经济效益并不理想。相关数据分析显示,随着牦牛养殖技术的不断改进,整体养殖效益有望提升。

(三)牦牛饲养管理技术

1. 育肥管理

传统放牧方式在春冬季节面临饲料短缺问题,导致牦牛生长速度缓慢,影响经济效益。研究显示,青海地区由于季节性牧草限制,春季和冬季天然牧草供给不足,导致牦牛生长发育缓慢和繁殖性能低下,建议在饲料中添加高纤维和高蛋白的成分,以满足牦牛在不同生长阶段的需求。这不仅有助于提高牦牛的生长速率,还能改善其整体健康状况。

科学的喂养策略是育肥管理的关键。通过全舍饲育肥试验发现,补饲和营养强化措施显著提高了牦牛的日增重和出栏质量,表明补饲技术能有效解决传统放牧模式下的饲料不足问题,促进牦牛健康成长。在管理方面,育肥场的选址和设施建设同样重要。育肥场应选在交通便利、排水良好的地块,以保障牦牛健康生长。合理的围栏设置、食槽与水槽设计能提高牦牛的采食效率,进一步提升经济效益。

2. 营养补给与饲喂管理

营养与饲料的管理是牦牛健康养殖中不可或缺的一部分,牦牛需要均衡的营养以支持其生长和生产性能。合理的营养管理,是提升养殖水平的重要措施。饲料的选择应考虑季节变化,尤其是在春冬季节,牧草稀少,需及时补充营养,以防止饥饿状态对牦牛生长造成影响。

合理的营养配方和饲喂管理对提升牦牛生长性能至关重要。微生物干预，尤其是乳酸菌的应用，可以调节牦牛肠道屏障功能，降低疾病发生率，从而提高健康养殖水平。黄芪根提取物能显著提高早断奶牦牛的日增重、免疫力和抗氧化能力。

科学的饲喂管理应结合牦牛的生理特点，确保饲料的合理搭配，并做好相关日常管理工作。饲料的多样性和营养价值直接关系到牦牛的健康和生产性能，养殖户应根据实际情况调整饲喂方案，以达到最佳养殖效果。科学的营养配方能满足牦牛在不同生长阶段的营养需求，促进其健康生长。同时，结合生态养殖模式，采用"放牧与补饲"相结合的管理策略，不仅能保护生态环境，还能提高牦牛的肉质和经济价值。

3. 疾病防控

牦牛养殖过程中，疾病防控是养殖管理技术的重要组成部分，是确保牦牛健康和提高经济效益的关键环节。牦牛常见疾病包括呼吸系统疾病和传染病，高原地区环境因素对疾病发生的影响显著，更是增加了患病的风险。牦牛的主要传染病包括肺炎、结核病等，这些疾病严重影响了牦牛的生产性能和经济效益。环境因素和养殖管理不当是导致牦牛健康问题的主要原因，因此应在养殖过程中采取有效的预防措施，如定期进行健康检查和疫苗接种，加强环境卫生管理，以减少疾病发生的风险。深入探讨瘤胃酸中毒和疟原虫病等疾病的发生机制和防治手段，对于牦牛养殖的可持续发展具有重要意义。寄生虫病也是牦牛养殖中的一个重大挑战。寄生虫病的流行现状和防控策略是牦牛健康养殖研究的重要内容。为了有效控制寄生虫感染，建议定期进行驱虫治疗，并加强养殖环境管理，以减少寄生虫的滋生和传播。针对肉毒梭菌中毒症，需加强对牛舍环境的管理和饲料的卫生监控。在疾病发生时，应及时采取隔离和治疗措施，以降低对整个养殖场的影响。此外，持续的健康监测对提高牦牛的抗病能力至关重要。

二、牦牛产业发展加工技术环境分析

（一）加工技术现状

1. 屠宰加工技术革新

2020年之前，西藏拉萨市当雄县便率先引入大型现代化屠宰流水线，自此，牦牛屠宰加工开启了向数字化、生态化与智能化发展的转型之路。在屠宰车间内部，从牦牛的初始预处理阶段（涵盖宰前检疫、细致清洗等多个环节），一直到最终将牦牛精细分割为各类产品的整个过程，绝大部分操作都由高度自动化的机械设备依照设定程序有条不紊地完成，并且全程严格遵循绿色环保的生产理念。这些先进设备借助先进的机器视觉识别功能，能够精准捕捉牦牛肌肉与骨骼结构的差异，搭配精准的机械控制算法，将一头成年牦牛依据其身体各部位的特性精确切割为多达32种不同部位的产品，其中包括深受市场欢迎的里脊、牛腩、腱子肉等不同品类。2020年，当雄县某牦牛屠宰龙头企业借助这条现代化流水线成功屠宰约3万头牦牛，进而实现工厂销售额高达2亿元。其牦牛收购业务所覆盖的范围极为广泛，涵盖了日喀则市、山南市、那曲市的部分县区。这一实例充分彰显了现代化屠宰技术在拓展产业规模、提升经济效益方面所具备的强大驱动效能。相较于传统人工屠宰方式，这种先进的屠宰技术不仅显著提高了生产效率，单位时间内的屠宰量提升了数倍之多，而且有力保障了肉品切割的标准化与精细化程度，极大地提升了产品附加值，能够充分满足市场对高品质、差异化牦牛肉产品的需求。

2. 产品多元化加工技术涌现

肉制品加工：在传统牦牛肉干等经典产品的基础上，为顺应市场对便捷、多样化食品的需求，牦牛产业中逐步兴起预制菜加工技术并呈现出蓬勃发展的态势。以小炒牦牛肉、红烧牛腩等为典型代表的牦牛预制菜产品日益丰富多样。在这一发展过程中，创新性地运用AI与大数据分析技术对低温真空滚揉、纳米保鲜等前沿技术进行优化组合。通过AI图像识别技术，能够精准监测牦牛肉在滚揉过程中的肉质变化情况，再结合大数据分析结果实时调整滚揉参数，以确保肉质鲜嫩多汁，最大限度保留牦牛肉的营养成分与独特风味。同时，纳米保鲜技术通过在肉品表面形成一层具有抗菌、抗氧化性能的纳米级保护膜，能有效抑制微生物滋生与脂质氧化，将产品保质期延长至传统加工方式的数倍，充分满足了年轻消费者对便携、预制牛肉产品在品质与保存期限方面的严苛要求。

副产物加工：近年来，针对牦牛骨、皮、毛、内脏及角等副产品的研发工作持续深入推进，研发力度不断加大。在牦牛皮加工领域，国富皮革联合四川大学等开展产学研合作，成功研发出酶法脱毛技术。该项技术利用特定的生物酶在温和条件下对牦牛皮进行处理，使牦牛皮加工过程中的COD（化学需氧量）排放量显著降低（65%），在极大程度减少环境污染的同时，有效提高了皮革质量，所生产的皮革制品在强度、柔韧性及色泽均匀度等方面均有明显提升。在牦牛骨加工方面，采用酶解-超滤耦合技术，能够将牦牛骨中的胶原蛋白高效转化为分子量控制在1000Da以下的牦牛骨胶原蛋白肽，生物利用率大幅提升（60%）。这种高纯度、易吸收的胶原蛋白肽可广泛应用于食品、保健品及化妆品等领域，企业可借此开发出一系列具有高附加值的生物制品，进一步拓展牦牛产业的价值链条。

3. 质量控制与标准制定

中国畜牧业协会发布的《牦牛肉生产及流通信息管理规范》等团体标准，为牦牛肉从生产源头至终端流通环节的信息管理构建了全面且系统的规范框架。该标准明确规定了牦牛肉生产过程中的养殖环境、饲料使用、疫病防控等关键信息的记录要求，以及在流通环节中的产品追溯、冷链运输条件、销售信息公示等具体内容，有力推动了牦牛产业朝着标准化、规范化方向稳健发展。部分地区紧密结合本地牦牛品种特性与产业发展实际，积极探索建立具有地域特色的牦牛产品质量标准体系。以西藏帕里牦牛产业发展有限公司为例，依托"帕里牦牛"地理标志证明商标和农产品地理标志所明确要求的产品特征，从牦牛良种繁育阶段的基因筛选与优化，到养殖过程中的精细化管理，包括精准的饲料投喂、科学的疫病防控措施，再到加工环节的严格工艺控制，涵盖屠宰流程的标准化操作、肉品加工的温度与时间精准把控，构建起一套全方位、全流程的质量管控体系。通过实施该体系，确保所生产的牦牛产品在市场上具备显著的品质辨识度与强大的市场竞争力，能够有效满足消费者对高品质、可溯源牦牛产品的需求。

（二）面临的挑战

1.技术装备总体水平低

在西藏错那市等部分地区，牦牛规模化养殖场的发展深受资金短缺等问题制约，多数牧区普遍采用"合作社+牧户"的经营模式。然而，当前合作社的功能大多仅局限于辅助牧户进行物资采购以及产品销售等基础业务。在从屠宰、分割、加工到包装、销售的整个产业链关键环节中，仍然高度依赖人工操作，先进的养殖、加工技术装备近乎空白。即便存在个别尝试以家庭牧场模式经营的牧户，也由于资金投入有限难以购置先进的技术设备，导致技术装备总体水平长期处于较低层次。这种状况直接致使牦牛繁育率低下；出栏周期延长，较科学养殖条件下的出栏时间延长数月甚至数年；牦牛肉及相关产品质量难以实现有效控制，产品品质波动较大，无法契合市场对高品质、标准化产品的严格需求；等等。严重阻碍了牦牛产业向高端化、规模化方向的转型升级。

2.科技创新能力不足

在牦牛产业发展的整体范畴内，自主创新能力薄弱，成熟的高端产品与适配高原复杂环境的先进生产经营模式稀缺，基层科技人员的创新能力受到诸多因素的综合制约。一方面，由于缺乏系统、前沿的科学创新理论指导，其科研创新意识淡薄，难以敏锐捕捉到产业发展中的关键技术问题并开展针对性研究。另一方面，从事原创性研究的内在动力不足，科研激励机制不完善，使得基层科技人员在面对科研难题时积极性不高。以牦牛乳加工为例，牦牛乳富含免疫球蛋白、乳铁蛋白等多种特殊营养成分，但目前针对这些特殊成分的高效提取与利用技术研发进展缓慢。常规的提取方法不仅效率低下，且容易造成成分损失，导致高附加值乳制品的开发严重受阻，进而制约了整个牦牛产业在科技层面的进步与创新发展，使得产业在市场竞争中难以凭借技术优势脱颖而出。

3. 原料供应与加工环节衔接不畅

牦牛养殖长期以来多以家庭为基本单位，主要依赖天然草场进行放牧，使得牦牛的生长发育深受自然环境因素的影响。以错那市为例，其地处高原，自然条件极为恶劣，高寒气候致使草场牧草产量低下，枯草期长达7个月，饲草料季节性供应严重不均。枯草期牦牛往往面临食物短缺问题，导致生长速度减缓甚至停滞。同时，农、牧区饲草种植和供给链尚未构建完善，牧区人工草场面积狭小，无法满足牦牛养殖需求；农区所产饲草、秸秆大多优先供给黄牛、奶牛等其他牲畜，牦牛补饲较为困难，导致牛只整体处于低产、晚熟及空怀率高的不良状态。从政策扶持角度看，尽管部分地区出台了促进牦牛产业发展的政策，但在西藏等牦牛养殖集中区域，类似的政策扶持力度仍显不足，未能有效改善牦牛饲草料供应困境。从技术应用层面而言，一些地区在饲草料加工技术上有所创新，像江西赣州大圣牧业发展有限公司研发的稻草饲料化利用技术，能将稻草加工为牛羊粗饲料，提高了资源利用率，但这类技术在牦牛养殖区的推广应用极为有限，大部分地区仍缺乏高效稳定的饲草料加工处理手段。这种不稳定的原料供应状况，使得牦牛加工企业难以维持稳定、持续的生产节奏。先进加工技术在应用过程中，因原料品质波动，如牦牛肉的肥瘦比例、肉质鲜嫩度存在差异，以及数量不足等问题，无法充分发挥其应有效能，增加了企业的生产成本与管理难度，对产业的健康、稳定发展造成了严重阻碍。

（三）发展趋势

1. 智能化与自动化加工技术持续升级

伴随现代科技的迅猛发展，牦牛加工产业必将进一步朝着智能化、自动化方向深度迈进。在未来的屠宰加工环节，将更加广泛地应用AI图像识别、机器人操作等前沿智能技术。在加工车间的日常管理方面，物联网技术将实现对生产设备的运行状态、加工环境参数，如温度、湿度、空气质量等的实时监测与精准调控。通过构建智能化生产管理系统，能够依据生产数据的实时反馈，优化生产流程，合理安排设备维护计划，降低人工干预成本，全面提升整个加工过程的智能化水平，显著增强牦牛产业在国内外市场中的综合竞争力。

2. 绿色环保加工技术成为主流

鉴于全球环保意识的不断增强以及可持续发展理念的深入践行，绿色环保加工技术必将在牦牛产业中占据主导地位。在加工过程中，将逐步摒弃传统的高污染、高能耗加工方式，更多地采用环保型洗涤剂、未被污染的天然水源等处理原料。以江南布衣在牦牛绒加工中的实践为例，该企业采用获得权威认证的创新环保洗涤剂，以天然雪山矿泉水浸润牦牛绒，有效避免了化学污染，同时选择70℃的中温烘干标准，在保证产品质量的前提下，最大限度减少能源消耗。未来，在牦牛肉加工环节，将推广使用生物保鲜技术替代化学防腐剂，降低食品添加剂对人体健康的潜在危害；在皮革制造环节，将研发并应用更多无毒、无害的鞣制技术，减少重金属污染。从产业整体发展来看，应积极借鉴国内外绿色农业发展的成功经验，如欧盟在农产品生产中对绿色环保标准的严格把控，推动牦牛产业从养殖到加工全链条的绿色转型。通过这些绿色技术的广泛应用，从产业发展的源头减少对环境的负面影响，实现牦牛产业与生态环境的和谐共生，推动产业可持续发展。

3. 产学研深度融合推动技术创新

为有效攻克当前牦牛产业发展中面临的诸多技术难题，高校、科研机构与企业之间的合作将越发紧密。各方将围绕牦牛品种改良、高效养殖技术、精深加工技术、质量控制等关键领域展开联合攻关。科研机构凭借其专业的科研设备与深厚的理论研究基础，深入探究牦牛的生物学特性，包括其基因表达、生理代谢机制等，为养殖和加工技术的创新提供坚实的理论支撑。高校通过优化专业设置，加强相关学科建设，培养具备跨学科知识与实践能力的专业人才，为产业发展源源不断地输送新鲜血液。企业则充分发挥其市场敏锐度与生产实践优势，将科研成果迅速转化为实际生产力，并通过生产实践反馈进一步促进科研成果的优化与完善。通过这种产学研深度融合的协同创新模式，能够极大地加速牦牛产业技术创新的步伐，推动产业实现整体升级，显著提升产业在国内外市场中的综合竞争力，助力牦牛产业在全球产业格局中占据更有利的地位。

三、牦牛产品营销技术环境分析

（一）产品质量与品牌建设

在牦牛产品营销中，产品质量与品牌建设是提升核心竞争力的关键要素。在产品质量方面，牦牛产品依托高原独特的自然环境和天然放牧方式，具备"高蛋白、低脂肪、无污染"的天然优势。然而，在养殖和加工环节中仍存在一些挑战，如分散养殖导致的标准化不足、加工环节的卫生控制不严等问题，可能影响产品的质量安全。为此，需从源头入手，通过科学养殖、草场管理和疫病防控等措施，确保牦牛的健康生长。在产品加工环节，应引入先进技术，如超低温速冻、真空冻干和生物提取等，以延长保质期并开发高附加值产品。同时，运输和储存条件的标准化以及冷链体系的完善，也是确保产品质量的重要环节。此外，建立从养殖到加工、流通的全产业溯源体系，利用区块链技术确保产品可追溯性，将有效增强消费者对产品的信任。在品牌建设方面，牦牛产品凭借其独特的卖点，具备显著的市场潜力。区域公用品牌（如"玉树牦牛""那曲牦牛"）的打造是提升品牌价值的重要方向，通过地理标志认证和文化赋能，能够显著提升品牌溢价能力。在品牌宣传上，应结合数字化手段进行市场推广，利用直播电商、短视频平台和社交媒体等渠道，展示高原牧场的实景与藏族文化，强化"天然、有机、稀缺"的品牌形象。这不仅有助于提高产品的市场竞争力，还能进一步拓展市场，实现市场价值的最大化。

（二）市场优势与消费趋势

当前，我国牦牛产业主要集中于青藏高原及周边地区，牦牛肉、乳制品、毛绒制品等为主要产品类别，其中牦牛肉以"高蛋白、低脂肪、天然有机"为卖点，牦牛乳制品如奶粉、酸奶等因营养价值高而备受青睐，牦牛绒制品被誉为"软黄金"，在国际市场上具有较高认可度。然而，牦牛产品目前主要在产地消费，超过80%的牦牛肉和奶制品被本地消费者消化，其国内市场消费动力弱、国际市场潜力尚未被激发。消费者对牦牛产品的健康属性与文化内涵有较高兴趣，但也面临价格较高、认知不足和购买渠道有限等痛点。消费趋势方面，随着生活水平的提高和人们健康意识的增强，高品质的肉制品和乳制品需求逐渐增长。传统的牛肉和牛奶供应商面临产品同质化严重的问题，消费者对品质、健康、安全等方面的要求也越来越高，这为牦牛产品的市场拓展提供了机会。牦牛产品消费的健康化与高端化是主流方向，消费者对天然、有机食品的需求推动牦牛产品向高端健康消费品升级。数字化营销将成为重要手段，电商平台、直播带货和私域流量运营帮助品牌触达更多消费者。绿色消费理念的兴起为牦牛产品的可持续发展提供了机遇，碳中和认证和环保标签逐渐成为品牌溢价的重要支撑。通过政策支持、技术进步和消费者教育，牦牛产品市场的发展将逐步实现品牌化与标准化建设、全渠道营销拓展、产品创新与高值化开发以及国际化市场开拓的新业态。

（三）传统渠道与电商渠道相结合

在牦牛产品营销中，将传统渠道与电商渠道相结合，可以实现资源互补，能够充分发挥两者的优势，实现线上线下协同，提升品牌影响力和市场覆盖率。传统渠道依托批发市场、农贸市场和商超，具有覆盖广泛和消费者信任度高的优势，但也存在成本高、效率低的局限性；电商渠道则通过精准营销、广泛触达和低成本运营突破了地域限制，但面临消费者信任门槛和物流配送的挑战。为弥补不同渠道的局限性，实现渠道优化整合，应将两者有机结合，可采取O2O模式，通过线上展示产品并引导消费者线下体验，或线下扫码跳转线上复购，形成闭环消费链路；同时，全渠道零售模式通过整合线上线下库存、价格和会员体系，为消费者提供无缝购物体验；此外，社群营销与社区团购模式通过线上社群运营和线下社区配送，降低物流成本并快速打开本地市场。随着智能化零售和绿色营销等趋势发展，渠道整合将更加高效多元，推动牦牛产品从区域性特产向全域高端消费品升级。

第四节　牦牛产业市场需求分析

一、牦牛肉产品市场需求分析

　　牦牛大多与当地的文化、宗教及社会生活紧密相连，是牧民赖以生存的重要经济支柱。牦牛肉以其高蛋白、低脂肪和富含氨基酸等营养特性而著称。青藏高原高海拔、严寒、低氧、自由放牧的环境条件，造就了牦牛肉的肉质鲜美、营养价值丰富，是消费者青睐的天然绿色食品。当前，随着居民收入水平提升和健康意识增强，消费者对高蛋白、低脂肪、天然有机食品的需求显著增长，牦牛肉凭借其独特的营养价值和稀缺性，成为高端健康食品市场的热门选择。而且牦牛不仅为当地居民提供了肉类、奶类和皮毛制品等多种畜产品，还成为他们的主要收入来源。其中，超过80%的牦牛肉和奶制品被本地消费者消化，其余部分则销往邻近省份，而牦牛肉干、奶粉等产品则面向全国市场供应。此外，牦牛屠宰季节较为集中，冷鲜肉主要在9月至11月销售，其余时间则以冻肉为主（牦牛冻肉消费占比82%）。以"共享牛（胴体）资源"、产品即终端商品等为特色的新模式，催生了多种风格独特的牛肉直销体验工厂（商店、展览馆）。这种创新的经营模式有效连接了养殖户与消费者，补齐了传统屠宰加工行业的功能短板。虽然当前消费者对牦牛肉的认知逐步提升，但其价格较高和购买渠道有限仍是市场渗透的主要障碍。

　　根据表2-2数据可知，2015—2023年四省区人均牦牛肉消费呈现出显著的地区差异和动态变化特征。从总体来看，西藏的消费水平显著领先其他省份但波动较大，青海保持稳定增长态势，甘肃和四川消费量相对较低但均呈现上升趋势。从具体数值上看，西藏年人均消费20.6千克，在2017年经历明显下滑后持续回升，2023年已恢复至25.8千克，接近初期水平；青海从2015年的人均4.5千克稳步增长至2023年的10.3千克，增幅达129%，增长势头最为强劲；甘肃消费量最低且最为平稳，长期维持在人均1.2~1.6千克区间，2023年首次突破至2

千克；四川省前期增长缓慢，2023年出现显著跃升，消费量从人均1.2千克增至2.6千克。总体来看，不同省份的消费水平差异显著，西藏的消费量远超其他地区，而甘肃、青海、四川的消费量相对较低，但青海的增长趋势最为显著。

表2-2　牦牛肉主产省份家庭人均消费情况

单位：千克

时间	西藏	甘肃	青海	四川
2015年	26.4	1.4	4.5	1.2
2016年	21.8	1.4	5	1.3
2017年	13.9	1.4	5.3	1.5
2018年	17.9	1.2	9.4	1.7
2019年	17.5	1.5	9	1.9
2020年	17.4	1.6	10	1.9
2021年	21.9	1.6	10.2	1.9
2022年	23	1.6	9.9	1.9
2023年	25.8	2	10.3	2.6

资料来源：中国统计年鉴。

当前，我国牦牛肉市场需求情况可从政策引导、食品安全和市场价格等方面进行深入探讨。政策引导方面，国家"乡村振兴"战略将牦牛产业列为重点扶持领域，通过专项资金支持、技术培训和区域品牌建设等推动产业发展。地方政府积极推动地理标志认证，提升产品市场认知度和溢价能力。此外，生态保护政策如草畜平衡制度和退牧还草工程，虽在一定程度上限制了养殖规模，但也促使产业向集约化、高附加值方向转型，为其可持续发展提供了政策保障。食品安全方面，随着消费者对食品安全的关注度日益提升，牦牛肉因其天然有机、高蛋白、低脂肪的特性，符合"绿色、有机"的消费趋势，具备较强的市场竞争力。然而，食品安全保障仍需进一步加强，包括推行标准化养殖技术、完善疫病防控体系、引入现代化加工设备以及建立全链条溯源系统。利用区块链技术记录从养殖到流通的各环节信息，可实现产品可追溯，增强消费者信任度，同时满足高端市场对食品安全的高标准要求。市场价格方面，牦牛肉因养殖成本高、产量有限，价格普遍高于普通牛肉。养殖成本受高原地区自然条件限制，草场退化、冬季饲草短缺等问题进一步推高了生产成本。同时，作为主产地的基础生活必需品，牦牛肉拥有稳定的消费群体，但由于当地人口较少，需求相对恒定。由于国内牦牛产品供应不足，牦牛肉价格呈现逐步上涨趋势。此外，冷链物流成本高昂，尤其是青藏高原地区交通不便，导致终端价格居高不下，限制了市场渗透。但是，通过规模化养殖、冷链物流网络优化和品牌溢价，可逐步降低终端价格并扩大市场覆盖面。电商平台的普及和直播带货等新型营销模式，也为牦牛肉进入更广阔市场提供了契机，有助于平衡价格与市场需求之间的关系。

二、牦牛其他产品市场需求分析

（一）牦牛乳及其制品市场需求分析

牦牛乳及其制品对人体健康具有多重益处。首先，牦牛乳中富含优质蛋白质、人体必需氨基酸和多种维生素（如维生素A、维生素D、维生素E），能够增强人体免疫力、促进骨骼发育和维护视力健康。其次，其脂肪含量较高，但以不饱和脂肪酸为主，有助于降低胆固醇水平，预防心血管疾病。此外，牦牛乳含有丰富的矿物质（如钙、锌、铁），对骨骼健康、免疫功能和血液循环具有积极作用。牦牛乳制品如酸奶、酥油等，通过发酵工艺进一步提升了营养价值，富含益生菌，可促进肠道健康，增强消化吸收能力。牦牛乳及其制品以其高营养价值和功能性特点，成为天然健康食品的重要选择，适合各类人群食用。牦牛乳相较于一般牛乳或羊乳产品，其市场消耗量相对较低，主要受限于产量低、价格较高及市场认知度不足等因素。牦牛乳主要产自青藏高原及周边高海拔地区，受自然条件和养殖规模限制，年产量远低于普通牛乳或羊乳，导致其市场供应有限。由于生产成本和运输成本高，牦牛乳及其制品的终端价格显著高于普通乳制品。此外，消费者对牦牛乳的营养价值和功能性特点认知不足，市场宣传仍需加强。尽管牦牛乳在健康食品领域具有独特优势，但其市场渗透率较低，消耗量远未达到普通牛乳或羊乳的规模。现有研究主要集中于牦牛乳的资源评估和营养特性分析,而针对储存过程中乳质量变化的研究较为匮乏,且储藏保鲜技术相较于普通牛奶仍存在明显差距。随着中国乳制品产业的持续扩展以及消费者需求的日益多元化,山羊奶、驴奶、骆驼奶和牦牛乳等小众乳制品逐渐受到市场青睐并被广泛接纳,未来牦牛乳有望成为快速崛起的小众乳品。如前所述,牦牛乳制品具备极高的营养价值和功能性,且市场竞争者较少,具备显著的发展潜力。

(二)牦牛绒市场需求分析

牦牛绒产量稀少,全球牦牛绒年产量约为1万吨,主要集中于青藏高原及周边高海拔地区,中国占全球总产量的90%。由于采集周期长、产量有限,牦牛绒具有显著的稀缺性。在品质方面,牦牛绒纤维细度低于16微米,具备柔软、轻盈和保暖性极强的特点,其表面鳞片结构独特,具有优异的吸湿排汗性能和抗静电能力,常被用于制作高档纺织品和服装。市场价值方面,牦牛绒制品如围巾、毛衣等深受国际高端市场青睐,价格远高于普通羊毛制品。此外,牦牛绒的可持续性和环保特性符合现代消费趋势,进一步提升了其市场竞争力。然而,目前牦牛绒的市场开发尚不充分,产品价值相对较低。存在牦牛绒的初加工技术相对落后问题,分梳过程中易造成纤维损伤,影响成品质量。此外,牦牛绒染色技术尚不成熟,色彩牢度较低,限制了其在时尚领域的应用。例如,部分牦牛绒制品在洗涤后出现褪色或变形等问题,降低了消费者体验。最后,牦牛绒的高端定位与小众市场规模限制了其技术研发投入,进一步制约了产业升级。通过技术创新与技术研发投入,可以提高牦牛绒的生产效率和质量,降低生产成本,推动产业升级,从而更好地满足市场需求。随着我国居民生活水平的提高和消费观念的转变,牦牛绒作为一种天然、可持续的纤维,有望吸引更多关注与需求。然而,尽管牦牛绒制品市场逐步扩大,我国牦牛绒行业整体发展水平并未得到显著提升。牦牛绒价格相对较高,原材料供应紧张,加之羊毛、羊绒等替代品在价格和供应上的竞争,进一步影响了牦牛绒的市场需求与发展潜力。

（三）牦牛副产品市场需求分析

牦牛资源及其副产品的深加工产业不仅有助于推动青藏高原及周边地区的经济发展，促进当地就业，而且能够通过科学养殖、规模化生产和产业链延伸，提高牧民收入，促进区域经济振兴。同时，对牦牛副产品进行深加工，可显著提升产品附加值，开发高附加值产品如牦牛肉干、乳制品、胶原蛋白肽和生物医药原料等，满足市场对健康食品和功能性产品的需求，增强市场竞争力。牦牛副产品的开发利用为当地牧民创造了更多就业机会，提高了收入水平，助力乡村振兴和民族团结。然而，尽管我国在牦牛副产品利用方面具有悠久的历史和丰富的经验，但当前利用仍存在多方面的缺陷。由于技术水平相对落后，深加工能力不足，导致副产品多停留在初级加工阶段，未能充分转化为高附加值产品。此外，技术创新能力有限，制约了副产品的高效利用和产业升级。

（四）旅游及其他市场需求分析

牦牛产业作为我国高寒牧区的特色支柱产业，在国家政策支持和市场需求推动下呈现出多元化发展趋势。从政策层面来看，牦牛产业既受益于乡村振兴战略的扶持，又符合生态保护与可持续发展的政策导向。国家通过专项资金支持、技术培训、草原生态补偿等举措，推动牦牛产业向标准化、规模化、高附加值方向发展。同时，文旅融合政策为牦牛产业与旅游业的深度结合创造了有利条件，各地开发的牦牛主题旅游线路和文化体验项目日益丰富。市场需求方面，牦牛产品凭借其绿色健康的特性，在食品、纺织、医药等领域持续走俏。高端牦牛肉、奶制品和牦牛绒制品受到市场追捧，相关衍生品在保健品和化妆品领域的应用也展现出巨大潜力。旅游市场对牦牛文化体验的需求快速增长，生态观光、民俗体验、研学康养等新型旅游产品不断涌现。在生态保护方面，牦牛文化IP开发和潜在的草原碳汇价值也为产业发展提供了新的增长点，促进了山水林田湖草沙生命共同体的系统治理。这种牧旅融合发展模式不仅为全球高寒牧区提供了可持续发展范本，更印证了"人不负青山，青山定不负人"的深刻哲理。尽管牦牛产业发展前景广阔，但仍面临产业链分散、加工技术不足等挑战。未来需要通过完善冷链物流、打造区域品牌、引入智慧养殖技术等措施,推动产业提质增效,实现经济效益与生态保护的双赢,使其真正成为高海拔地区经济发展的新引擎。

第五节　牦牛产业发展特色分析

牦牛产业在中国及全球畜牧业中均占据重要地位。尤其是随着消费者对高蛋白、低脂肪肉类需求的增长,牦牛肉的市场需求呈上升趋势。牦牛产业主要分布在高海拔、寒冷地区,中国作为全球牦牛资源最丰富的国家,牦牛存栏量占全球总量的90%。牦牛以其耐寒、耐缺氧的特性,成为高寒地区重要的经济支柱,其肉、乳、毛绒等产品具有高营养价值和稀缺性,在健康食品和高端纺织品市场中占据独特地位。肉牛产业则在中国及全球范围内广泛分布,肉牛产业规模庞大,是全球肉类供应的重要来源,其产业链成熟,涵盖养殖、加工、销售等多个环节,对全球粮食安全和经济发展具有深远影响。在中国,牦牛产业作为肉牛产业的重要组成部分,为满足高原地区肉类需求和促进农村经济发展发挥了关键作用。牦牛奶作为占据全球一定消费量的饮品之一,以其丰富的营养和细腻的口感广受消费者欢迎。

一、牦牛产业生态适应性与环保功能方面

由于生存环境的局限,牦牛种群展现出独特的进化智慧。牦牛作为青藏高原特有物种,已对低氧、强紫外线、极端温度的高原环境展现出"极致的环境适应能力",其生理机制可耐受$-40\sim30℃$的温变幅度,而肉牛在同等条件下需额外投入30%~50%的维持能量。牦牛通过反刍行为优化牧草消化率,其瘤胃微生物群落可分解高原特有纤维素成分,使草场利用率较肉牛提升25%。这种生态适应性不仅降低养殖碳足迹,更形成独特的生态屏障功能——每头牦牛年均排泄氮磷量仅为肉牛的60%,粪便可有效滋养高山草甸,维持高寒地区生态系统平衡。相较之下,肉牛集约化养殖依赖大规模人工草场,易引发土地开

垦、水资源消耗等环境压力，粪污处理和温室气体排放问题显著。牦牛"逐水草而居"的传统模式与高原生态形成"良性共生"，其低甲烷排放特性更契合全球减碳趋势，成为高寒地区不可替代的"生态调节器"。作为青藏高原特有的珍贵畜种，牦牛在高原生态系统中扮演着不可替代的角色。在严酷的高原环境中，牦牛养殖业维系着当地居民的生计，支撑着传统游牧文化的延续，是高原地区可持续发展的重要保障。这种独特的畜牧业形态，既体现了人与自然的和谐共生，也彰显了生物资源的地域性价值。

二、牦牛产业肉质营养与功能价值方面

牦牛肉以其独特的品质特征，成为高原地区极具价值的健康食品。这种在严酷自然环境中生长的牲畜，其肉质呈现出显著的高蛋白、低脂肪特性，富含人体必需的多种氨基酸和矿物质。值得注意的是，牦牛肉中铁元素的含量有助于改善造血功能，而丰富的锌元素则能促进蛋白质合成和肌肉发育，这些营养特质使其成为高原居民维持体能的理想食物来源。其肌红蛋白含量显著高于肉牛，赋予肉品深红色泽与浓郁风味。脂肪酸谱分析显示，牦牛肉单不饱和脂肪酸占比达58%，较肉牛高15个百分点，与地中海饮食推荐结构高度契合。更值得关注的是其功能性成分，如共轭亚油酸含量达2.3~3.1克/100克，较普通牛肉高4倍。共轭亚油酸具有抗肿瘤、抗氧化、增强免疫力、防治糖尿病等生理功能，还能降低人体脂肪、增加肌肉。这种营养特性使其终端产品溢价空间达普通牛肉的2~3倍，在高端健康食品市场形成独特定位。然而，受限于高原养殖规模，牦牛年产量有限，供应稳定性不足，价格竞争力弱于规模化生产的肉牛产品。

三、牦牛产业生产效率与养殖成本方面

牦牛产业仍以传统粗放型养殖为主导模式，养殖规模小且生产效率低，受高寒地区自然条件限制，天然草场退化与季节性饲草短缺现象严重，直接提高了整体生产成本。漫长的生长周期导致资金周转效率低下，饲料转化率较肉牛低30%，单位增重成本显著提高。为适应严寒气候，牦牛需额外消耗大量能量

来维持体温,这部分"环境适应成本"直接降低了生产效能。高原地区基础设施薄弱,饲草运输和冬季补饲成本居高不下,占养殖总成本的比重远超肉牛产区。分散的小规模养殖模式难以形成规模效应,单位固定成本分摊较高。疫病防控方面,特殊地理环境导致疫苗运输和兽医服务成本显著增加。牦牛产业地处偏远,交通不便,冷链物流成本高,供应链效率低,活畜运输损耗率和冷链物流成本均为肉牛的2~3倍。而肉牛产业完善的供应链体系确保了从养殖到销售各环节的有效衔接,大大提升了产品流通效率。更关键的是,科技投入不足导致生产效率提升缓慢,新品种选育、精准饲喂等现代技术应用滞后,进一步削弱了成本控制能力。这种全方位的成本劣势,使得牦牛产品在价格竞争中处于不利地位,亟须通过品种改良、饲养模式创新和产业链整合实现降本增效。

2023年牦牛养殖总成本呈现明显的区域分化特征:甘肃以每百头牦牛104200元居首,反映出规模化养殖与犊牛采购的高投入;西藏以每百头牦牛101500元的成本,凸显高海拔环境带来的运输、防疫等附加支出;青海每百头牦牛86300元,其通过冷鲜加工技术实现成本逆势下降1.2%,成为降本增效的典型案例(见图2-1)。但相比肉牛产业,牦牛仍面临饲料转化率低30%、物流成本高2~3倍等系统性劣势。图2-2数据反映了牦牛产业受自然条件和传统养殖模式的制约,印证了传统粗放式养殖模式的技术短板和区域发展不平衡。

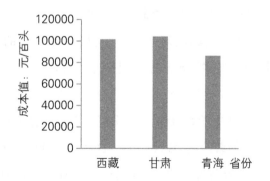

图2-1 2023年主产省份牦牛养殖总成本

资料来源:农产品成本收益年鉴。

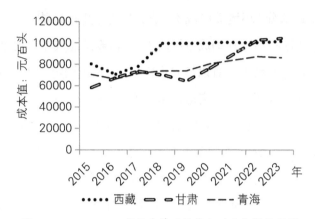

图2-2　2015—2023年牦牛养殖总成本对比分析折线图

资料来源：农产品成本收益年鉴。

四、繁育能力与种群发展方面

　　牦牛在繁育性能方面与肉牛存在显著差距，主要体现在繁殖效率、遗传改良和营养代谢等关键维度。性成熟晚（3～4岁）、发情周期长（21～28天）且季节性强导致牦牛年受胎率仅为40%～50%，远低于肉牛的70%以上标准；产犊间隔长达18～24个月，较肉牛12～14个月的周期显著降低繁殖效率，且牦牛单胎率高，导致种群自然增长率不足，养殖规模难以快速扩张。遗传改良面临技术瓶颈，牦牛的人工授精站因为缺乏资金支持很难建立，人工授精技术难以得到大范围推广，大部分牦牛养殖场都是让牦牛自行交配，优良的品种并未能得到有效保留，人工授精覆盖率不足5%，精液冷冻后活力低于35%。同时，由于受到传统养殖模式和地形的制约，繁育体系十分不完善，缺乏对种公牛的科学选拔、培育等，只是在亲代中随意留种，大部分牦牛都是近亲繁殖的产物，这种无序繁殖的方式使牛群的繁殖能力持续下降。这些繁殖特性上的差异，使牦牛产业在发展速度和规模效益方面明显逊色于肉牛产业，但也促使牦牛产业必须走差异化发展的道路，通过提升产品附加值和开发特色市场来缩小与现代肉牛产业的代际差距。

五、市场开发与品牌建设方面

牦牛产业产量有限,受自然条件和养殖规模限制,供应不稳定,难以满足大规模市场需求,而肉牛产业产量大,供应稳定,能够满足全球市场的广泛需求。牦牛产品以牦牛肉、乳制品和绒制品为主,品类相对单一,深加工产品开发不足,而肉牛产品种类丰富,涵盖鲜肉、冷冻肉、熟食、皮革等多个领域,深加工能力强。受高寒地区养殖成本制约,牦牛产品定价普遍偏高,价格竞争力较弱,而肉牛产业规模化生产降低了成本,价格区间更具弹性,能够满足不同消费层次的购买需求。牦牛产品主要依赖区域性销售网络,市场覆盖面有限,全国性流通体系尚未建立;相比之下,肉牛产品已建立起包括商超系统、餐饮供应链、电商平台等在内的多元化销售体系,市场渗透率显著更高。品牌化层面,牦牛产业市场认知度较低,品牌化程度不足,消费宣传成本高;而肉牛产业品牌化程度高,市场认知广泛,消费者接受度高。更关键的是,牦牛产业在市场营销体系建设上相对滞后,缺乏系统的品牌规划和推广策略,导致产品差异化优势未能有效转化为市场竞争力。此外,牦牛产品缺乏国际认可的质量认证标准,难以突破高端市场准入门槛。这种全方位的市场开发不足,使牦牛产品在当前激烈的市场竞争中处于相对弱势地位。

六、文化赋能与旅游价值方面

作为青藏高原的文化图腾,牦牛深深植根于藏族人民的精神世界,既是宗教信仰的载体,更是游牧文明的活态象征。这种文化基因使牦牛成为连接人与自然的精神纽带,衍生出丰富多彩的民俗活动和艺术表现形式。相较于主要体现经济功能的肉牛,牦牛所承载的生态智慧和文化记忆,为高原旅游提供了不可复制的吸引力。通过开发牦牛主题文化体验项目,不仅能让游客深度感知藏族传统文化精髓,更能创造可观的经济效益。游客可以通过参与牦牛骑行、传统牧业体验、特色美食品尝等活动,获得独特的沉浸式文化体验。这种文旅融合发展模式，既有效保护了非物质文化遗产，带动了餐饮、住宿、文创等产业链的协同发展，为高原地区探索出一条文化传承与经济发展相互促进的特色路径，又能通过牦牛文化和旅游资源的开发为当地带来可观经济收入。游客的消费和参与相关活动可以促进当地旅游业的发展。而肉牛产业虽然在经济规模上占据优势，但在文化赋能和旅游带动方面则明显逊色，难以形成同等程度的地域品牌效应和产业附加值。牦牛文旅模式凸显了"生态—文化—经济"的协同价值，为高原地区探索出特色发展路径。

第三章

牦牛产业发展重点区域

第一节　引　言

　　牦牛作为藏族地区农牧民世代依存的生产生活工具，在我国青海、西藏、四川、甘肃等主产区持续肩负着保障民生与维系高原生态的双重使命。这些区域既是长江、黄河上游水源涵养的核心屏障，也是全球气候变化敏感带，协调畜牧业生产、农牧民增收与生态系统保护的平衡关系已成为区域可持续发展的关键命题。当前，牦牛产业仍面临多重挑战，传统放牧模式受草场退化与饲草季节性短的制约，标准化养殖覆盖率不足，疫病风险与市场波动加剧经营脆弱性；牦牛肉、乳产品仍以初级加工为主，精细化分割、功能性提取及文化附加值开发滞后，导致产业链价值流失严重；冷链物流网络覆盖率较低，跨区域产销衔接不畅，品牌化营销体系尚未成型。2024年，在"高原特色畜牧业高质量发展"政策引领下，各主产区着力探索"生态牧场认证""智慧牧区建设""区域品牌共创"等创新路径，推动牦牛产业向"草畜平衡""数智赋能""全链增值"方向转型。本章通过解析牦牛各主产区产业发展动态，梳理各省份牦牛产业发展的共性瓶颈与差异化经验，为构建生产集约、生态友好、效益提升的现代牦牛产业体系提供实践参考。

第二节　重点区域：青海省

一、青海省牦牛产业发展现状

　　青海省牦牛主要分布于海北藏族自治州（刚察县、海晏县、祁连县、门源回族自治县等）、海南藏族自治州（共和县、贵德县、同德县、兴海县、贵南县等）、果洛藏族自治州（玛沁县、班玛县、甘德县、达日县、久治县、玛多县等）、玉树藏族自治州（玉树市、称多县、囊谦县、杂多县、治多县、曲麻莱县等)、黄南藏族自治州(同仁市、尖扎县、泽库县、河南蒙古族自治县等)。此外,西宁市大通回族土族自治县、湟源县、湟中区,海东市互助土族自治县、平安区、乐都区、民和回族土族自治县、化隆回族自治县、循化撒拉族自治县等地也有牦牛分布。牦牛养殖在青海省畜牧业中占据重要地位,是当地牧民重要的生产、生活资料和经济来源。青海省牦牛品种主要包括4个地方品种和两个培育品种,即青海高原牦牛(首次全国畜禽品种资源调查时命名,主要分布在青海省南部及其北部的高寒地区)、环湖牦牛(2018年被列入国家畜禽遗传资源品种名录,主产于青海湖周围的山地草场)、雪多牦牛(2018年被列入国家畜禽遗传资源品种名录,主要分布在黄南州河南县赛尔龙乡及周边地区,是经长期驯化和人工选育形成的地方遗传资源)、玉树牦牛(主要分布在玉树藏族自治州境内,2021年被列入国家级畜禽遗传资源目录)、大通牦牛(是中国农业科学院兰州畜牧与兽药研究所和青海省共同培育的地方新品种,主要分布于西宁大通回族土族自治县)、阿什旦牦牛(我国自主培育的世界首个无角牦牛新品种)。2024年,青海省牦牛产业发展态势较好,养殖规模不断扩大,出栏169万头,牦牛肉产量17万吨,位居全国第一。

(一)生产现状

青海高原牦牛作为青海省全域广泛分布的优质品种,展现出强劲的生产性能和发展潜力。青海省依托"绿色有机农畜产品输出地"战略,推动高原牦牛标准化养殖,建成生态牧场2000余处,其中有机认证牧场占比35%。通过基因测序技术优化种群结构,核心群规模扩大至5万头,年供种能力达8000头。重点开发青海高原牦牛冷鲜肉、高端乳酪制品,产品通过"青字号"品牌认证,销往全国高端市场,带动牧民户均增收2.8万元。青海高原牦牛产业在生态保护与经济效益双赢的道路上稳步前行,成为青藏高原特色畜牧业的重要支柱。

环湖牦牛作为青海湖周边地区特色品种,展现出良好的生产态势和生态经济效益。环湖牦牛主要分布于海南州、海北州等地,2024年,出栏量15万头,产肉量3.5万吨,乳制品产量4.2万吨。青海省通过实施"环湖生态牧场"项目,推广草畜平衡,建成智慧监测牧场120个,应用北斗定位系统跟踪放牧轨迹,有效保护草原生态环境。同时，依托"企业+合作社"模式，打造"环湖牦牛"地理标志品牌。

雪多牦牛，原产于黄南藏族自治州河南蒙古族自治县，作为青海省重要的乳用牦牛品种，展现出强劲的发展势头和显著的经济效益。2024年，雪多牦牛产奶2.3万吨，肉产量0.8万吨，成为当地牧民增收的重要来源。河南蒙古族自治县依托高海拔草原天然优势，推广生态放牧与智能补饲相结合的养殖模式，建成现代化牧场50余处，其中有机认证牧场占比达40%。通过提纯复壮工程，组建核心群80群，选育群200群，产奶量提升12%，种群质量显著优化。

截至2024年底，玉树牦牛展现出强劲的发展势头。作为青海省玉树藏族自治州的"当家畜种"，玉树牦牛以其独特的产地环境和品种优势，提供了市场上备受瞩目的高品质肉类产品。据统计，2024年玉树州牦牛出栏量40万头，相比往年有所增长。这得益于当地政府对牦牛产业的持续扶持和推动，以及科学的养殖管理和品种改良工作。

大通牦牛是"世界上人工培育的第一个牦牛品种"，主要分布于西宁市大通回族土族自治县。该品种以其生长速度快、肉质好、适应性强等特点而受到养殖户青睐，成为青海省牦牛产业重要组成部分。2024年，大通牦牛的出栏量为12万头，同比增长约15%，年产肉量1.8万吨，产奶量2.0万吨。近年来，大通县通过科学养殖管理、疫病防控以及提纯复壮等措施，不断提升大通牦牛生产性能和经济效益。同时，政府积极推动牦牛产业现代化发展，引入先进养殖技术和管理理念，提高牦牛生长速度和养殖效益。大通牦牛不仅为当地牧民带来了显著经济收益，还成为推动大通县乡村振兴和经济发展的重要力量。

阿什旦牦牛作为世界首个无角牦牛品种，产肉性能好，抗逆性强，繁殖性能高，经济效益高，便于集约化养殖，深受牧民欢迎。培育期间，向青海、甘肃等省区试推广种公牛3950头，改良了当地牦牛品种。改良后裔在同等饲养条件下，平均繁活率为59.98%，比当地牦牛提高11.72%；死亡率为1.24%，比当地牦牛降低4.32%；18月龄体重平均为92.77千克，比当地同龄牦牛高18.38千克，提高24.71%，增产增效十分显著。阿什旦牦牛不仅便于舍饲管理，还具有高品质的肉质,获得了市场的广泛认可,带动农牧民显著增收,成为科技助力畜牧业发展典范。

(二)饲养管理

青海省牦牛产业饲养管理正朝着标准化、规范化方向迈进。2024年,青海省陆续出台一系列地方标准,为牦牛养殖各个环节提供了明确指导。《牦牛标准体系》(DB63/T 2262—2024)的发布与实施,为牦牛品种选育、饲养管理、疫病防控等关键环节提供了全面标准化依据。在饲养管理方面,该标准强调科学饲料配比与投喂方式,确保牦牛能够获得充足营养,以满足其生长发育和生产性能需求。同时,规范化养殖设施建设和日常管理措施,如合理布局圈舍、供应清洁饮水以及定期环境消毒等,为牦牛提供良好生长环境,有效降低疫病发生率。此外,青海省还注重牦牛养殖生态化可持续发展,通过粪污处理资源化等措施,实现养殖废弃物循环利用,减少对环境的污染。这些标准的实施,提升了牦牛养殖整体质量和效率,也为养殖户带来更高的经济效益,推动青海省牦牛产业高质量发展,在保障国家生态安全屏障和推动乡村振兴战略中发挥重要作用。

雪多牦牛是黄南藏族自治州河南蒙古族自治县当地野牦牛历经长期自然选择和人工驯化发展形成的特色牦牛品种,因其个体大、肉质好、极耐粗饲、抗逆性强等众多优点,深受当地牧民喜爱,是青海高海拔地区牦牛类群中极具特色的一支,是培育牦牛、肉牛新品种、品系及发展牦牛的优良种源和重要资源基础,也是发展高原绿色生态养殖业和特色畜产品产业的宝贵资源。河南县按照"控牛源、做规模、降成本、做样板"的运营模式,以扩群增量为目标,以"合作社+牧户"运营模式发展能繁母牦牛群,通过集中饲养、繁殖、提纯、复壮以保护地方品种基因资源优势。利用养殖大户、牧民专业合作社带动养殖户发展,逐步增加存栏量,在进行本品种繁育基础上建成河南县雪多牦牛保种场。通过雪多牦牛保种场的建设,增强了河南县雪多牦牛良种供应能力,提高了区域牦牛良种率,为河南县找出了一条适合雪多牦牛产业发展的"新路子"。同时,对提高牦牛产肉性能、提高畜产品在国内外的竞争力、提高雪多牦牛的出栏率、丰富人民的"菜篮子"、提高农牧民收入都有很强的现实意义，为区域畜牧业发展创造了新的经济增长点。对保护河南县雪多牦牛种群数量和质量，保护雪多牦牛基因库，保持我国生物多样性和生态系统平衡，也起到积极促进作用。

青海省在"环湖牦牛"饲养管理方面积极采取一系列措施，以推动环湖牦牛产业高质量发展。根据青海省政府规划的产业布局，环湖地区被明确为牦牛高效养殖区，包括海北州、海南州、海西州、黄南州等地区，在这些地区推行"暖季放牧+冷季补饲+高效养殖"半舍饲养殖方式，通过科学饲养管理，确保牦牛在不同季节都能获得充足营养，同时减少对天然草场的过度依赖，保护生态环境。此外，青海省还计划建设200个千头牦牛标准化生产基地和200个草畜配套生态牧场，推动养殖规模化和标准化。

在青海省玉树藏族自治州，"玉树牦牛"饲养管理正朝着科学化、标准化的方向发展。玉树州通过实施一系列惠农惠牧政策，为牦牛养殖提供有力支持。对达标合格的饲料和草料调运进行补贴，每吨饲料省级补贴180元、州级补贴120元，有效降低了牧民饲养成本。同时，对优良玉树牦牛种公牛在省级财政补贴2000元/头的基础上，州级财政再补贴500元/头，激励牧民进行良种繁育。在饲养模式上，玉树州推广"暖季放牧+冷季补饲"半舍饲养殖方式，通过科学饲料配比和定期健康检查，确保牦牛在不同季节都能获得充足营养，同时减少对天然草场的过度依赖，保护生态环境。此外，玉树州还发布了《玉树牦牛》地方标准，明确了玉树牦牛品种来源、体型外貌、生产性能等关键指标，为牦牛品种鉴定、选育和等级评定提供科学依据。这些措施不仅提高了玉树牦牛生产性能和经济效益，还为打造"玉树牦牛"金字招牌奠定了坚实基础，推动了玉树牦牛产业可持续发展。

大通牦牛作为世界上人工培育的第一个牦牛品种，近年来在科学化、标准化和品牌化发展道路上迈出了坚实步伐。作为青海省畜牧业支柱产业，大通牦牛承载着牧民增收致富的希望，更成为推动乡村振兴的重要力量。在政策支持下，大通牦牛养殖迎来了新发展机遇。得益于税费优惠政策的实施，大通牦牛养殖成本显著降低，养殖效益稳步提升。大通牦牛作为地理标志产品，其养殖生产严格遵循《地理标志产品 大通牦牛肉》和《大通牦牛》地方标准，从品种来源、体型外貌到生产性能等均能实现科学规范管理，确保了品种的纯正和品质的优异。

2019年4月，阿什旦牦牛通过国家畜禽遗传资源委员会审定，成功取得国家畜禽新品种证书，这一重要里程碑标志着其作为优良牦牛品种正式获得官方认可，为其后续推广和应用奠定了坚实基础。阿什旦牦牛凭借其独特品种优势，在饲养管理中展现出显著特点。无角特征降低了饲养管理难度，快速生长发育特性提高了养殖效率，高产肉性能确保了经济效益，强抗逆性使其适应高海拔环境，体型外貌一致性高和遗传稳定性强则为规模化养殖提供了保障。无论是传统放牧还是现代化集约化饲养，阿什旦牦牛都能表现出优异适应能力。为进一步规范产业发展，中国农业科学院兰州畜牧与兽药研究所制定了行业标准《畜禽品种（配套系）阿什旦牦牛》（NY/T 4625—2025），该标准系统规范了阿什旦牦牛品种特征、选育方法和生产管理等关键方面，为品种保护和产业发展提供了科学依据。

（三）种业现状

近年来，青海省牦牛产业发展迅速，青海高原牦牛、环湖牦牛、雪多牦牛、玉树牦牛4个地方品种，大通牦牛和阿什旦牦牛均被列入国家畜禽遗传资源品种名录。目前，青海省已建成牦牛核心育种场1个、良种繁育基地48个。在养殖技术方面，青海省大力推广牦牛"放牧+舍饲""牧繁农育"等养殖模式和以"三增三适"为核心的养殖新技术，显著提高了牦牛生产效率和经济效益。产业布局上，青海省已形成青南牦牛核心养殖区、环湖牦牛高效养殖区、东部牦牛产业融合区，玉树州和果洛州作为牦牛传统主产区，存栏量占全省45%，同时"牧繁农育"饲养模式的推广，使牦牛育肥向低海拔半农半牧区、农区转移，西宁市、海东市和海西州牦牛饲养量大幅增加。政策支持与品牌建设方面，青海省出台《关于加快推进牦牛产业发展的实施意见》等政策，提出力争到2025年将青海建设成为"全国牦牛特色产业优势区""全国重要牦牛肉生产基地和精深加工基地"，同时积极打造"青海牦牛"公用品牌，提升"世界牦牛之都"影响力。市场竞争力方面，青海高原牦牛因其优良品质受到市场广泛认可，牦牛肉契合高蛋白、低脂肪健康饮食趋势，进一步推动市场需求，牦牛奶也因其富含营养物质赢得消费者认可。科研与技术推广方面，青海省依托青海大学、中国农业科学院兰州畜牧与兽药研究所等科研院所和高校，开展提纯复壮、本品种选育等工作，提升牦牛良种化水平，同时通过良种补贴政策加快优良种牛的推广，提升现有牦牛种畜场的建设水平。

雪多牦牛长期生活在被誉为"四大无公害超净区之一"的河南蒙古族自治县蒙旗草原，近年来，青海雪多牦牛种业发展成效显著，黄南州已建成雪多牦牛保种场1个、千头牦牛良种繁育基地2个、标准化养殖示范场15个，良种比例达80%。同时，黄南州有效实现了"互联网+智慧畜牧业"模式、"有机畜产品可追溯体系、牛羊防疫体系、牛羊保险体系"等多标合一追溯体系，完成24万余头（只）牦牛、藏羊追溯体系建设和牛、羊电子耳标佩戴工作，加快推进畜牧业由数量型向质量型转变。

2024年"环湖牦牛"能繁母牦牛23.47万头，繁殖率平均为54.3%，犊牛平均成活率为81.3%。青海省海北藏族自治州刚察县积极响应政府号召，实施牦牛种业振兴工程，建立环湖牦牛良种繁育基地。依托中国科学院西北高原生物研究所专家团队，刚察县开展环湖型长毛牦牛群体扩繁和推广，通过提高牦牛绒产量和质量，提升长毛牦牛产绒性能，建立"饲养+繁育+产品开发"一体化模式，增加牧民收入。在育种技术方面，青海省牦牛繁育推广服务中心于2023年引进环湖牦牛品种，加大冷冻精液生产力度，利用80余万亩天然草场资源，开展"冷季补饲""断奶犊牛集中舍饲培育""牦牛一年一胎"等技术研究与示范，挖掘牦牛生产潜能，提高制种供种能力。产业发展上，环湖地区已成为牦牛产品初加工基地和高效养殖基地，2024年推行"暖季放牧+冷季补饲+高效养殖"的半舍饲养殖方式，实现养殖增效。然而，在传统养殖中，环湖牦牛多以自然交配为主，公母比例一般为1∶15~1∶25，公牦牛体力消耗大，配种量难以控制，且没有补饲习惯，导致公牦牛体质变弱，繁殖力下降。此外，当地牧民商品观念淡薄,畜产品多为未经加工的初级产品,商品率低,一定程度上制约产业发展。

玉树藏族自治州是国内最大的牦牛主产区之一,为种业发展提供了丰富资源。玉树牦牛生长于高寒无污染草原,肉质鲜美、脂肪含量低,品质优良。玉树州政府高度重视牦牛产业发展,同年投入大量资金支持,构建了以"百家合作社为基础,种畜培育、草业基地、冷链加工和输出为支撑"的产业布局,形成了完整产业发展模式。同年,玉树牦牛入选中国农产品区域公用品牌,品牌影响力不断提升,为种业发展提供了有力支撑。当前,传统"靠天放牧"养殖方式仍存在一定比例,限制了牦牛生长性能和繁殖效率,影响种业高质量发展。种牛资源难以满足生产需求,制约了种业规模化发展。玉树州自然灾害频繁,如雪灾、地震等,对牦牛生存和繁殖构成威胁,增加了种业发展风险。此外,随着牦牛产业竞争加剧,玉树牦牛种业需不断提升品质和竞争力,以应对其他地区牦牛品种及替代产品的竞争压力。2024年,玉树牦牛种业在政策支持、资源优势和品牌建设等方面取得显著进展,但仍需进一步改进养殖方式、提高种牛资源利用效率、增强抗风险能力,以实现可持续发展。

大通牦牛具有高繁、增重、抗病等优势,这些特性使其在牦牛养殖中更具竞争力,能够适应高原地区恶劣环境,同时也能满足市场对牦牛肉产量和质量的需求。2024年,大通牦牛繁育实现了"质"和"量"双重提升,年繁育推广良种牦牛种公牛3000多头,年生产推广牦牛细管冻精8万余支。除了青海省本地,大通牦牛种公牛推广范围还辐射到新疆、西藏、四川、甘肃等牦牛产区。这不仅有助于提升当地牦牛品质和生产性能,也为大通牦牛种业市场拓展奠定了坚实基础。青海省牦牛繁育推广服务中心加大牦牛性控冻精研究力度,解决向全省乃至全国牦牛产区供种能力不足的问题,同时可以有效提高牦牛种质资源利用效能,促进牦牛产业的高质量发展。2023年,大通牦牛继2011年后,再次被农业农村部确定为全国农业主导品种,也是青海在全国17个畜禽主导品种中的"独一份"。这一认定进一步提升了大通牦牛在全国范围内的知名度和影响力,为其种业市场发展提供有力支持。随着牦牛养殖业不断发展,市场对优质牦牛种牛需求也在增加。特别是在牦牛产业转型升级过程中，养殖户更加注重品种改良和优化，这为大通牦牛种业提供了广阔市场空间。

阿什旦牦牛是世界上首个无角牦牛品种，这一特性使其在舍饲条件下能提高近一倍养殖密度，并大幅减少因角斗造成的损失，为改变粗放经营方式、促进高原牦牛规模化和产业化养殖提供了适宜品种。阿什旦种公牛和本地牦牛杂交产生后代，平均繁活率比当地牦牛提高11.72%，死亡率由5.56%降低到1.24%；生长发育加快，18月龄体重平均为92.77千克，与本地牦牛相比增重18.38千克；生育时间由4~5年缩短至1~2年，出栏时间由8~10年缩短至4~5年。2024年，阿什旦牦牛推广面积持续加大，随着国家肉牛育种数据库建设速度加快，基因组选择技术应用稳步推进，基因型分型成本大幅下降，早期选种准确率大幅提高，这些技术的进步为阿什旦牦牛选育和推广提供了更科学的依据和技术支持。2025年，农业行业标准《畜禽品种（配套系）阿什旦牦牛》实施，对指导和规范阿什旦牦牛新品种选育与生产具有决定性影响，有利于提升该品种种群数量和质量，助推标准化选育与管理，增强其市场竞争力，推动牦牛产业良种化。

（四）市场经营现状

青海作为"世界牦牛之都"，拥有丰富的牦牛资源。牦牛数量约占全国总数的40%，占世界总数的38%。青海省拥有辽阔的草场和优越的生态环境，为牦牛提供了优质生长环境，使青海牦牛品质在全国乃至全球都具有较高竞争力。随着健康意识的增强和生活水平的提升，消费者对高品质、绿色、有机产品的需求日益旺盛，牦牛产品因其独特价值备受消费者青睐，市场需求量逐年攀升。牦牛产品消费也由传统区域性消费转型为全国性常态化消费，并走向国际市场。国家和地方政府对牦牛产业扶持力度不断加大，如实施牦牛产业发展规划、加大牦牛良种繁育力度。这些政策为青海牦牛产业发展提供了良好政策环境，有助于推动产业规模化、标准化和现代化发展。青海牦牛产业正逐渐向深加工方向发展，目前，牦牛肉、牦牛奶、牦牛绒等初级产品加工企业已遍布全省，部分企业还实现了牦牛乳制品精深加工，如牦牛酸奶、牦牛奶酪等。此外，牦牛绒加工企业通过不断创新，将牦牛绒用于高端纺织品等领域，有效提升了产品附加值。同时，青海牦牛产业还与旅游业、餐饮业等融合发展，进一步拓展了市场空间，牦牛企业通过加强品牌建设和市场推广，逐渐在市场上树立了良好品牌形象。

黄南藏族自治州河南蒙古族自治县夏日达哇村"土尔扈特"合作社通过创新"合作社+牧户+实体店"的产业链联结机制，在市场经营中取得了显著成效。2024年，该合作社在县城开设河南县"土尔扈特绿色有机农畜产品销售店"，借助"源味河南县 牛羊天下鲜"区域公用品牌，将雪多牦牛风干肉等特色产品推向市场。通过自然风干与机器烘干相结合的工艺，产品不仅保留了传统风味，还提高了生产效率和产品质量。此外，合作社的风干牛肉包装设计还融入了当地文化元素，增强了产品的市场吸引力。2024年，合作社实现收益30余万元，带动了当地牧民增收。未来，合作社将通过与其他肉制品加工企业合作，进一步提升产品市场竞争力，擦亮"土尔扈特"品牌，为乡村振兴注入新动力。河南县赛尔龙乡兰龙村合作社采用"合作社+牧户"的模式，推进"六个统一"，即统一规划、收购、管理、销售、要求、价格和商标，实现了经济效益最大化。通过引入科学养殖技术、完善加工环节，以及借助电商平台拓展市场，合作社直接或间接带动30多户牧民增收。该模式不仅提高了牧民收入，还增强了市场竞争力。

2024年，环湖牦牛立足青海湖周边重点牧业县和现代畜牧业发展区，以打造绿色有机农畜产品输出地为主线，致力于实现农牧业集约化、产业化、生态化、智慧化和品牌化转型升级。通过明确市场定位，将环湖牦牛打造为高端绿色有机牦牛品牌，以满足消费者对高品质、健康食品的需求。通过注重产品质量和功能提升，精准对接市场需求，针对不同消费群体，持续推出系列精细分割、精深加工高端精品，产品种类丰富，包括罐头食品、即食食品等。这种多样化的产品矩阵不仅满足了不同消费者偏好，也进一步提升了"环湖牦牛"品牌市场竞争力。采用线上线下相结合的全渠道销售模式。线下通过直营店开展免费品尝、买赠、促销等形式多样的营销活动，吸引消费者进店体验；线上则推行"平台销售+直播带货+短视频"的矩阵销售模式，拓宽销售渠道，进一步提升"环湖牦牛"品牌市场影响力。通过延伸完善产业链条，提升加工水平，加强保鲜储藏，优化运输方式，实现从养殖到销售全产业链覆盖。产业延伸不仅能提高产品附加值，还能增强品牌在市场中的抗风险能力。同时，注重生态环境保护，通过科学养殖和可持续发展措施，确保牦牛产业长远发展。在经营过程中，密切关注市场反馈，根据消费者意见和建议，改进产品和服务。以市场经济为导向的经营策略，使品牌能够及时调整发展方向，更好满足消费者需求。

玉树牦牛2024年出栏量40万头，出栏量增加有助于进一步实现打造国内绿色有机农畜产品输出地和主供区的目标。玉树牦牛产区地处高寒无污染草原，其肉脂肪含量低、鲜美可口，深受市场欢迎。玉树牦牛肉制品销售网络已覆盖北京、上海、成都等大城市，随着出栏量的增加和市场推广力度的加大，其市场覆盖范围进一步扩大，产品在高端市场认可度不断提升。玉树牦牛作为青海牦牛产业的重要组成部分，其品牌建设逐渐受到重视，青海牦牛产业整体在品牌化、标准化方面取得了显著进展，这为玉树牦牛品牌的发展提供了有力支撑。通过品牌建设，"玉树牦牛"在市场上的竞争力不断增强，能够更好地满足消费者对高品质、绿色食品的需求。2024年2月27日，满载玉树牦牛毛及藏羊毛的货车从治多县乡村振兴产业园驶向西藏自治区拉萨市。治多县拥有丰富的牦牛绒资源，但此前缺乏稳定的销售渠道，而西藏市场对高品质牦牛绒产品需求旺盛却难以找到可靠货源。此次治多县与西藏市场成功签订40余万元订单，采购牦牛绒、牦牛毛及藏羊毛，是治多县积极开拓市场的成果。此次合作不仅为治多县牦牛绒产业打开了西藏市场，还提升了"玉树牦牛"知名度和行业影响力，推动了"玉树牦牛"产业高质量发展。2024年，玉树州政府出台多项政策支持玉树牦牛产业发展，把乡村振兴有效衔接资金的65%投入牦牛产业，还实施补贴措施投入1700余万元州级支农资金。生产企业从牧民手中收购一头牦牛，政府会给牧民发放出栏补贴400元，此举措激发了牧民科学饲养积极性。同时，玉树州鼓励农牧企业以高于市场价格与合作社、牧户建立紧密联系，帮助牧户增加产量和收入。这些措施有效提高了牦牛出栏量和市场供给能力。

2024年,大通县与腾讯就"产业互联网和数字经济发展"开展座谈交流,并共同为"大通牦牛粤港澳大湾区前置仓"揭牌,全面拉开了"线上数字技术赋能大通牦牛产业生态、线下开展大通牦牛渠道合作发展"大幕,大通牦牛品牌继续走在全面推进落实青海省绿色有机农畜产品输出队伍前列。为了让大通牦牛这位明星"出圈",青海数字乡村运营公司注册打造高原特色生态牦牛肉品牌"阿耶神",尝试通过对大通牦牛肉开展精品加工、分级包装等工作,解决大通牦牛肉加工只停留在原始切割阶段的问题。与此同时,对牦牛肉每个加工环节数据都进行登记,让每块牦牛肉均可追溯来源,消费者只需要扫描包装二维码,就能看到这块牦牛肉从牦牛出生、养殖、屠宰再到产品质检、包装、运输的全部信息。此举措不仅让消费者购买更安心,还可以有效防止假冒伪劣产品影响大通牦牛品牌。在实现对大通牦牛鲜肉、冻肉产品精细化切割包装后,大通县与科研机构、高校之间建立起紧密合作关系,研发各类深加工产品,以满足不同消费者需求。青海数字乡村运营公司与江苏省农科院合作研发推出的牦牛肉干、牦牛扒干、牦牛奶制品等系列产品已全面投产并进入南方地区高档超市。牦牛全身都是宝,大通牦牛毛已经由大通非遗手工工坊做成文创产品并亮相上海国际时装周,牦牛骨工艺品也在积极研发推进。

2024年,阿什旦牦牛品牌推广面积持续加大,种牛推广范围已辐射至新疆、西藏、四川、甘肃等牦牛产区。在果洛藏族自治州甘德县,牧民通过舍饲阿什旦牦牛,发现其体形虽不大但体重不轻,且每天能增重1千克左右,养殖半年后体重比当地同龄家牦牛平均高出约20%。青海省牦牛繁育推广服务中心继续加大阿什旦牦牛性控冻精研究力度,提高供种能力,促进牦牛产业高质量发展。通过品牌化运营,提升阿什旦牦牛产品市场竞争力,进一步推动阿什旦牦牛在全国市场的推广。

(五)基础设施建设

2024年,青海省在牦牛产业基础设施建设方面取得了显著成效,通过规模养殖基地改造提升、牦牛人工授精技术推广、牦牛产品加工与销售基础设施建设、质量安全与追溯体系建设、金融支持与政策保障以及饲草料基地建设等多方面努力，推动牦牛产业高质量发展，为打造绿色有机农畜产品输出地提供有力支撑。

河南县通过建设现代化的雪多牦牛保种场，进一步优化基础设施。该保种场占地约600亩（40公顷），新建现代化牛舍18间，面积达9328.86平方米，每间牛舍都配备了运动场、污水管网、供电设备等设施。此外，还新建隔离牛舍、草料库房、加工库房等，并配套水电、车辆及人员消毒设备、绿化、地磅等设施。同时，通过优选优育方式组建纯种雪多牦牛核心群200群、扩繁群1000群的良种繁育体系。这种良种繁育体系不仅提高了雪多牦牛个体生产性能，还增加了肉产量，使当年出栏成为现实。同时，良种繁育体系的建立为河南县雪多牦牛良种供应提供了保障，提高了区域牦牛的良种率。海北藏族自治州刚察县伊克乌兰乡角什科贡麻村通过建设牦牛高效养殖基地，引进雪多牦牛进行规模化养殖。该基地通过创新合作经营模式、破解饲料供应难题等路径，推动牦牛产业转型升级。2024年，雪多牦牛品种的基础设施建设取得显著成效。通过现代化保种场的建设、良种繁育体系的完善、养殖基地的优化，雪多牦牛养殖效益得到了显著提升，为该品种保护与推广提供了有力支持。

2024年，青海省在环湖牦牛基础设施建设方面进展显著。青海省大力推进牦牛繁育基地建设，环湖牦牛作为当地重要牦牛品种，其良种繁育基地不断完善。在环湖地区，大力推行"暖季放牧+冷季补饲+高效养殖"的半舍饲养殖方式，建设多个千头牦牛标准化生产基地和草畜配套生态牧场。祁连县整合资金1.8亿元实施农牧业项目，其中包括藏羊、牦牛标准化养殖基地等生态畜牧业配套工程。刚察县持续抓好环湖牦牛品种选育，建成运营多个牦牛规模化养殖基地，建成运营万千头牦牛规模化养殖基地7个。通过完善饲料厂、活畜交易市场、屠宰场、冷库冷链、有机肥厂等生态农牧业发展基础设施，为环湖牦牛养殖提供有力支持。刚察县投资3000万元建设活畜交易集散中心和冷链仓储物流基地，提高牦牛产品流通效率和市场竞争力。海晏县通过"五大基地"标准化管理和厂区生产线标准化运行，探索建立养殖小区建设标准，为全州乃至全省牛、羊养殖产业规范化、标准化建设先行先试，进而为建立农畜产品标准体系奠定基础。

青海省在玉树牦牛基础设施建设方面做足功夫,在玉树藏族自治州玉树市11个乡(镇、街道)19家生态畜牧业专业合作社,进行生态环保型牦牛养殖基础设施建设,新建装配式畜棚3050平方米、畜圈(牛圈)4580平方米、贮草棚2040平方米,新建防疫注射栏7套,新建机井22座,购置生产用房22套,购置牦畜(母畜)1234头,购置冷藏车6辆,新建冷库110平方米,过水波纹管涵6.5米,场地平整3500立方米。青海省玉树藏族自治州治多县始终坚持"生态立县、畜牧强县"定位,以打造绿色有机农畜产品输出地主供区为核心,建成高优牦牛藏羊产业基地为目标,完成多彩乡达生村、治渠乡江庆村两处玉树牦牛良种繁育基地基础设施建设。两处良种牦牛繁育基地,交通便利、资源丰富、临近水源,且具备无害化处理池、注射栏、兽医室、场内畜舍等基础设施,按照生产区、生活区、办公区隔离分开的原则建立相应区域,确保种畜场洁净无污染。称多县建立多个大规模饲草基地,提高了当地牧民对饲草料的自给能力,并为周边地区提供了重要饲料资源。这些饲草基地有助于保障牦牛饲料供应,特别是在冬季等草料短缺时期,确保牦牛能够获得足够营养,提高牦牛养殖效益和质量。

2024年,大通牦牛基础设施建设也取得了丰硕的成果。大通县充分利用有效衔接资金,投资建设良教乡农副产品冷链物流交易中心、极乐拉面产业食材加工及冷链仓储、朔北冷库仓储等建设项目,夯实了乡村产业基础设施建设。2024年3月初,"大通牦牛粤港澳大湾区前置仓"揭牌,大通牦牛旗舰店落地粤港澳大湾区、川渝地区、华东地区和京津冀地区等地。前置仓的建设实现了大通牦牛系列产品快速配送和销售,降低了物流成本,提高了市场响应速度。大通县通过出台创业就业政策,设立人才奖励资金,遴选和培育了一批创业就业人才,开展大通牦牛精细切割、产品烹饪、配送物流、餐厅服务员等技能人才和农村电商人才专业化培训,实现大通人在东部地区低门槛拎包创业模式,在大通农文旅产业融合发展模式下,包括前置仓、旗舰店、汤锅连锁店、大通绿色农畜产品输出基地、非遗文创产品体验店等的建设,将新增就业岗位300个,鼓励更多创业者和就业人员投身于"三产"融合发展。

二、青海省牦牛产业发展策略

（一）加强品种改良与遗传资源保护

青海省作为我国牦牛主产区，拥有丰富的牦牛遗传资源。然而，部分牦牛品种存在生长缓慢、产肉率低等问题。通过引进优质种牛与本地牦牛进行杂交改良，可提高牦牛的生长速度和抗病能力。同时，建立牦牛遗传资源库，对牦牛品种进行基因保存和繁育研究，防止因环境变化或人为因素导致的基因流失。此外，政府应加大对牦牛种质资源保护投入，支持科研机构开展牦牛基因组学研究，为品种改良提供科学依据。

（二）推广科学养殖技术

传统的牦牛养殖方式以粗放型放牧为主，生产效率低，且容易导致草场退化。通过推广科学养殖技术，如精细化饲养管理、疫病防控、草场轮牧等，有效提高牦牛生产性能。例如，推广补饲技术，在冬季草场资源匮乏时，为牦牛提供优质饲料，确保其营养需求；加强疫病防控体系建设，定期开展疫苗接种和疾病监测，降低牦牛死亡率。此外，政府和企业应加强对农牧民的培训，普及现代化养殖知识，提升其技术水平。

（三）完善产业链条

目前，青海省牦牛产业链条较短，主要集中在养殖和初级加工环节，深加工和高附加值产品开发力度不足。通过完善产业链条，实现从牦牛养殖、屠宰加工到产品销售的一体化发展模式。例如，鼓励企业开发牦牛肉干、牦牛奶粉、牦牛骨胶原蛋白等高附加值产品，提升产业整体效益。同时，政府应支持建设现代化屠宰加工厂和冷链物流体系，确保牦牛产品新鲜度和品质，扩大市场覆盖面。

（四）打造区域品牌

青海省拥有独特的生态环境和牦牛资源，具备打造区域品牌的先天优势。通过整合资源，统一质量标准，打造"青海牦牛"区域公用品牌，可以提升产品市场竞争力。例如，申请地理标志产品认证，制定严格品牌使用标准，确保产品质量；通过参加国内外展销会、利用电商平台等方式，加大品牌宣传力度，扩大市场影响力。此外，政府和企业应加强合作，推动牦牛产品进入高端市场，提升品牌溢价能力。

（五）加强政策支持与资金投入

牦牛产业的发展离不开政策支持和资金投入。政府应出台专项扶持政策，如提供低息贷款，给予税收优惠、技术补贴等，鼓励企业和农牧民参与牦牛产业发展。同时，加大对基础设施建设投入，如修建道路、完善冷链物流体系、建设现代化加工厂等，为产业发展提供硬件保障。此外，政府应引导金融机构创新金融产品，为牦牛养殖户和企业提供融资支持，解决资金短缺问题。

（六）推动生态养殖与可持续发展

牦牛养殖与生态环境密切相关，过度放牧容易导致草场退化，影响生态平衡。通过推广生态养殖模式，可以实现产业发展与生态环境保护的协调统一。例如，推广草场轮牧制度，合理规划放牧区域和时间，避免草场过度利用；推广舍饲与放牧相结合的养殖方式，减少对自然草场的依赖；加强草场修复和生态保护，通过人工种草、退牧还草等措施，恢复草场生态功能。此外，政府应加大对草场资源监管力度，制定科学的草场承载量标准，确保牦牛养殖可持续发展。

三、产业发展存在的问题及前景展望

（一）产业发展存在的问题

1. 养殖技术落后

青海省牦牛养殖仍以传统放牧为主，科学化、集约化程度较低。许多农牧民缺乏现代化养殖知识，导致牦牛生长缓慢、出栏率低。此外，疫病防控体系不完善，牦牛容易感染疾病，进一步影响了生产效率和产品质量。在未来，需要通过技术培训和推广，提升农牧民养殖水平，同时加强疫病防控体系建设，降低牦牛死亡率。

[2]

2. 产业链不完善

目前，青海省牦牛产业链条较短，主要集中在养殖和初级加工环节，深加工和高附加值产品开发不足。许多牦牛产品以原材料或初级加工品形式出售，附加值低，难以形成规模效应。此外，加工企业规模小、技术水平低，难以满足市场需求。在未来，需要通过政策引导和技术支持，推动牦牛产业链向深加工和高附加值方向发展，提升产业整体效益。

3. 品牌建设滞后

尽管青海省拥有丰富的牦牛资源，但品牌化程度较低，市场认知度不高。许多牦牛产品缺乏统一品牌标识和质量标准，难以形成市场竞争力。此外，品牌宣传力度不足，消费者对青海牦牛产品的认知度较低。在未来，需要通过品牌整合和宣传推广，打造出"青海牦牛"区域公共品牌，提升市场影响力和溢价能力。

4. 草场退化与生态压力

过度放牧和气候变化导致青海省部分草场退化，牦牛养殖面临较大的生态压力。草场退化会影响牦牛饲料供应，加剧生态环境的恶化。在未来，需要通过推广生态养殖模式，合理规划放牧区域和时间，加强草场修复和生态保护，实现产业发展与生态环境协调统一。

5. 市场开拓不足

目前，青海省牦牛产品的销售渠道单一，主要依赖本地市场，缺乏全国性和国际性的市场布局。许多牦牛产品由于运输成本高、保鲜技术不足，难以进入高端市场。在未来，需要通过完善冷链物流体系、拓展电商平台等方式，扩大牦牛产品市场覆盖面，提升市场竞争力。

（二）前景展望

1. 市场需求增长

随着消费者对绿色、健康食品需求的增加，牦牛肉、牦牛奶等产品具有广阔市场前景，尤其是高端市场对高品质牦牛产品需求将持续增长。在未来，通过提升产品质量和品牌影响力，青海牦牛产品有望进入全国乃至国际市场，成为受消费者青睐的健康食品。

2. 政策支持与产业升级

国家和地方政府对特色畜牧业的支持力度不断加大,为牦牛产业发展提供了政策保障。未来,随着技术升级和产业链完善,牦牛产业将迎来新的发展机遇。政府应继续加大对牦牛产业的政策支持和资金投入,推动产业向规模化、集约化、品牌化方向发展。

3. 生态与经济效益双赢

通过推广生态养殖模式,牦牛产业可以实现经济效益与生态效益双赢。未来,通过合理规划放牧区域、加强草场修复和生态保护,牦牛产业将成为青海省乡村振兴和生态文明建设的重要支撑。

4. 品牌化与国际化发展

随着品牌建设推进和市场开拓深入,青海牦牛产品有望走向全国乃至国际市场。未来,通过打造"青海牦牛"区域品牌,提升产品质量和市场影响力,青海牦牛将成为青海省特色农业的一张亮丽名片。

5. 科技创新驱动

未来,随着生物技术、信息技术在畜牧业中的应用,牦牛产业将迎来技术革新。例如,通过基因编辑技术改良牦牛品种,提升其生产性能;通过物联网技术实现智能化养殖,提高生产效率。科技创新将成为推动牦牛产业高质量发展的重要动力。通过解决现存问题并抓住发展机遇,青海省牦牛产业有望在未来实现规模化、品牌化和可持续发展,为地方经济和社会进步作出更大贡献。

第三节　重点区域:西藏自治区

一、西藏自治区牦牛产业发展现状

(一)生产现状

西藏自治区位于青藏高原的西部和南部,占青藏高原面积的一半以上,海拔4000米以上的地区占全区总面积的85.1%，素有"世界屋脊"和"地球第三极"之称，是世界上海拔最高的地方。全区地形可分为藏北高原、雅鲁藏布江流域、藏东峡谷地带三大区域。境内山脉大致可分为东西向和南北向两组，主要有喜马拉雅山脉、喀喇昆仑山—唐古拉山脉、昆仑山脉、冈底斯—念青唐古拉山脉和横断山脉，境内海拔超过8000米的高峰有5座，其中，海拔8848.86米的世界第一高峰珠穆朗玛峰就耸立在中国和尼泊尔边界上。西藏的平原主要分布在西起萨嘎、东至米林的雅鲁藏布江中游若干河段以及拉萨河、年楚河、尼洋河中下游河段和易贡藏布、朋曲、隆子河、森格藏布、朗钦藏布等的中游河段。全区有天然草地12.01亿亩，约占全区总面积的74.11%，位居全国第一，其中可利用天然草地面积11.29亿亩；耕地面积662.66万亩（实控区550.75万亩），其中水田62.26万亩、水浇地398.21万亩、旱地202.19万亩，农作物播种面积稳定在377.02万亩。

畜牧业是西藏地区支柱型产业，西藏地区畜牧业以牦牛产业为主，牦牛类群多样，资源丰富，目前共有娘亚牦牛、帕里牦牛、斯布牦牛、西藏高山牦牛、类乌齐牦牛、查吾拉牦牛、吉拉牦牛、江达牦牛等地方遗传资源。丰富的牦牛类群奠定了牦牛产业在西藏畜牧业中的优势地位，且牦牛在西藏地区分布面广，存栏基数大，出栏数可以得到有效保障。西藏畜产品加工方式以初加工为主，开发潜力大，发展前景广阔，符合西藏畜牧业发展的实际要求，优势十分明显。

娘亚牦牛主要分布于嘉黎县东部及东北部各乡镇，是经过长期的自然选择与人工选育形成的古老的地方品种。帕里牦牛主产区位于日喀则亚东县帕里镇海拔2900～4900米的高寒草甸草场、亚高山（林间）草场、山地灌丛草场和极高山风化沙砾地。西藏高山牦牛主要产于西藏自治区东部和南部高山深谷地区的高山草场，海拔4000米以上的高寒湿润草原地区也有分布。斯布牦牛中心产区是距离墨竹贡嘎县20多千米的斯布山沟，东与工布江达县为邻。类乌齐牦牛在西藏自治区昌都市类乌齐县2镇8乡均有分布，其分布区域集中、地域相对封闭，其中类乌齐镇，长毛岭乡和吉多乡的牦牛数量较多，为类乌齐牦牛的主要产区。查吾拉牦牛主要分布于青藏高原腹地的那曲市聂荣县中北部乡镇,其中核心产区位于查当乡、永曲乡,产区平均海拔4700米。吉拉牦牛主要分布于日喀则市仲巴县吉拉乡,其生长在海拔4800米以上的高寒地区,适应性强,体型外貌特征一致,繁殖性能良好,遗传性状稳定。对吉拉牦牛遗传资源的全面鉴定工作于2024年完成。江达牦牛主要分布于西藏昌都市江达县字嘎乡,2024年其遗传资源通过国家畜禽遗传资源牛专业委员会现场核验,这标志着我国高原畜牧业种质资源保护与利用工作取得重大突破。

(二)饲养管理

在西藏,牧民基本靠天养畜。长期以来,西藏牦牛种业和产业生产性能低下,牦牛以散养为主,多以"夏壮、秋肥、冬瘦、春死"的方式循环,生态饲草浪费率达到80%以上。牦牛一般7~10年出栏,饲养周期长,品质不稳定。在传统的一家一户家庭散养模式下,存在养殖管理粗放、遗传潜力挖掘不足、育种技术落后、繁殖力低、健康养殖技术发展滞后、中毒或营养代谢病频发、高附加值畜产品匮乏等一系列重大技术"瓶颈",严重制约了高原畜牧业的发展。

西藏牦牛养殖以放牧为主、补饲为辅,充分利用西藏丰富的天然草地资源。补饲料主要为牦牛精料、青贮玉米饲料和干草料(燕麦草、苜蓿、农作物秸秆等)。为扩大饲料资源的来源和弥补饲料缺口,对本地特色饲草料资源的开发利用就变得尤为重要。近年来,相关的技术研究包括:青稞秸秆加工利用技术,青稞酒糟饲喂添加技术,马铃薯等藤蔓作物青贮技术的研究,嵩草低温青贮技术,芜根青贮技术和油菜秸秆加工利用技术,等等。

以科技进步为动力,集成示范牲畜增重增肥技术,做好口蹄疫、牛结节性皮肤病等动物疫病强制免疫,逐步实现标准化、集约化、规模化生产经营,提高单位草场畜产品生产效率。例如,针对青藏高原草种结构不均衡,缺少蛋白质含量较高的豆科牧草的现状,补饲含非蛋白氮的尿素和青贮玉米,以提高繁殖母畜的营养水平;针对育肥实行昼夜放牧并进行补饲育肥,在冬季采取"暖棚+青干饲草"模式,暖季遵循"昼夜放牧+散放结合"的原则,缩短牦牛养殖周期,提高牦牛出栏率、受胎率和成活率,缩短受胎周期,提高牦牛生产和产品产出能力。

（三）种业现状

近年来，为抓好牦牛产业的转型升级，提升产业附加值，破解牦牛产业化困局，并利用牦牛产业实现脱贫，西藏自治区政府大力推广牦牛产业集中式发展，通过区内各级政府及高原牧区农牧龙头企业的共同牵头与推动，推广"金融+龙头企业+基地+合作社+贫困户+科技"的模式，以"牦牛集中收购+农户寄养试点"为抓手，在那曲市索县和拉萨市当雄县利用当地丰富的牦牛资源，为当地农牧民增收致富早日脱贫提供了有力保障。目前，在拉萨、日喀则、山南、昌都、那曲、阿里等6地市的19个牦牛养殖县建立了牦牛育肥基地，多方投入支持牦牛短期育肥，大力推行"专合组织+牧户""龙头企业+专合组织+牧户"等新型经营模式，实现草场、牲畜、人力、资金等生产要素的集聚。

那曲市通过政策扶持和科技进步，成功推动了牦牛产业向现代化转型。2024年，那曲市聚焦产业发展示范引领，高标准打造了一批特色畜牧业生产基地。目前，该市已建成1个国家级农牧业产业园，3家自治区级龙头企业和22家市级龙头企业，发展各类农牧民专业合作社1643个、养殖大户4200户，注册家庭牧场1729户，牦牛存栏量达到215.94万头，约占全区牦牛存栏总数的一半。牦牛产业已经成为那曲极具区域优势的特色产业，也是建设极地高原种质资源保护研究中心的重要支撑。加大良畜推广力度，全市现有娘亚牦牛、查吾拉牦牛、本塔牦牛、亚贡牦牛等地方品种；同时，探索研发"矮脚牦牛、亚帕牦牛、野血牦牛"系列新品种，提升产品附加值和影响力，使其成为真正带领牧民群众增收致富的"领头牛"。

随着牦牛产业的发展壮大，为进一步完善保种、扩繁、育肥、加工牦牛全产业链顶层设计，类乌齐县重点实施牦牛保种扩繁项目，着力在短期育肥上寻求探索和突破。同时，采取"大数据管理+人工授精技术+农牧民协议养殖"模式，开展类乌齐牦牛保种扩繁。截至2024年，已纳入大数据中心管理能繁母牛798头；采取"政府保障牛源+企业育肥销售"牦牛短期育肥模式，每年集中开展短期育肥2批次，每批次按照500头标准进行为期4个月的短期育肥，预计每年出栏牦牛1000头,实现产值约1200万元,辐射带动500户以上农牧民实现增收。类乌齐县推动类乌齐牦牛地理标志保护工程项目建设、类乌齐县有机基地项目建设,编制《昌都市类乌齐县牦牛产业发展总体规划》,完成类乌齐牦牛生产技术规程20项;开展牦牛良种扩繁示范区建设,建成类乌齐牦牛种质资源保护中心1个;助推类乌齐牦牛完成5家企业15个产品、400亩草场的有机认证申报工作,类乌齐牦牛被纳入全国名特优新农产品名录,荣获"全国名特优新农产品证书"。

截至2024年9月底,日喀则市各县(区)以帕里牦牛、吉拉金丝牦牛、昂仁县桑桑牦牛为主的牦牛存栏数量达到65.8万头,出栏6万头,牦牛肉产量达0.8万吨,牦牛奶产量达2万吨,为畜牧业发展和肉产品供给奠定了基础。目前,西藏帕里牦牛产业发展有限公司在亚东县建立了108个放牧点,为200余名牧民提供了就业机会。公司现有牦牛存栏上万头,每年可出栏2000余头。

(四)市场经营现状

西藏自治区政府鼓励改进畜产品加工工艺,培育西藏特色畜产品。实施畜产品精深加工提升行动,建立畜产品加工技术研发、产业融合发展体系;建立由政府引导,企业、养殖户、行业协会参与,物价主管部门指导的畜产品价格协商机制,加强养殖加工利益联结,支持企业建立自己的屠宰点和冷链运输。以"同一区域、同一产业、同一品牌、同一商标"为导向,打造高原特色畜产品区域公用品牌。鼓励申报"三品一标",引导创建全国绿色有机食品原料标准化生产基地。目前,西藏有牦牛肉加工企业7家,年加工量2165吨,打造了"奇圣""阿佳""藏北""藏家"等十多个品牌。牦牛骨髓粉、牦牛角梳子、牦牛肉酱等以牦牛为原料的加工产品层出不穷。正得益于当地丰富的畜牧业资源优势以及牦牛原料的生态优势。

在国家级青稞优势产业集群、绒山羊产业集群以及多个现代农业产业园的带动下,日喀则市大力发展龙头企业、家庭农场、专业合作组织等新型经营主体。截至2024年,市级以上农牧业产业化龙头企业已达到37家,其中国家级4家、自治区级4家。全市农畜产品加工业目标任务总产值达到16.5亿元,增速超过10%。专业合作组织数量已增至2512家，营业收入总额达43.47亿元，入社人数达到39.62万人。这些新型经营主体的快速发展，不仅提升了农牧业产业化水平，也为农牧民提供了更多的就业机会和增收渠道。

西藏帕里牦牛产业发展有限公司采用"公司+合作社+农户"的模式进行统一养殖、生产和销售，不仅提高了牦牛的出栏率，还有效保护草原生态平衡。截至2024年9月，已累计为当地牧民增收近8000万元，其中牧民分红3897.05万元，发放工资4102.56万元。此外，在牦牛产品的品牌建设方面，日喀则市通过"地球第三极"和"如意庄园"等区域公共品牌，提升了产品的市场竞争力和品牌影响力。

林芝逐步推广家庭牧场模式的案例显示，家庭牧场通过标准化牛圈建设和科学育肥，户均年收入从2万~3万元跃升至近30万元，这一模式在林芝的推广有望进一步促进牧民增收。

（五）基础设施建设

科技赋能给牦牛产业插上"翅膀"。在国家高度重视和大力支持下，各援藏省区科技助力，不断加大投入，围绕牦牛群体繁殖率低、养殖效益差等科学问题和技术瓶颈，研究牦牛生长发育规律和动物营养学原理，进行牦牛遗传育种、高效繁殖、营养调控、饲养工艺等方面的科研攻关，建立"饲草种植—牦牛繁育—科学养殖—屠宰加工—冷链物流—终端销售"一体化的全产业链技术体系，形成适合西藏的高原效益型畜牧业生产经营模式。

西藏自治区于2024年启动牦牛产业技术体系，依托中国农科院等科研单位，聚焦良种培育、养殖技术优化等关键问题。西藏自治区牦牛产业技术体系将聚焦本区自然条件恶劣、牦牛产业良种缺乏、养殖技术体系不健全等问题，按照"技术攻关—集成创新—模式创建—示范推广"的总体思路，加强牦牛种业科技创新，研制关键核心技术，系统开展牦牛产业现状调查研究，培养一批留得住、蹲得下、干得好的创新人才，推动牦牛产业提质增效。林芝市工布江达县作为试点区域，参与了技术示范推广，通过"夏秋放牧、冬春补饲"模式缩短养殖周期，提升出栏体重和经济效益。

类乌齐县农业农村局投资建设类乌齐县牦牛大数据中心,该大数据中心在全县重要养殖点位安装摄像头,并开发智慧畜牧业大数据平台。借助数字技术和设备,大数据中心会在每年两次的牦牛疫苗接种时,集中整理、核对全县牦牛情况,摸清公母牦牛的比例、牛犊出生率和环境承载量,以此核定全县牦牛的出栏量,保障全县的草畜平衡。

畜禽良种化建设是畜牧业健康发展的基础,对保障畜产品有效供给发挥了积极作用。从调研情况来看,各级畜牧行业主管部门充分立足本地资源,以科技为支撑,积极打造良繁基地,有序推进良繁进程,良繁推广工作呈现良好发展势头。拉萨市在牦牛主产区先后建成当雄县牦牛冻精站、墨竹工卡斯布牦牛原种场、林周县牦牛良种场和格桑塘现代农牧产业示范园,加快牦牛本品种选育和良种繁育,增强牦牛良种供种能力,以点带面、以面成片开展牦牛本品种改良任务。

二、西藏自治区牦牛产业发展策略

(一)牦牛产业的可持续发展要做到因地制宜,做好牦牛育肥

西藏地区在牦牛产业的发展上要做好统筹规划,实现规模化产业经营和现代畜牧业发展。根据高原牧区畜牧养殖比例以及不同区域的情况,将牦牛养殖比例控制在合理范围内。西藏地区总体分为半农半牧区和纯牧区两类,对于牦牛育肥要讲求"因地制宜"。4—9月,半农半牧且有项目支持或饲草充足的地区加紧短期育肥,保证牦牛肉在9月即可上市,可以进一步提高牦牛肉的市场价格。在纯牧区则可以通过集体、合作社等组织形式,在围栏草场内进行24小时牦牛放牧育肥,并根据需要增加适量的舔砖,以补充草料中不足的微量元素,确保牦牛摄取营养均衡。

(二)加强牦牛生产和管理,提高产业效益

将传统知识与现代生产管理技术集中应用于生产中。吸收传统饲养管理中的丰富经验,根据农牧民的意愿、可接受程度,从健全轮牧制度着手,探索半舍饲养或季节性设施饲养模式,实施联户经营和参与式管理。同时,组建专业

协作组织，加强信息交流，提高市场对接能力等，逐步改变"惜杀惜售"的观念，对老、弱、病、残个体做好及时处理，对非种用个体进行短期育肥，提升出栏效率。

（三）通过推动西藏地区农民和牧民的对接，缓解日益突出的草原生态退化问题

由于西藏地区冬季长的自然特点，牧草等植物生长周期短，总量不足，难以满足牦牛等牲畜的营养需要，同时也影响了农牧民的增收。而天然草地的日益退化，进一步加剧了饲草的供应不足问题，客观上导致草畜矛盾突出。因此，需要不断推动藏族农区的草料资源与藏族牧区牦牛等牲畜养殖融合发展，鼓励企业、基层畜牧单位等参与运作，实现农民和牧民的更好对接。

（四）进一步深化和拓宽牦牛产业链，提升附加值

构建本土企业培育与外部资源引进的两种机制，扶持一定规模的牦牛等畜产品加工企业，建立完善从生产、加工到销售的产业链条。打造牦牛文化，提升产销环节附加值。

三、产业发展存在的问题

（一）品种改良繁育动力不足

尽管各级组织加大了良种选育和扩繁的投入力度，但是仍存在良种繁育基地群体规模小、纯种繁育技术薄弱、供种能力总体较弱，良种对产业支撑作用不明显等状况。西藏自治区至今仍然没有一个国家级或自治区级的种业基地，种业生产的配套设施严重滞后。种业的信息平台建设也严重滞后，对良种生产缺乏规范管理，育种工作推进缓慢，良种推广缺乏有效的政策和资金支持，良种的实效性发挥不足。由于自然条件恶劣，产业基础差，集约化养殖模式不成熟，农牧户与合作社、合作社与企业、企业与市场之间链条还不完整，合作社运营成功案例不多，加上企业进驻产区投资成本高、风险大，很多企业在畜禽产业上找不到立足点和盈利模式，造成招商引资困难。种业生产没有大型的企业带动，目前的原种场、选育场、集体牧场等基本为早期建立，隶属各县和

镇,缺乏持续性的资金和技术投入,良种规模和质量都与畜牧业发展的需求相去甚远。

(二)科技服务支撑不足,专业技术人才缺乏,制约产业发展

虽然西藏自治区畜禽种质资源比较丰富,但是不同区域畜禽遗传改良规划还没有形成,家畜繁殖技术还需要进行突破,种草养畜、营养调控、设施工艺、环境控制、高效养殖、疫病综合防控等单项技术还没有很好地集成,尚未形成"组合拳"进行集成示范与推广应用。从事种畜禽生产工作的科技人才少,尤其是畜牧养殖及草业研究等相关专业技术人才资源匮乏且队伍不稳定。此外,部分地市行政主管部门对科技工作重视不够,外调、借调情况普遍,科技人员留不住。农牧业科技人员素质和能力有待进一步提高,科技创新不足,科技成果转化应用水平低,难以满足畜牧产业发展的需要。牦牛资源、生态、生产、产品等一系列基础理论的研究都还远远不能满足生产、科研及教学上的需要,不足以支撑牦牛产业的发展。

(三)自然条件严酷,草畜矛盾突出,基础设施薄弱

西藏牦牛主产区海拔高,自然条件恶劣,冷季时间长,牧草枯草期长达7个月左右,无法保障优质饲草料的供应,难以满足牦牛的营养需求。家畜散养放牧,基本不补饲,牦牛冷季营养严重不足,体能消耗过大,群体失重现象十分严重。同时,部分地区还没有把草原生态建设工作纳入重要议事日程,仍存在"未批先建"现象,对辖区内出现的草原占用,或避重就轻或不办理相关手续。家畜"夏壮、秋肥、冬瘦、春死"问题还没有解决,家畜繁育没有良好的物质基础。研究试验表明,在西藏自治区大部分农牧区通过修建暖棚设施+放牧+补饲等措施,可显著提高家畜繁殖率和生产性能。但西藏地区大部分牦牛产区地域辽阔,生态类型多样,牧民居住分散,基础设施薄弱,特别是家畜养殖方面缺乏设计科学、坚固耐用、功能完备的暖棚、饲草料储备库等必要的设施,防灾减灾能力差,养殖效益一直没有显著提升。

(四)种质资源保护与开发亟待强化

西藏地区品种保护力度还有待提高。虽然西藏地区牦牛遗传资源比较丰

富，但由于持续选育力度不够，品种参差不齐，加之有关畜禽遗传资源保护和政策法规体系不完善，市场监管薄弱，种畜禽生产经营执法队伍不健全，产品质量评价和执法监管滞后，缺乏有效的政策引导和组织措施，养殖户在引种和改良方面存在盲目性，使优良地方品种资源受到冲击，造成品种退化、质量下降等问题。

四、对策及建议

种业是畜牧业发展的根基，也是建设现代畜牧业的重点。当前，西藏地区畜牧业正处于转型的关键时期，加快畜禽种业发展显得极为迫切和重要。各级政府应在政策上加大对畜禽种业的扶持力度，强化顶层设计，突出产业优化布局、明确主推品种、加强科技有效支撑、强化饲草料有效供给，让畜禽种业在畜牧业发展道路上发挥应有的作用。

（一）加强顶层设计，推动种业保护创新，助力畜牧业高质量发展

1. 保护优良地方品种，推进种质资源育种创新

西藏牦牛遗传资源丰富，具有抗缺氧、抗低温和抗逆力强等优势。要进一步加强西藏地区牦牛遗传资源的评价、保存和科学利用，进一步明确种质资源保护的基础性、公益性定位，坚持保护优先、高效利用、政府主导、多元参与的原则，为种业发展奠定良好基础。要实施遗传改良计划，大力支持牦牛育种场建设，强化责任落实、科技支撑和法治保障。加快开展品种认证与保护利用工作，持续开展选育与扩繁利用，加强品种、营养、设施、管理、防疫、加工等方面的技术创新，加大新品种、新技术、新模式研发和集成示范力度。加强牦牛种质资源保护与功能基因挖掘技术研究、加大牦牛高效繁育技术集成应用、加快牦牛品种选育和扩繁步伐，形成牦牛繁育体系。

2. 完善种业扶持体系建设，加大财政奖补力度

强化种业和信息管理体系建设，进一步带动良种示范推广工作，为畜牧业实现良种化提供及时准确的信息和决策。逐步解决种业产业化水平偏低，种

业核心竞争力不强等问题,全面激发畜牧种业发展的内生动力和外生活力。财政补贴是实现宏观调控的重要手段之一,对实现资源优化配置和区域产业发展起着重要作用。要着力建设长期稳固的选育基地、区域性扩繁场,对具有基础性、公益性的畜牧种质资源保护区(场)给予财政支持。完善畜牧良种补贴政策,对畜牧业良种补贴政策提标扩面,重点向主产区、标准化规模养殖场、新型经营主体倾斜。深入推进财政资金撬动金融资本,支持畜牧业规模化养殖试点,探索采用信贷担保、贴息、补助等方式,引导金融资本支持畜牧业发展。

(二)加快科技人才培养,加强科技力量支撑

根据西藏地区畜种改良繁育的现状,要使其在较短时间内实现从传统落后的生产方式向现代化生产方式转变,就必须加快养殖技术队伍建设。采取"走出去、请进来"相结合的办法,聘请西藏地区急需的高精尖专家,组建产业发展"智库"。根据学科发展和实际需求,引进相关研究型人才,加快人才的积累,并强化现有人才的专项技术培训,使人尽其才、才尽其用,从而大幅提升自主创新能力。依托西藏地区职业技术院校的技术力量,加强与区内外畜牧科研机构、养殖企业、专业合作社的交流交往,创建自主研发和育种基地,引进和培养一批牦牛养殖育肥专门人才。鼓励种业科技创新,建立种业科技创新激励机制,提升种业研发者的积极性和创造性。

(三)加大饲草料资源保护与开发力度,加强基础设施建设

畜禽良繁推广需要充足的饲草资源和良好的基础设施作保障,因此要坚持"保护优先"的原则、加强基础设施建设。保护好天然草场,坚持"以草定畜""以养定种",科学合理利用草地资源,严格控制载畜量,杜绝过牧行为,走生态畜牧业、循环可持续的发展道路。在适合种植牧草的区域,加大优质牧草的种植力度和优质高产苜蓿示范基地建设。优化配置草场、饲草料地,全面推广全株玉米青贮饲喂技术。支持科研单位从事牧草育种、牧草种植和草产品加工等科技攻关。

(四)加大本品种选育工作力度

着力建设长期稳固的牦牛优良品种选育基地和区域性扩繁场,围绕标准化

生产,开展标准化生产场(区)设计、生产工艺、饲养技术、疫病防治技术、环境控制技术和粪污无害化处理技术研究。实施游牧民幸福工程,加强牲畜棚圈建设,加强畜牧粪污资源化利用。严格落实项目投资问效机制,加强项目建设的指导、督导、检查,确保重点项目建设质量,高度重视项目后期管理,通过明确经营主体,完善项目建后管理和运行机制,确保项目持久发挥效益。

（五）完善利益联结机制，走产业化发展道路

西藏地区在畜牧业产业发展过程中,要坚持以农为先、普惠均衡、绿色发展、融合互动和因地制宜原则,健全社会化服务体系,提高综合服务能力,进一步完善各环节利益联结机制。积极打造高原特色、生态、安全、高效品牌,扩大销售市场和提升企业知名度。大力发展"农户+基地+合作社+龙头企业"合作形式,完善"牵头企业+科研院所+专家"的育种攻关模式,强化利益联结机制,发挥联动示范带动效应。引导和推动更多资本、技术、人才向产业集聚。调动广大农牧民积极性、创造性,使其面向市场、依靠科技,优化品种资源,提高产品质量,大力调整产品结构,实现一二三产业融合发展。

（六）加大宣传力度，引导农牧民改变传统的养殖观念

教育引导广大农牧民解放思想,转变观念,积极推进畜牧业生产由"靠天养畜"向现代养殖的生产方式转变。充分调动农牧民的品种改良积极性,不断提高良种化程度和自繁自育能力。

第四节　重点区域: 四川省

一、四川省牦牛产业发展现状

牦牛产业是四川省畜牧业主导产业,主要分布在川西北牧区,包括甘孜、阿坝、凉山3个州的48个县(市、区)和其他市的纯牧业、半农半牧县,面积接近30万平方千米,约占全省总面积的62%。这里是长江、黄河上游生态屏障建设重点区,也是巩固脱贫攻坚成果、促进乡村振兴的主战场。牦牛既是川西北农牧民的生产资料，又是生活资料，是其赖以生存和发展的主要物质基础和经济来源，发展牦牛产业对四川地区经济社会协调和可持续发展具有极大的意义。

四川省现有麦洼牦牛、九龙牦牛、木里牦牛、金川牦牛、昌台牦牛、亚丁牦牛等6个地方牦牛品种。麦洼牦牛为肉乳兼用型品种，其原产地为阿坝藏族羌族自治州，中心产区为红原县麦洼、色地、瓦切、阿木乡等地，周边的马尔康市、阿坝县、若尔盖县、松潘县等地区均有分布。九龙牦牛是以产肉为主的牦牛地方品种，原产地为四川省甘孜藏族自治州，中心产区位于九龙县斜卡和洪坝乡等地。木里牦牛的中心产区主要位于四川省凉山彝族自治州木里藏族自治县海拔2800米以上的高寒草地，具体包括东孜、沙湾、博窝、倮波、麦日、东朗、唐央等10多个乡镇。这些地区是木里牦牛的主要分布和养殖区域，具有得天独厚的自然条件和丰富的草地资源，为木里牦牛的生长和繁衍提供了良好的环境。金川牦牛原产于四川省阿坝藏族羌族自治州金川县，中心产区为毛日乡和阿科里乡，养殖核心地为毛日乡热它村。昌台牦牛的中心产区位于四川省甘孜藏族自治州白玉县。亚丁牦牛的中心产区位于四川省甘孜藏族自治州稻城县，具体包括各卡乡、吉呷乡、俄牙同乡和香格里拉镇。此外，该县的赤土、木拉、蒙自等乡也有分布。

（一）生产现状

近年来，四川省通过持续实施牦牛产业集群、畜牧高质量发展、生产设施条件改善、越冬饲草料补助、草原畜牧业转型升级等项目，鼓励和引导社会资本投资牦牛产业，支持金融机构开发"牦牛贷"金融产品，加大乡村振兴农业产业发放贷款风险补偿金对牦牛产业发展的支持力度，积极为牦牛贷款增信、分险，降低牦牛养殖主体融资成本，全省牦牛产业实现了快速发展。当前，阿坝州牦牛存栏188.97万头，出栏48.50万头；甘孜州牦牛存栏214.08万头，出栏49.71万头，其中红原县牦牛存栏36.9万头，出栏9.2万头；理塘县牦牛存栏约为28万头，出栏8.4万头；凉山州牦牛存栏7.33万头，出栏1万余头。

四川省牦牛产业发展取得了一些亮点，如阿坝州红原县以打造国家级牦牛现代农业产业园为目标，在"种养加"三大基地标准化、"品种品质品牌"三品战略一体化、"生产保险数字"三大服务多元化、"牧旅文旅体旅"三大业态融合化等方面持续探索，为青藏高原同类县（市、区）提供了启迪和经验。康定市依托牦牛资源优势，突出"奶""肉""文""毛"四大产业，投资8093万元，重点打造"一区四带"牦牛产业集群建设，预计集群全产业链总利润可达到4250万元/年，实现了全面推进牦牛产业高质量发展。九龙牦牛以其稳定的遗传性能和硕大的体格著称，是我国五大地方牦牛品种之一。近年来，甘孜州深入实施种业振兴行动，坚持塑强品牌，集中打造"圣洁甘孜"区域品牌，积极打造亚克甘孜牦牛区域品牌，认证甘孜牦牛、亚丁牦牛等5个名特优新畜产品，色达和甘孜县牦牛肉等有机畜产品，九龙牦牛等5个产品获得国家农产品地理标志登记保护，康巴拉牦牛肉入选全省100个精品培育品牌，甘孜牦牛产业集群全产业链总产值达64.42亿元。

（二）饲养管理

四川省大力推进牦牛养殖方式转型升级，重点开展牦牛标准化养殖场建设，推广"放牧+补饲""牧繁农育"等养殖方式，支持牦牛夏秋牧场放牧、冬春牧场舍饲（或半舍饲）和四季集中快速育肥等标准化规模养殖所需的棚圈、贮草棚、围栏等基础设施建设，缩短饲养时间，提高牦牛出栏率和商品率。

甘孜州创新发展"青草期放牧+枯萎期补饲+干草期舍饲"的"3362"（6—8月的3个月青草期牦牛放牧，9—11月的3个月"枯萎期牦牛放牧+补饲精料"，12月至翌年5月的6个月干草期牦牛舍饲养殖，使2~5岁任意年龄的牦牛12个月后均可达到增体重200千克以上）牦牛养殖模式，大力发展饲草产业，完成人工种草30.31万亩，做好疫病防控常态化工作，确保适度规模、健康养殖。大力推广"龙头企业+合作社+牧民"产业化经营模式，支持牧区分户放牧向农民合作社、集体牧场、家庭牧场等新型农业经营主体联农带农方式转变。对符合条件的牦牛能繁母牛的农户和养殖场，省级财政按照300元/头的标准给予奖励。稳定基础产能，提升产品品质。持续加强"院校州"科技合作，打造国家级牦牛特色产业集群。

（三）种业现状

近年来，四川省大力支持良种繁育体系建设，加大九龙牦牛、麦洼牦牛、木里牦牛等优势地方品种保护和推广力度，重点支持核心种群能繁母牛扩群增量、优良种畜供种能力提升、异地（跨县、跨州或省外）种公牛引进，以及牦牛人工授精等工作，全力推动牦牛产业集群发展。甘孜州引进种公牦牛345头进行改良，畜禽繁育改良2.2万头（只），牦牛出栏2.1头。当前，阿坝州和甘孜州立足自身资源优势，大力发展"种业芯片"，落实"异地换公"杂交改良。红原县依托全国草原畜牧业转型升级试点项目建设，坚持生态优先，不断推进产业适度规模经营。在畜种养殖方面以麦洼牦牛为核心，形成了全国牦牛优良地方遗传种质资源的畜种格局。金川县按照《畜禽遗传资源保种场保护区和基因库管理办法》《畜禽新品种配套系审定和畜禽遗传资源鉴定技术规范》等要求，积极开展金川牦牛选育场和原种场建设，开展活体原位保种及传统育种等工作。2022年12月《中华人民共和国农业农村部公告（第635号）》发布，亚丁牦牛成为国家畜禽遗传资源品种。2024年，亚丁牦牛成功入选"国家畜禽遗传资源品种名录"，并取得"名特优新农产品"等称号。作为新发现的牦牛品种资源，亚丁牦牛是经过长期自然选择和人工繁育形成的肉乳兼用高山峡谷型牦牛地方类群。近年来，稻城县充分利用当地优势资源，大力发展牦牛产业，建立了生态养殖场、亚丁牦牛核心场以及种质资源扩繁场，使牦牛产业初具规模，为当地农牧民的增收致富作出了显著贡献。

（四）市场经营现状

四川省深入推动发展牦牛产业农业社会化服务，支持牦牛屠宰及精深加工，重点培育特色牦牛产品，实现养殖、加工、营销、品牌一体化建设，多措并举提升牦牛产品附加值。坚持集约发展，加快推进"牧旅"深度融合。推动现代畜牧业园区和龙头企业培育创建和巩固提升。截至2024年，康定市有畜牧业省级龙头企业2家、州级1家，畜牧业产业园区2个，推动现代家庭牧场试点示范建设44户。积极培育蓝逸、达折渚、青藏谷地等一批知名畜牧品牌，建成牦牛乳、牦牛肉加工生产线2条，研发牦牛肉干、酱卤牦牛肉、牦牛奶复原乳、牦牛酸奶等特色牦牛产品10余种，依托省内外对口支援和定点帮扶等渠道，助力康定牦牛走出雪山草地，走向全国。打造康巴地区专属的牦牛文化体验区，年接待游客5000人次以上，让农牧体验游成为农牧旅融合新业态、新模式。配套实施农产品产地仓储保鲜冷链示范县建设2个，新增库容量5860吨，建成投运县级冷链物流中心14个，农产品仓储保鲜设施库容量4万吨，带动仓储物流协同发展。

甘孜州全力推动牦牛产业集群发展，采用"公司+专合社（集体组织）+牧户"方式，大力推广订单农业、"农民入股+保底收益+按股分红"等模式，引进牦牛养殖、产品加工、研发等企业11家，培育省级农业产业化联合体1个和龙头企业国家级1家、省级2家、州级4家，培育农民专合社省级示范社2个、省级示范家庭牧场1个。辐射引领专合社（村集体经济组织）205家，平均收益5万元/家以上，带动农户4.97万户，户均增收6015元。理塘"高原牦牛从头到尾"全产业开发成功入选第三届全球减贫案例；九龙县牦牛产业小镇"三产"融合发展项目成功申报省级衔接资金助推脱贫地区乡村振兴试点。白玉县紧紧抓住甘孜州特色牦牛产业发展集群建设的有利契机，积极融入甘孜州牦牛特色产业集群建设布局，立足白玉县昌台牦牛品种优势，全力推进"昌台牦牛"种业园区建设。园区实现核心场、扩繁场、育肥场等9个功能布局，可容纳成年牦牛3000余头。以"集体牧场建设、技术培训、订单种养、入股分红、就近务工、返租倒包、直销直购"等多元化模式，通过园区全产业链带动、新型主体培育等方式，培育州级重点龙头企业2个、牦牛养殖合作社29个、家庭农场8个，带动增收农户715户、村集体经济组织130个。

阿坝州牦牛养殖规模持续扩大，养殖技术不断提升，养殖效益显著提高。红原县安曲镇的"净土阿坝"牦牛养殖基地，总面积达2.5万亩，拥有3个标准化规模厂房和10间圈舍，集中育肥和寄养牦牛数量不断增加。阿坝州还积极引进先进的加工技术和设备，开发出了多种牦牛产品，如牦牛肉干、牦牛奶粉、牦牛液态奶等，丰富了市场供应。

（五）基础设施建设

四川省重点开展牦牛标准化养殖场建设，支持牦牛夏秋牧场放牧、冬春牧场舍饲（或半舍饲）和四季集中快速育肥等标准化规模养殖所需的棚圈、贮草棚、围栏等基础设施建设，支持优质饲草基地建设，坚持藏肉（奶）于草，加强卧圈种草、优质饲草基地和打贮草基地建设。完善草原围栏、饲草贮存、TMR饲草料加工等设施设备，提高优质饲草生产供应能力。依法科学合理合规利用草原，坚持草原生态修复治理与人工饲草基地发展相结合，在草原重点区域积极探索人工种草治理修复模式，推广免耕补播改良技术，建立长效管护机制，提高天然草原牧草产量和载畜能力，促进草原畜牧业可持续发展。

阿坝县建成了自给自足保障型饲草生产供应、灵活调剂型饲草生产供应、优质高产商品型饲草生产的三级"饲草生产供给体系"，利用项目资金卧圈种草3.5万亩，实现产值4914万元；若尔盖县开展了牦牛专用饲料加工厂的建设，建成年产2万吨牦牛犊牛颗粒饲料的生产线并全面投产，为阿坝州牦牛产业发展提供了饲草料保障。全州新建存栏100头以上规模的牦牛标准化适度规模场9个，建设圈舍总面积17500余平方米，配套完善养殖、无害化处理等设施设备，全州规模化养殖水平不断提升，建成牦牛短期育肥养殖场18个，牲畜多功能巷道圈13个。截至2023年底，集群建设区域的牦牛出栏率提升至27.32%，存栏率降低1.64%，标准化养殖比重提高2%。项目的建设为提升牦牛品质、降低草原载畜压力和推进农业标准化生产奠定基础。

甘孜州大力推进规模化养殖，新增规模养殖场116个、圈舍8.09万平方米，标准化养殖牦牛3.63万头。采取"政府投入+引入企业"方式，建成草基地10个，种植饲草14.7万亩，鲜草产量32万吨。建成专家工作站8个，成立"塘塘研发中心"，聘请专家顾问20名，推广新技术18项，研发新产品41个，培训基层科技人员和经营管理人员1500余人次。建成甘孜、理塘、色达年出栏牦牛5000头以上的标准化养殖场3个。

二、四川省牦牛产业发展策略

贯彻落实习近平总书记建设新时期更高水平"天府粮仓"指示精神，坚持以草定畜，推动牧区乡村产业振兴和可持续发展，加快建设"高原粮仓"，创新发展"青草期放牧+枯萎期补饲+干草期舍饲"的牦牛养殖模式，大力推广"龙头企业+合作社+牧民"产业化经营模式，支持牧区分户放牧向农民合作社、集体牧场、家庭牧场等新型农业经营主体"联农带农"方式转变，符合条件的可给予相关项目支持。推动发展牦牛产业农业社会化服务，引导服务组织提供饲草料种植收贮农机服务、动物防疫、产品加工等社会化服务体系建设，为产业发展提供稳定有效的保障。支持牦牛的屠宰及精深加工，并纳入省级农产品加工项目支持范围。重点培育特色牦牛产品，实现养殖、加工、营销、品牌一体化建设，提升牦牛产品附加值。围绕推动科技创新和产业创新深度融合，要求加快建设农业科技创新平台、实施农业科技成果转化行动、培育农业科技创新主体；聚焦推进"川种振兴""天府良机"行动和发展智慧农业，提出建设区域育种创新中心、培育现代种业园区集群、发展区域农机社会化服务中心、推进"农业全产业链数智化"发展等措施，加快发展农业新质生产力。

三、产业发展存在的问题及前景展望

四川省牧区是长江、黄河上游的重要生态屏障，既是防止返贫的主战场，也是民族大融合的主阵地，以牦牛为代表的草原畜牧业是牧区的支柱产业，推动草原畜牧业高质量发展是维护国家生态环境安全、巩固脱贫攻坚成果、推进乡村振兴、促进民族团结、维护社会稳定的关键。但全省草原畜牧业发展仍然存在着思想观念滞后、生产方式低效、经营方式单一、饲草严重短缺、良种培育不足、牛羊生产性能低等短板问题，"人草畜"矛盾依然尖锐，统筹生态生产生活压力较大。全省草原畜牧业高质量发展必须走坚持生态优先、生态生产有机结合、生产方式与经营方式转型升级的可持续绿色发展之路，要明确发展目标，厘清发展思路，坚持发展原则，切实抓好草原畜牧业高质量发展的重点工作。

（一）产业发展存在的问题

1. 思想观念滞后

长期以来，牧民固守传统养殖观念和经营模式，缺乏对市场动态和创新技术的敏锐洞察。这种滞后不仅体现在对现代化养殖技术和管理理念的接受度不高，还反映在对市场机遇把握不够准确，以及对品牌建设、市场营销等方面重视不足。这种思想观念上的保守，无疑成为制约四川牦牛产业进一步转型升级和高质量发展的突出瓶颈。

2. 生产方式低效，经营方式单一

四川部分牦牛养殖区域仍采用传统的自由放牧方式，缺乏科学的管理和规划。这种粗放型的养殖模式导致牦牛生长周期长，出栏率低，无法满足市场对牦牛产品的需求。同时，放牧过程中的不确定性因素较多，如天气变化、草场质量等，都会对牦牛的生长和繁殖产生不利影响，进一步降低了生产效率。牦牛产业在加工、销售等下游产业链的发展相对滞后。这种单一的产业结构导致牦牛产品的附加值不高，市场竞争力不强。许多养殖户缺乏市场营销意识和能力，牦牛产品的销售主要依赖传统的销售渠道和方式。这限制了牦牛产品的市场覆盖面和品牌影响力，难以形成稳定的消费群体和市场份额。缺乏具有知名度和影响力的品牌，导致牦牛产品在市场上难以与其他地区的同类产品形成有效竞争。这不仅影响了牦牛产品的销售价格和市场占有率，也制约了牦牛产业的可持续发展。

3. 饲草严重短缺，"人草畜"矛盾依然尖锐

四川省有1.2万种草种质资源，但利用率不足3%。该省自主选育了99个品种，但转化率仅为10%。每年草种需求量达6000吨，但自给率不足24%，需要大量从青海、甘肃等地采购。四川天然草原退化面积达6721.2万亩。天然草原每亩干草产量不足150千克，影响了草原畜牧业的整体效益。与其他地区相比，四川的人工草原仍处于初步发展阶段，规模小且土地流转和运营成本较高，进一步制约了饲料产业的机械化、规模化和集约化发展。

四川牦牛产业中"人草畜"的矛盾主要体现在畜牧数量与饲草供应之间的不平衡。随着人口增长，牦牛、绵羊等牲畜数量也相应增加。然而，草原面积和天然饲草产量却保持不变，导致草料资源过度消耗和生态失衡，进而导致草原退化、饲草供应不足以及牲畜死亡率上升——在冬季饲草稀缺时更为显著。

4. 良种培育不足，生产性能低

良种繁育体系是提升牦牛品质的关键。然而在四川，一些地区的良种繁育基地和设施尚不完善，导致良种牦牛的繁育效率和质量不高。同时，良种牦牛的选育和推广工作也面临挑战，缺乏系统的选育计划和有效的推广机制。四川一些地区的牦牛饲养管理仍然比较粗放，缺乏科学的饲养管理技术和方法。这导致牦牛的营养摄入不足，生长速度慢，产能低下。

5. 统筹生态生产生活压力较大

四川牦牛养殖主要依赖天然草原，但随着养殖规模的扩大和放牧强度的增加，草原生态系统正面临巨大压力，导致植被破坏、土壤侵蚀、生物多样性减少及草原退化、沙化等生态问题，严重威胁着牦牛产业的可持续发展。市场需求方面，随着人口增长和消费水平提升，牦牛产品需求不断增加，但受草原资源有限性和生态压力制约，产量难以大幅提升。同时，消费者对牦牛产品品质的要求日益提高，要求产品更加安全、健康、营养，这要求牦牛产业在保障产量的同时，注重提高产品质量和附加值。此外，牦牛养殖作为四川高原地区居民的重要生计来源，也面临着城市化进程加速、人口迁移导致的劳动力外流、效益相对较低等挑战，牧民生计困难，进一步增加了牦牛产业发展的困境。

（二）前景展望

1. 全力抓实重大项目实施，发挥项目建设示范引领作用

四川正大力推进牦牛标准化养殖场建设，加强优势地方品种保护，并构建防灾减灾体系，以提升牦牛养殖效率与抗风险能力。通过实施"放牧+补饲""牧繁农育"等养殖方式，以及支持养殖场设施建设、种牛引进与人工授精等措施，正逐步优化牦牛产业结构，提高产品质量与产量。通过打造牦牛产

业示范区和示范基地,推广先进养殖技术与模式。同时,加强品牌建设与市场推广,打造区域公用品牌,举办牦牛文化节等活动,提升牦牛产品的知名度与附加值,积极开拓国内外市场,拓宽销售渠道。

2. 扎实补齐饲草料短板,破解牧区冬春缺草难题

通过培育和推广高产饲草新品种,加强饲草料的储存和加工,以及推广科学饲养技术,四川省正努力提高饲草料的自给率和利用率,为牦牛提供充足的营养来源。这些措施不仅有助于缓解当前饲草短缺的问题,也为牦牛产业的可持续发展奠定了坚实基础。接下来,四川省将进一步构建多元化的饲草料供应体系,加强饲草料产业与牦牛产业的融合发展,并提升饲草料科技创新能力。

3. 切实推进畜牧业转型升级,逐步改变传统养殖方式

通过加强标准化养殖场建设、推广"放牧+补饲"等优化养殖模式、强化良种繁育体系及提升防灾减灾能力,应对牦牛产业面临的问题,特别是冬春季节饲草短缺问题。四川省将继续深化这一转型过程,提升牦牛养殖现代化水平,加强品种改良与品牌建设,拓宽市场渠道,以期实现牦牛产业的高质量发展和牧区乡村产业的可持续振兴。

4. 着力抓好体制机制创新,探索高效共赢产业发展机制

通过推广"公司+基地+农户""合作社+农户"等经营模式,构建了紧密的利益联结机制,实现资源共享、优势互补、风险共担,促进了牦牛产业的可持续发展。这些创新机制不仅提高了牦牛养殖的效益,也增加了农户的收入,实现了产业与农户的双赢。此外,在牦牛产业的科技创新和人才培养上下功夫。通过加强与科研机构的合作,引进和培育一批高素质的科技人才,不断提升牦牛产业的科技含量和创新能力。同时,通过加强技术培训和推广,提高农户的养殖技能和科技水平,为牦牛产业的持续健康发展提供了有力的人才保障。

5. 完善强化风险防控体系,增强草原畜牧业防灾减灾能力

加强自然灾害的监测与预警系统建设,通过先进的科技手段,如卫星遥感、气象预测等,提高对草原干旱、雪灾等自然灾害的预测精度和时效性。加大对草原基础设施的投资力度,建设和完善抗灾保畜设施,如储草棚、青贮窖等，确保在灾害发生时，有足够的饲草料储备，以应对牦牛在极端天气下的饲养需求。通过改良草原植被，提高草原生态系统的稳定性和恢复力，从根本上增强草原畜牧业的防灾能力。加强牦牛疫病防控体系建设，建立健全疫病监测、预警和应急处理机制，确保在疫病发生时能够迅速响应，有效控制疫情扩散，保障牦牛的健康与安全。

6. 聚力深耕畜牧业品牌培育，提高产品附加值

甘孜州以"亚克甘孜"区域公用品牌统揽全州牦牛产业发展，阿坝州则打造"净土阿坝"区域公用品牌，这些品牌不仅提升了牦牛产品的知名度和美誉度，还促进了区域内牦牛产业的协同发展。通过品牌效应的发挥，牦牛产品能够更好地满足消费者的需求，提高市场占有率。在提高产品附加值方面，积极推动牦牛产品的精深加工和多元化开发。通过招商引资和科技创新，建立了多条牦牛产品生产线，开发出牦牛肉干、牦牛奶粉、牦牛液态奶等多种产品，满足了不同消费者的需求。

7. 重点打造畜牧业全产业链，增强产业市场竞争优势

通过加强饲草基地建设、优化养殖结构、提升屠宰加工能力和品牌建设，同时依靠科技创新、市场拓展和政策支持，显著增强牦牛产业的市场竞争优势，推动产业转型升级和高质量发展，为乡村振兴和区域经济发展贡献力量。

第五节　重点区域：甘肃省

一、甘肃省牦牛产业发展现状

甘肃省牦牛主要分布于甘南藏族自治州7县1市、武威市天祝藏族自治县、张掖市肃南裕固族自治县，同时临夏回族自治州，定西市岷县、通渭县、漳县，张掖市民乐县、山丹县，酒泉市肃北蒙古族自治县等地也有分布。2024年，甘肃省牛存栏540.5万头，其中牦牛存栏量占全省牛存栏数的28.6%。甘肃省牦牛品种主要有甘南牦牛、天祝白牦牛和肃南牦牛，以及最新通过国家畜禽遗传资源委员会审定的肃北牦牛和美仁牦牛。甘南牦牛主要分布在甘南藏族自治州的玛曲、碌曲、夏河、合作4个县（市），但在该州其他各县（市）也均有分布，是当地牧民重要的生产、生活资料和经济来源。天祝白牦牛是世界稀有而珍贵的牦牛遗传资源，是经过长期自然选择和人工选育而形成的肉、毛兼用型地方牦牛品种，对高寒严酷的草原生态环境有很强的适应性。天祝白牦牛主要分布于天祝藏族自治县，其中心产区为松山、西大滩、华藏寺、朵什、安远、打柴沟等乡镇。肃南牦牛为甘肃省张掖市肃南裕固族自治县（地处河西走廊中部）特产，是全国农产品地理标志产品。其中心产区在肃南县皇城镇、马蹄乡、康乐乡、大河乡、祁丰乡、白银乡，分布地区相连成片。该品种历经长期的驯养和培育，具有耐寒冷、耐干旱、耐缺氧、耐粗饲，抗逆性强和适应性强、肉质风味好等特点，遗传多样性丰富，被广大农牧民誉为"高原之舟""全能家畜"。美仁牦牛主产于甘肃省甘南藏族自治州合作市美仁大草原，经过长期的自然选择，形成了一套独特的体质结构形态和生理机制，具有抗逆性强，抗病能力强和适应性佳等特性，自古就有"美仁牦牛一堵墙"的美誉，是宝贵的动物遗传资源。肃北牦牛是分布在肃北盐池湾一带、经过长期的自然选择所形成的独特的牦牛群体，具有适应高原地区恶劣气候、耐低氧、耐寒、耐粗饲等优良特性，是当地人民生产、生活不可或缺的重要畜种。与甘南牦牛、天祝牦牛等牦牛品种相比，肃北牦牛具有体格大、生长速度快、产肉性能好等优点，深受牦牛饲养地区牧民群众的喜爱。

（一）生产现状

甘南牦牛是甘南州的特色产业与支柱产业，在巩固拓展脱贫攻坚成果同乡村振兴有效衔接中发挥着重要作用。近年来，甘南州坚持贯彻绿色发展理念，全面落实各项强农惠农政策，多措并举，大力实施牦牛产业高质量发展战略，全州牦牛产业呈现出良好的发展态势。甘南牦牛作为我国优良地方品种之一，是青藏高原重要的国家级畜禽遗传资源。截至2024年底，甘南州年出栏70万头，牛奶产量8.1万吨。

"天下白牦牛，唯有天祝有。"天祝白牦牛因产于青藏之眼、祁连腹地的甘肃省天祝藏族自治县而得名，被誉为"祁连雪牡丹""草原白珍珠"，是青藏高原型牦牛中的一个珍贵而特异的地方良种。近年来，甘肃省天祝县立足资源优势，把白牦牛产业作为脱贫攻坚和乡村振兴战略"八大产业"之首重点培养，积极开展提纯复壮，使白牦牛种群结构日趋合理，繁育体系不断完善。通过持续不断地提纯复壮，科学养殖，现在白牦牛白色个体比例由52.2%提高到了54.4%，增长了2.2个百分点。为保护和开发利用好天祝白牦牛品种资源，天祝县建立了天祝白牦牛数字管理中心和追溯管理平台，构建了天祝白牦牛基因图谱，组建核心群78群，选育群340群，长毛型新类群9群。目前，全县天祝白牦牛出栏3.89万头，产值达3.4亿元。

2021年，第三次全国畜禽遗传资源普查启动后，肃南县扎实开展"肃南牦牛"个体生产性能测定、繁育体系建立、核心群组建等方面的工作，在国家和省、市专家团队的精心策划指导下，通过多次摸底调查、现场测定和资料查阅，最终于2023年3月正式通过专家组现场核验。目前，肃南牦牛饲养量达到13.3万头，存栏8.2万头，出栏5.1万头，牦牛提纯复壮1.2万头。

2024年底，中华人民共和国农业农村部发布第846号公告，由中国农业科学院兰州畜牧与兽药研究所和合作市畜牧工作站联合挖掘的新资源——美仁牦牛，被列入国家畜禽遗传资源名录。多年来，中国农业科学院兰州畜牧与兽药研究所与合作市政府开展长期性合作，组建专家服务团队，着力在"扬优势、补短板、防风险"上下功夫，在遗传资源保护发掘和利用方面进行全方位"护航"，全面推动牦牛产业高质量发展。美仁牦牛遗传资源顺利通过国家畜禽遗传资源委员会审定，标志着其独特品种特性和遗传价值得到了国家层面的认可。同时，美仁牦牛的繁殖成活率也达到了75%以上，成年牦牛平均体重由过去的230千克提升至280千克以上，牦牛个体产奶量提高了25%以上。建立了美仁牦牛保种基地2个，以村为单位组建千头美仁牦牛核心群4群。目前，美仁牦牛存栏量占合作市全市牛存栏总数的63.8%。

同时，在国家畜禽遗传资源委员会公布的最新审定通过的18个遗传资源中，肃北牦牛遗传资源亦榜上有名，至此，肃北本土畜禽遗传资源保护和利用上实现了重大突破，为全市畜禽种业高质量发展奠定了坚实基础。据2023年统计，肃北牦牛现有核心群11群，其中盐池湾乡63.82%，石包城乡28.18%、党城湾镇8%。

（二）饲养管理

在饲养管理方面，甘南州积极开展"尕力巴犊牛育肥综合配套技术研究与应用""犏雌牛舍饲养殖技术试验研究""合作地区牦牛杂交改良及综合配套技术示范推广""牦牛选育改良及提质增效关键技术研究与示范"等方面的研究与示范推广，制定了《甘南牛羊养殖小区建设技术规程》《绿色食品甘南牦牛饲养管理技术规程》《甘南牦牛育肥技术规程》《甘南牦牛繁育技术规程》《牦牛养殖实用技术手册》《犏牛养殖技术规程》等甘肃省地方标准。通过技术示范推广，逐渐转变了农牧民靠天养畜的传统观念及粗放的管理模式，提高了饲养管理水平，发挥了科技示范在畜牧业发展中的引领作用。

长期以来，天祝白牦牛饲养主要靠终年放牧，靠天养畜，对环境有极强的依赖性。人工补饲条件有限，冬春季由于受补饲条件和草原围栏面积的限制，一般只对乳牛、犊牛及病牛补饲青、干草或在围栏草场放牧，大群牦牛很少进行饲草喂养，饲养管理极其粗放，严重威胁了白牦牛的生存，制约了白牦牛生产性能的发挥。在白牦牛现代养殖过程中，改变白牦牛靠天养殖现状，提高白牦牛繁殖率和养殖效益，增加种群数量，优化放牧方式和补饲标准，实现科学养殖十分重要。近年来，白牦牛养殖的主要乡镇应用"放牧+补饲"关键技术，降低了白牦牛越冬度春的死亡率，提高了母牦牛繁殖率和犊牛成活率，并总结出了一套行之有效的配套技术，取得了较好的社会效益和生态效益，值得在广大农牧区推广应用。

近年来，肃南县坚决扛起筑牢国家西部生态安全屏障政治责任，全面落实草原禁牧和草畜平衡制度，并实施"异地借牧"政策。在每年10月至次年3月，牧民通过徒步驱赶或车载装运方式把牲畜迁徙至临近的县区、乡镇几十千米，甚至上百千米外海拔较低的农区秸秆地租田放牧，依靠农作物采收后留下的秸秆育肥过冬，以此来减少天然草原载畜量，促进草原休养生息。此举保障了畜牧业持续稳定健康发展，引导农牧民走出一条"天然放牧+舍饲养殖+异地借牧"相结合的畜牧业转型之路，为现代草原畜牧业发展提供了可借鉴、可复制的"肃南经验"。

2021年以来，佐盖多玛乡以"本品繁育·提纯复壮·组建万头美仁牦牛核心群"为目标，累计争取资金1193万元，先后打造了集现代养殖、精深加工、服务体验、特产销售等多种功能于一体的美仁牦牛1号、2号基地。两个基地现有养殖四季棚3200平方米，配备高新技术设备30余件，优选本地牦牛630余头，并按照放养、圈养、补饲结合的方式进行集约、科学、规模养殖，逐步探索形成了"支部+基地+合作社+牧户"的产业运行模式和"盈余分配+种畜投放"的利益共享模式，也成功在全市乃至全州范围内树立了牦牛智慧养殖的新标杆、打造了一三产业融合的新样板。

肃北县按照"一县一业""一乡一品"的牧农业结构调整思路，大力培育拓展牦牛产业链，于2022年建立西部（肃北）牦牛繁育驯化基地，通过"村集体经济股份合作社+牧户"的经营管理模式，打造以核心群、基础群、扩繁群为主体的三级繁育体系。并采取牧户分户散养，统一品种、统一鉴定、统一销售的策略，先后向西藏阿里地区、青海大通县、甘肃甘南州和肃南县等地销售，肃北牦牛的"金字招牌"逐步打响，牦牛养殖走上了育、养、繁、售一体化良性循环轨道。

（三）种业现状

近年来，甘南州高度重视牦牛种质资源保护及提纯复壮，把强化甘南牦牛种质资源保护利用摆在突出地位，以保种选育为前提，加快良种化繁育体系建设，推动牦牛向产业高端化、品牌化、绿色化方向发展。目前，甘南州有牦牛种畜场4个（玛曲县阿孜畜牧科技示范园区、碌曲县李恰如种畜场、卓尼县大峪种畜场和卓尼柏林种畜场），始建于1980年的玛曲县阿孜畜牧科技示范园区，是甘南牦牛良种繁育的一面旗帜。40多年来，这个园区组建了4个核心选育群，先后为专业合作社、家庭牧场、牧民群众配送一级、二级种畜共1000余头，基础母畜3000余头,极大地改善了甘南牦牛的良种化率,提高了牧民群众的收入。目前,该地区已经建立了8个国有种畜场,组建了150个牦牛核心繁育群,并建成8个良繁基地,带动多家牦牛养殖专业合作社提质增效,牦牛出栏率提高到48%,商品率提高到45%,繁殖成活率提高到75%,农牧民人均在牦牛产业中的收入增加500元以上,牦牛产业总产值提高30%。做好牦牛保种选育、做强甘南牦牛"芯片"的工作,已在甘南草原全面铺开。在销售渠道方面,甘南牦牛在高端肉品市场认可度不断增强,品牌效应不断显现。全州共有畜牧业"甘味"品牌36个,区域公用品牌2个。

为进一步推进天祝白牦牛种业高质量发展,天祝藏族自治县高起点规划布局,全面推进"牧区繁育、农区育肥、农牧互补"模式,建设"三区一场",在全县建立了三级保种繁育体系,并以西大滩、松山、华藏寺等6个乡镇为主,设立纯种繁育区,组建核心群,重点提高质量和纯度,为其他区域提供种牛。截至2024年底,天祝县已成功组建天祝白牦牛核心群78群700头,选育群304群4000头,扩繁群100群6800头。种群结构趋于合理,白色个体比例显著提高,达到86%。

牲畜品种改良是传统畜牧业向现代畜牧业转变、提高畜牧业经济效益的重要措施,为加快补齐肃南牦牛种质资源匮乏的短板,提高肃南牦牛品质,不断壮大牦牛产业发展,助推乡村振兴建设,肃南县在多方考察调研的基础上,从青海省海北州海晏县引进了含有祁连型野牦牛血统的高原型牦牛周岁种公牛50头。为保护好"肃南牦牛"品种遗传资源,有效解决优质种源短缺,种群退化问题,肃南县在牦牛养殖和产业优质发展上下力气下功夫,持续实施"牦牛复壮改良"技术项目,通过调研考察,反复试验,探索通过导血复壮、冷季补饲、营养调控、冻精人工受配等多种技术手段,最终成功大幅提高了肃南牦牛的生产性能。

为确保美仁牦牛品种的纯正和品质的提升,合作市构建牦牛产业"上游保种、中游繁育、下游养殖"的发展体系,推动畜牧产业高端化、品牌化、绿色化发展和牦牛肉、牦牛绒、牦牛乳产业全链条发展。在繁育体系的推动下,美仁牦牛的生产性能得到了全面提升。据统计，基地牦牛的生长发育周期明显缩短，出肉率、屠宰率相较其他牛群都有所提高。

肃北县建立了以盐池湾乡为中心的"三级"繁育体系，包括核心群、基础群和扩繁群。通过与中国农业科学院兰州畜牧与兽药研究所的合作，选育新品种，并逐步建立完善的良种繁育体系、技术支撑体系和产业化经营体系，肃北牦牛肉已被认定为无公害农产品、全国名特优新农产品并持有多个注册商标。2023年上半年，盐池湾乡牦牛出栏量较2022年同期增长19%，牦牛可比价总产值达到1221万元，同比增长195.8万元。直接为牧户创收520余万元，外调牦牛140头，直接拉动牧民增收14万元。

（四）市场经营现状

甘南州把推动牦牛产业高质量发展作为贯彻落实习近平生态文明思想的具体实践，也作为打造"五无甘南"，创建"十有家园"和建设青藏高原绿色现代化先行示范区的务实之举，更作为巩固脱贫攻坚与乡村振兴战略有效衔接的有力抓手。以构建良种化繁育体系、集约化养殖体系、精细化加工体系、系列化标准体系、品牌化营销体系、配套化保障体系为核心，努力把甘南打造成青藏高原牦牛高端产品加工生产基地和集散中心，推动甘南牦牛产品成为全国知名、行业居首和市场畅销的高端品牌，把牦牛产业培育成为全州的支柱产业，实现牦牛资源大州向牦牛产业强州转变。

据了解，甘南州投入资金450万元，建设甘南州特色农产品线上线下营销中心，建成天津市和平区舟曲农特产品体验馆、兰州市甘南特色农产品品鉴体验及销售中心、舟曲特色农产品销售中心、扎尕那农产品馆、冶力关农产品馆、卓尼县农产品馆等，加强现场品鉴和线下销售推介。对接农行、邮政、电信、中石油、国家电网、中华保险、昆仑燃气等国有企业平台和销售网点，向全国推介甘南牦牛高端肉品。

甘南州坚持高位谋划，推进牦牛产业高质量发展，出台了《甘南牦牛产业高质量发展工作方案》。聚焦良种化繁育、集约化养殖、精细化加工、系列化标准、品牌化营销、配套化保障六大体系建设，统筹中长期规划和阶段性任务，谋划布局百万头肉牛养殖、牦牛良种繁育、犏牛繁育和娟姗犏雌牛养殖、饲草种植基地等产业带,构建多元互补、优势突出、资源共享、抱团发展的发展模式,推动甘南牦牛"从草地到餐桌"全产业链向精品化、品牌化、高端化、绿色化方向发展。

甘肃省天祝藏族自治县龙头企业甘肃天祝天润公司,注册了"脑格尔""西域野牛"等品牌。开发出具有民族特色的天祝白牦牛系列产品,其中天祝白牦牛精分割肉已通过国家绿色食品开发中心A级绿色食品认证,已被国家质量监督部门审定为"中国市场放心健康食品信誉保证品牌"。天祝正通公司生产的牛绒衫、牛角梳、拂尘,甘肃天祝皮毛加工厂生产的皮鞋、皮衣等都是市场畅销产品。企业和相关院校合作研发的天祝白牦牛骨髓粉、油茶粉获第八届中国专利新技术、新产品博览会金奖。天祝白牦牛作为一种奇特、稀有的观赏牛种,被诸多省内外动物园引入观赏。

同时,天祝县依托自然风光独特、周边交通便利的区位优势,发展生态观光旅游业,带动本地形成了牦牛观赏乘骑体验旅游服务,拂尘、牛角梳等牦牛工艺品,"棒子骨""牦牛肉"等特色餐饮服务。依托电子商务企业,开设各类网点213家,主要从事天祝白牦牛精分割肉、手工艺品等一批特色产品销售。

为提高肃南优质农畜产品市场知晓率,满足广大消费者日益增长的优质化、个性化消费需求,实现产业不断优化升级和农牧民持续增收"双赢",让肃南县原生态、高品质的牦牛肉摆上千家万户的餐桌,肃南县在塑造牦牛市场品牌、保证产品品质和加大宣传力度等方面持续发力。在肃南县雪雲农牧发展有限公司加工车间,集排酸、分割、速冻、包装、入库于一体的生产线完备,肉品经过精细分割和真空包装后销往国内市场。像这样的情况不止出现在雪雲农牧一家企业。在肃南县草原惠成食品有限公司,一条从屠宰分割到包装外销的生产链正在全速运转,新鲜牦牛肉在极短时间内完成了冷冻排酸、打包入库,最大限度保留其新鲜风味,经过冷冻保鲜的牦牛肉和熟食加工的牦牛肉干通过物流热销于国内各大城市。

肃南县还依托特有的优质牦牛肉资源,以打造"甘味"农畜产品为抓手,不断深入挖掘"肃南牦牛"资源潜力，成功创建全国有机农产品基地，"肃南牦牛"还被列入2023年全国"土特产"推介名单。通过强力推进"肃南牦牛"这一品牌的线上线下销售，让优质牦牛肉走出本土，走向市场，成为各地消费者争相购买的"爆款"，走出一条符合肃南县农畜产品销售转型发展的新路径，提高了肃南牦牛肉的知名度，提升了产品销量。

为增强美仁牦牛的品牌知名度，合作市持续擦亮"中国牦牛乳都"区域品牌，成功申报多项绿色食品、无公害农产品及"甘味"品牌认证。美仁牦牛乳以其独特的营养价值和卓越的品质赢得了市场的广泛认可。牦牛乳被誉为"天然浓缩乳"，其干物质、蛋白质、脂肪、乳糖和矿物质含量均高于普通牛乳。特别是其乳脂率和干物质含量更是突出，这使牦牛乳成为生产高级乳制品（如风味酸奶、奶油、奶酪、配方奶粉等）的优质原料。目前，牦牛乳制品销往国内20多个省市，出口至中亚、南亚、中东等地区。牦牛绒制品出口至欧美地区，牦牛系列产品年产值达3.4亿元，实现了牦牛产业发展和农牧民稳定增收的共赢。美仁牦牛是合作市的特色产业品牌，美仁牦牛体型高大健硕、骨骼粗壮、体质结实，个体大、产肉多、肉质好。此外，美仁牦牛肉中的蛋白质显著高于其他肉类，同时脂肪含量却保持在较低水平，展现出更加健康的营养构成。

近年来，肃北持续做大做强畜牧产业，在生态有机牛羊肉上发力，坚持走精品、有机、绿色发展道路，通过加快推进肃北县数字有机牧场、高标准屠宰冷链加工和西部（肃北）牦牛繁育基地等项目建设，持续推动羊、牛等特色畜牧产业提质增效。"肃北牦牛肉"入选2023年第三批全国名特优新农产品名录，带动了肃北特色农畜产品的品牌知名度和市场影响力，拓宽了肃北农特产品的销路，使肃北牛羊肉销售线上线下全面开花，也让全国各地更多的消费者品尝到了来自肃北"舌尖上的美味"。

（五）基础设施建设

为进一步做大做强牦牛产业，甘南州强力推动投资2000万元的甘南牦牛产业高质量发展项目建设，撬动专业合作社、家庭牧场等社会资本投入820万元，对全州418家养殖专业合作社暖棚、储草棚等基础设施进行升级改造，进一步提升牦牛科学养殖基础条件。各县市统筹财政衔接推进乡村振兴补助资金，加大牦牛产业高质量发展项目投入，2022年累计投资1.98亿元，实施了一批重点扶持项目。2023年，玛曲县投资1339万元实施河曲马场万头牦牛养殖基地建设项目，已建成暖棚5000平方米，饲草棚4000平方米，配备饲料加工设备4套；碌曲县投资2070万元建设贡巴甘青川活畜交易市场，打造甘青川交界地区最大的活畜流通和贸易集散地，投资5000万元建设畜牧产业园，第一条生产线已运行，年屠宰量达到25万头；夏河县投资2100万元实施科才镇万头牦牛养殖育肥示范基地建设项目，草原畜牧业转型升级试点项目已争取落实投资8000万元；全州实施牦牛生鲜乳冷链物流及加工项目、甘南高原草地优质牦牛藏羊肉冷链库等55个专项债券项目，累计发行专项债券8.44亿元，有效夯实了牦牛产品仓储流通基础。同时，通过积极引导培育，甘肃安多清真绿色食品有限公司被认定为国家级绿色工厂，甘南燎原乳业股份有限公司酸奶车间被认定为省级数字化车间，甘肃雪顿牦牛乳业股份有限公司被认定为省级专精特新企业。

近年来，天祝县以促进农民增收为重点，按照"牧区繁育、农区育肥"的发展思路，用足用好产业扶持政策，大力发展白牦牛养殖业，拓宽农牧民群众的致富路。在一系列惠农政策的扶持鼓励下，经过多年不间断的发展与转型，天祝县牦牛产业在基础设施、经营体系及繁育体系等多方面取得了长足的发展。截至2024年底，全县牦牛养殖已达到13.83万头，白牦牛养殖户1340余户，累计建成白牦牛养殖暖棚5000多座，建成牦牛规模化示范场29个，示范带动育肥户210户以上，育成牦牛3万头以上，产值达3.4亿余元。

佐盖多玛乡作为美仁牦牛种质资源保护和提纯复壮的核心区域，承担着保种选优的重要使命。通过引入先进的繁育技术和科学的管理方法，该区域的美仁牦牛种群质量得到了显著提升。同时，合作市以全产业链思维，积极推进美仁牦牛的生产繁育和精深加工。通过建设"智慧牧场"系统，以科技赋能全面推进美仁牦牛产业高质量发展。目前，已建成美仁牦牛1号和2号基地，实现了集约、科学、规模养殖。同时，依托高原生态乳业现代产业园，新建自动化挤奶厅、鲜奶收购站等设施，推动牦牛乳产业向高端化、品牌化、绿色化方向发展。

肃南县深入实施畜牧稳县战略，聚焦推进畜牧业供给侧结构性改革，不断调整优化产业结构，持续稳固肃南牦牛等特色优势产业，全面实施产业化经营和标准化生产战略，草原畜牧业绿色转型发展呈现良好态势。同时，着力构建现代化养殖体系，实现生产方式转型。坚持规模发展、适度集中的原则，整合项目资金，连片推进养殖小区（场）建设，累计建成养殖小区（场）85个、牛羊暖棚13547座、储草棚1120座、配种站160座，无害化处理设施102座、牛羊标准化防疫注射圈187处，水电路和牧草收割加工设备配套完备，全县舍饲半舍饲养殖率达75%以上，95%以上的小畜越冬实现了暖棚化。加大畜禽养殖标准化示范场创建力度，创建省级标准化示范场5个、市级标准化示范场9个，标准化规模养殖主导作用日趋凸显。以发展肃南牦牛特色优势产业为重点，积极推广牦牛复壮改良，建成复壮改良示范点6个，完成牦牛改良复壮3000头以上，复壮改良种群数量达到3万头以上，在皇城、康乐、马蹄、大河等高海拔地区建成了肃南牦牛生产基地。

为加强肃北牦牛产业发展，肃北县委、县政府紧紧围绕"126"发展思路，立足生态功能型定位，科学谋划建设绿色有机生态产业，着力推动县域经济高质量发展。以盐池湾（肃北）牦牛"三级"繁育为基础，挂牌成立西部（肃北）牦牛繁育驯化基地，总投资1000万元。在持续推进肃北牦牛基础建设的同时，西部（肃北）牦牛繁育驯化基地联合中国农业科学院兰州畜牧与兽药研究所积极开展肃北牦牛遗传资源的分析和挖掘，先后完成了肃北牦牛基因组、线粒体全基因组重测序、生物信息学分析及表型、生产性能测定，为肃北牦牛遗传资源审定提供了遗传基础和表型特征科技支撑。据《肃北县2023年农牧业产业发展扶持政策若干措施》（肃政办发〔2023〕20号）文件要求，要进一步发展畜牧业，支持盐池湾乡牦牛产业，强化肃北牦牛选育鉴定与种牛调出工作。当前，肃北牦牛研究利用主要以发展牦牛特色优势产业为重点，着力提升肃北牦牛生产性能、肉品质及相关产品质量、延伸产业链条，壮大养殖规模，提高养殖水平。

二、甘肃省牦牛产业发展策略

近年来，甘南州以培龙头、延链条、拓市场为目标，统筹产业链链主企业、养殖和生产加工龙头企业、产品销售企业、农民专业合作社和家庭牧场资源，大力实施延链补链强链工程，发挥龙头企业和重点项目示范带动效应，逐步完善牦牛集约化养殖和精深加工链条，通过示范带动和引领，有效补齐生产加工环节短板和弱项，推动牦牛产业高质量发展。同时，甘南州坚持通过轮牧、休牧等方式推行草畜平衡，转变牦牛产业发展方式，完善良种繁育体系，推动牦牛产业由数量型向质量效益型转变，探索生态效益、经济效益"双增"，生态压力减小的可持续发展模式，通过绿色"加减法"，甘南牦牛产业走上了高质量发展的现代生态畜牧业发展道路。

天祝县大力推广"牧区繁育、农区育肥、农牧互补"模式，以养殖业为牵引带动农业产业结构优化升级。在生产上突出绿色、循环、优质、高效、特色。在构建产业链发展格局上，以形成绿色优质特色畜产品生产、加工、流通、销售产业链为基础，做足"农头工尾、粮头食尾、畜头肉尾"文章，全力打造牛羊10亿级产业园。出台《天祝县牛羊养殖扶持政策》，优化改良畜禽品种，改善养殖基础设施条件，培育壮大生产加工龙头企业、农民专业合作社及家庭牧场，不断健全完善规模化繁育体系、产业化生产体系和品牌化经营体系，持续推动牛羊养殖高质量发展。

天祝白牦牛因其独特的品种资源，极具开发价值。可依托一二三产业融合发展思路，转变以养殖为主的传统产业模式，通过延伸产业链条，使精深加工、旅游、物流、消费等环节内化于本地，从而提高产品的附加值，打造新的增长极，促进农牧民增收，推动县域经济的发展。

近年来，佐盖多玛乡党委始终坚持把发展村集体经济作为推动乡村振兴的动力引擎，按照市委"一心三区"战略布局，立足"高美佐盖·产业羚东"发展定位，以"美仁牦牛"品牌建设为重点，大力发展现代畜牧业和文化旅游业两大首位产业。以行政村为单位划分美仁牦牛繁育区、美仁牦牛提纯复壮区、美仁牦牛产业延链补链区、合冶沿线旅游风情区，将辖区牦牛基地、观景台、旅游点、牧旅融合体验中心等40余个产业项目以点串线、连线成片，形成多点开花、优势互补、特色鲜明的村集体经济发展局面。

近年来，肃南县聚力推进生态文明建设，大力实施畜牧稳县行动，不断调整优化产业结构，持续稳固特色优势产业，着力推动草原畜牧业高质量发展，奋力书写民族地区乡村振兴和生态优先发展的"肃南答卷"。同时，肃南县立足"高原"和"绿色"两大资源优势，充分发掘肃南牦牛等"独一份""特别特""好中优"的特色内涵，坚持从源头、过程、产品、标准上发力，努力打造放心品质、过硬品牌，构建区域品牌、企业品牌、产品品牌良性互动的农产品品牌体系。

下一步，肃南县将以各民族共同富裕先行区建设为统领，立足建设全省乡村振兴示范区和农业农村现代化先行地，大力实施现代畜牧业升级行动，聚力做大做强肃南牦牛等优势特色产业，全域打造绿色有机畜产品生产基地，努力走出一条产业旺、业态活、乡村兴、百姓富的有机统一的产业转型高质量发展之路，打造草原畜牧业转型升级的"甘肃样板"。为全国草原畜牧业转型升级探索创造可复制、可借鉴的成功经验和模式，着力构建生态育富、畜牧稳富的产业发展新格局。

三、产业发展存在的问题及前景展望

（一）产业发展存在的问题

1. 重视程度不够，资金投入不足，牦牛良种繁育工作停滞不前

甘肃省虽然发布实施了相关政策条例，但没有落实品种资源保护、选育推广和产业发展的专项经费，使得工作推动较慢。牦牛提纯复壮是一项长期且系统庞杂的工程，涉及千家万户，投入大、见效慢，因长期缺乏可持续的系列政策和资金支持，甘肃省牦牛良种繁育工作滞后，繁育体系不健全、不科学，规范化程度低，品种近亲繁殖现象严重，品种杂、繁育乱、个体小，牦牛养殖效益低。

2. 饲养方式粗放，良种体系不健全，种公畜场制种供种能力不足

一是受传统粗放的生产方式影响，草场承包到户围栏隔离，牦牛缺少大范围混群大循环机会，长期以户内小循环自然交配为主，导致配种方法单一，近亲繁殖严重，品种快速退化，畜群周转减慢。二是州、县良种体系建设资金投入少，还没有形成运作良好的选、育、推三级良种繁育体系雏形，牲畜选育缺乏科学性，畜群平均生产水平下降明显。三是现有的种畜基地普遍规模小，设施配套不完善，种畜选育技术水平亟待提高，种畜供应能力十分有限，部分种畜基地无法满足发展需要。

3. 人才资源短缺，专业技术队伍老龄化，产业发展转型升级动力不足

目前，全省畜牧人才队伍学历整体偏低，高学历人才短缺，年龄呈老龄化趋势，人才引进难度大，不能适应现代畜牧业发展需求，畜牧专业人才面临"断档"。尤其县、乡专业技术人才更为匮乏，且现有专业人员一人多岗，不能完全适应现代畜牧业发展的需要。牦牛产业发展方式落后，养殖牧工多为牧民群众，整体文化水平不高，缺少科学育种及健康养殖理念，了解和接受新知识的能力有限，致使育种工作开展难，技术推广难度大。

4. 局部草场退化严重，草畜平衡矛盾依旧突出，养殖配套设施不完善

一是局部草场退化严重，局部优良天然草场正在大面积遭受鼠类的侵蚀。二是草畜平衡矛盾突出，2022年基本保持草畜平衡，但进入繁殖季节后维持草畜动态平衡任务艰巨。三是养殖配套设施不完善，虽然新（改扩）建牲畜暖棚，但配套饲草料加工产能跟不上，超载牲畜转移消化能力还十分薄弱。

5. 哺乳奶源不足，犊牛全哺乳推广难度大，牦牛养殖整体效益低

牦牛一般4~5岁出栏，公、母牛均3岁配种，两年一胎或三年二胎。犊牛出生后母乳摄入不足现象普遍存在，由于得不到充足的营养，导致生长前期受亏，后期补偿跟不上，养殖周期较长，经济效益低。加之牧民存在选公不选母的生产习惯，母畜缺乏科学的选育，严重影响了牦牛的生产水平。

（二）前景展望

1. 提高科学定位，引导产业健康发展

牦牛产业高质量发展是一项系统工程，做好牦牛种质资源保护和提纯复壮工作是实现牦牛产业高质量发展的重要基础。应尽快找准制约牦牛种质资源保护和提纯复壮工作发展的关键点，抢抓机遇、用足政策，统筹规划、合理布局，坚持保护与发展并重，以市场引领为主、政府引导为辅的多元参与为原则，推动牦牛产业高质量发展。

2. 厘清种质资源家底，夯实牦牛产业高质量发展根基

认真摸排甘肃省牲畜现状，掌握牦牛特有的种质资源、畜群结构、种畜数量和质量，全面评价牦牛生长生产性能，建立完善系谱档案；厘清牦牛存栏、出栏、繁殖率底数，健全生产管理台账，为进一步合理制定牦牛产业高质量发展规划提供基础保障。

3. 推进本品种选育，健全牦牛三级繁育体系

牦牛提纯复壮应以本品种选育为主，针对遗传缺陷或生产性能低的性状，可适当导入野牦牛基因复壮。在牦牛主产区全面开展本品种选育，推进建立良种繁育基地和扩繁群，建成三级良种繁育体系，尤其要重点加强种畜基地制种供种能力建设，充分发挥种畜基地在三级良种繁育体系中的引擎作用。严格按照品种标准进行选育、建立健全系谱档案，达到种用标准的种公畜统一佩戴醒目标识，由主管部门统一配送管理，按国家标准给予良种补贴。积极引导养殖户选种选配，培育选留优秀个体，加快提高甘肃省牦牛品种良种率。

4. 强化基础设施建设，健全种质资源保护利用体系

以牦牛主产区为中心，建设保种场和牦牛种质资源保护与利用中心。加强基层畜牧兽医站所组织机构、技术人员、设备设施配置，配齐服务产业发展的"前沿哨所"。加强牦牛种畜基地和专业合作社核心群建设，选择有一定规模的养殖基地建立公牛站，提升种质资源储备能力和质量，配套完善良种繁育基地附属设施，全力推进种质资源保护工作跨上新台阶。

5. 严格落实补饲制度，多方联动提高牦牛出栏率

高寒牧区枯草期长达7个月以上，天然饲草供给季节性极不平衡，冬春季节草畜矛盾造成全放牧下的牦牛一直处于"夏壮、秋肥、冬瘦、春死"的循环之中，导致牦牛生产效益较低。建立冬春季节牦牛补饲制度可有效解决牦牛冬春季掉膘死亡、生长发育缓慢、出栏率低等问题。据调查，实现牦牛一年一产的最好措施是提供良好的草场或补饲条件，同时减少挤奶次数。在夏季也可利用"放牧+补饲育肥"措施，错开牦牛集中出栏时间，择机出栏，提高牦牛出栏率，增加经济效益。

6. 多措并举筹集资金，持续加大地方财政投入

通过多渠道整合资金，加大对畜牧科研单位和技术推广单位的业务经费投入，支持一批符合条件的高品质、高层次的牦牛种质资源保护及提纯复壮建设项目；实施州级科技计划项目，全面支持企业设立研发机构，加大科技研发投入，开展牦牛健康养殖和科学育肥、补饲技术研究；落实好金融支持种业发展各项政策措施，发挥好金融"活水"作用，实现保障兜底功效，以服务实体经济发展为导向，运用银行、保险、融资担保等多元金融服务手段，全力支持甘肃省牦牛产业发展。

7. 构筑人才聚集高地，补齐牦牛生产经营短板

建立人才长效激励机制，创建成果转化和人才培养的新模式。一是积极开展"结对子"帮扶，将现有的"三区"科技人才中畜牧业领域的科研人员选派到牦牛生产一线进行技术服务、指导和培训。二是依托"中国农业科学院院士专家工作站""实训基地"等平台，聘请牦牛种业技术体系专家团队，或有计划地选送现有畜牧业科技人才到高等院校深造。三是尽快启动牦牛人才计划，培养牦牛学科带头人和专业人才。四是积极培养养殖大户、牧区致富带头人和"土专家"，引导更多有志人才助推牦牛产业高质量发展。

第六节　几点启示

一、产业由大向强转型进入关键期

我国牦牛存栏量稳定在1700万头左右，是高原牧区不可替代的重要生产资料。随着乡村振兴战略的深入实施，牦牛产业在促进农牧民增收中的作用更加凸显。然而，养殖效率低、加工链条短、品牌附加值不足等问题依然制约产业升级。当前需重点突破良种繁育、标准化养殖和精深加工技术，推动牦牛产业从"数量增长"转向"质量提升"，实现经济效益和生态效益双赢。

二、饲草料供给体系优化取得新突破

高寒牧区饲草料供给难题通过多措并举得到有效缓解。一方面，人工草地种植面积持续扩大，退化草地修复技术推广应用，显著提升了本地饲草料自给能力；另一方面，"牧区繁殖、农区育肥"的跨区域协作模式日趋成熟，配合新型饲料添加剂研发应用，形成了更加稳定的饲草料保障体系。这些措施为降低养殖成本，实现草畜平衡，牦牛产业可持续发展奠定了坚实基础。

三、科技创新成为产业升级核心动力

现代科技正深刻改变传统牦牛养殖方式。基因选育技术加速优良品种培育进程，智能耳标、环境监测系统等数字化装备逐步普及，精准营养调控技术有效提升养殖效益。疫病预警系统和粪污资源化技术的推广应用，既保障了养殖安全，又促进了生态环保。这些科技创新正在推动牦牛产业从"经验型"向"科技型"转变，为产业高质量发展注入新动力。

四、产业融合发展呈现新格局

牦牛产业正逐步突破传统单一养殖模式，向多元化、高值化方向发展。区域公共品牌建设成效显著,各主产区牦牛品牌影响力持续提升;文旅融合深度发展,生态牧场、牦牛文化体验等新兴产业蓬勃兴起;产业链条不断延伸,乳制品、生物制剂等高附加值产品研发取得突破。"养殖+加工+文旅"三产融合发展模式,不仅提高了产业综合效益,更为牧民增收开辟了新渠道,展现出广阔的发展前景。

第四章

牦牛产业发展重点企业

第一节　引　言

　　牦牛,作为青藏高原及其周边地区的特有畜种,具有耐寒、耐粗饲、抗病能力强等显著特性,其肉、奶、毛绒、皮等产品在市场上具有独特的价值和广泛的消费群体。牦牛产业的发展不仅对于保障当地牧民的经济收入、促进区域经济增长具有重要意义,还在维护生态平衡、传承民族文化等方面发挥着不可替代的作用。近年来,随着人们对高品质畜产品需求的不断增加以及对高原特色资源开发的日益重视,牦牛产业迎来了前所未有的发展机遇,涌现出了一批在技术研发、产品加工、市场拓展等方面表现突出的重点企业。

　　这些重点企业凭借先进的生产理念、完善的产业链布局以及对牦牛资源优势的深度挖掘,成为推动牦牛产业现代化、规模化发展的关键力量。它们在牦牛养殖环节,通过科学的饲养管理技术、优良种畜的培育与推广,有效提升了牦牛的生产性能和产品质量;在加工环节,采用现代化的加工工艺,将牦牛的肉、奶、毛绒、皮等初级产品转化为高附加值的深加工产品,满足了不同消费者的需求;在市场拓展方面,积极开拓国内外市场,打造具有影响力的牦牛产品品牌,提升牦牛产业的整体市场竞争力。同时,这些企业还通过与当地政府、科研机构、牧民等多方合作,形成了互利共赢的发展模式,为牦牛产业的可持续发展奠定了坚实基础。

　　本章将重点介绍牦牛产业中具有代表性的几家重点企业,深入剖析它们在牦牛产业发展中的战略布局、技术创新、品牌建设以及社会责任履行等方面的情况。旨在为全面了解牦牛产业发展现状、总结成功经验、探索未来发展方向提供有益参考,也为相关企业和从业者在牦牛产业领域的发展提供借鉴和启示,进一步推动牦牛产业在新时代背景下实现高质量发展,助力高原地区经济社会的繁荣与进步。

第二节　青海夏华清真肉食品有限公司

一、企业发展最新情况

青海夏华清真肉食品有限公司自2010年成立以来，先后投资1.7亿元，建设海晏县现代生态畜牧业产业示范园，主要建成了"标准化生态养殖示范区"和"清真牛羊肉精深加工区"两个功能区。标准化生态养殖示范区占地200亩，常年存栏牦牛5000头，年可出栏1万头，年可生产加工有机肥料6万吨。清真牛羊肉精深加工区占地130亩，建成了牛屠宰车间、羊屠宰车间、分割加工车间、牛羊副产品加工车间以及容量5000吨冷藏库、排酸库，年可屠宰加工牛3万头、羊15万只。公司现有职工102人，主要市场为西宁市鲜肉市场。

作为国家级农业产业化重点龙头企业、全国民族特需商品定点生产企业、中央储备肉承储企业，公司将充分发挥高原优良农牧资源独特优势，以产学研紧密结合的模式，不断完善产业链条和产品结构。以龙头企业带动高原特色农畜产业发展，做优高原牦牛特色产业，不断提高肉类产品深加工能力，整合优质资源，扩大品牌影响力，实现地方畜牧产业提档升级。

青海夏华清真肉食品有限公司全景

青海夏华清真肉食品有限公司牦牛屠宰车间

二、企业主要产品类型（最新产品）

公司产品包括牛、羊鲜肉产品和牛、羊冻肉胴体和分割产品，其中冻肉分割产品包括原切系列产品和调理系列产品。近年来，公司根据消费市场情况和产品需求情况，结合牦牛产品特色，从改善牦牛肉产品色泽、口感和嫩度入手，不断丰富产品品类和包装。通过产品研发，公司新开发出以下产品：牦牛电商小包装产品；青藏牦牛肉、牦牛一号两种涮肉产品，主要供应餐饮店；牦牛眼肉牛排、牦牛原切牛排、牦牛肉牛排三种西餐牛排产品，兼顾家庭消费和餐饮消费需求；牦牛嫩牛肉、牦牛麻辣牛肉、牦牛小炒嫩牛肉、牦牛小炒肉片、牙签牦牛肉等家庭包装调理产品。

三、企业2024年度销售情况

2024年，屠宰牦牛6897头，实现销售收入9629万元。

第三节　红原牦牛乳业有限责任公司

一、企业发展最新情况

2024年,西部牦牛产业集团·红原牦牛乳业在持续发展中聚焦市场拓展、产品质量提升,并不断加大对牦牛奶的科研投入,致力于增强品牌影响力。这一年里,企业取得了多项重要成果,这些成果不仅体现了其在牦牛乳制品行业中的不懈努力与显著进步,也彰显了对行业的重大贡献。通过一系列的战略部署和实际行动,企业在提升自身竞争力的同时,也为推动整个牦牛乳制品行业的健康发展树立了榜样。

"四川在线"的系列栏目《好样的! 四川造》对红原牦牛乳业进行了深度报道,题目为《高原深耕60余年, 这家牦牛乳业企业如何步步突破? 》。这不仅体现了企业在长期经营中积累的经验和技术,也展示了其面对市场变化时不断创新的能力。

在标准化建设方面,2024年12月4日,国家标准化管理委员会发布了包括《牦牛乳粉乳源定性标准样品》在内的61项国家标准样品研制、复制名单。该项目由西部牦牛产业集团参与,联合中国检验检疫科学研究院与中国农业科学院农业质量标准与检测技术研究所共同实施。此项目的成功实施,将为乳粉新国标的实施提供强有力的支持,并有助于提升乳粉检测的质量控制水平、量值传递准确性以及实验室分析能力考核等关键环节。

此外, 红原牦牛乳业有限责任公司在2024年11月被四川省经信厅评为欠发达县域农产品加工助推乡村振兴的重点企业。同年, "红原"品牌获得由省商务厅、省文化和旅游厅、省市场监管局、省文物局四部门联合授予的"四川老字号"称号, 进一步证明了品牌的深厚底蕴和市场影响力。

红原牦牛奶粉还成功入选2024年第三批全国名特优新产品目录, 彰显了产品在品质上的卓越表现。同时, 鉴于该公司多年来在高原牧区牦牛奶产业人才培养方面的显著贡献，"净土阿坝 红原牦牛奶雪域匠人"项目被阿坝州人力资源和社会保障局认定为第三批"净土阿坝"州级特色劳务品牌。

二、企业主要产品类型（最新产品）

"因为信仰·所以纯真"，红原牦牛奶粉，源自1956年。这是来自海拔3500米雪域高原的原生营养品，配料仅为有机生牦牛乳，获中国、欧盟、美国有机产品认证及FA食品真实品质认证，是首个获得国家地理标志保护的乳制品，适合需要增强营养补充的儿童、中老年人、亚健康人群。

（一）天赐草场，孕育安心好奶

红原地区拥有1100万亩优质草场，远离工业废水废气污染，远离农药化肥残留。纯净奶源地孕育安心好奶。

（二）天然膳食，成就营养好奶

红原草场拥有200余种可食青草，冬虫夏草、雪莲、红景天、川贝母等中草药材同牦牛共生在草原，红原牦牛只吃青草不吃饲料。牦牛吃得好，牦牛奶营养自然更好。

（三）自然泌乳，凝练原生好奶

红原牦牛自然受孕，自然产仔泌乳，相较于普通奶牛每天60斤（1斤=500克）以上的供奶量，红原牦牛每天仅供奶3斤，年供奶量仅为普通奶牛的1/33。红原牦牛奶粉配料仅含有机生牦牛乳，原生高钙、高蛋白、高锌，并含有共轭亚油酸、α-亚麻酸、骨桥蛋白等多种优质营养素。

（四）标准体系，保障品质好奶

西部牦牛产业集团打造具有核心专利技术的移动奶站，集冷却、检测、过滤、储存于一体，在野外就能实现对刚挤出的牦牛奶迅速降温；近3000千米奶源路，确保牧民在挤奶后2小时内把牦牛奶交到采奶平台，保证牦牛奶的新鲜。以"奶源公路+移动奶站"为核心的标准化奶源体系，保障了红原牦牛奶的高品质。

三、企业2024年度销售情况

2024年，公司积极参与了一系列旨在推广四川，尤其是39个欠发达县域特色农产品的活动。这些活动覆盖了国内多个重要城市，包括上海、绵阳、厦门、成都、海口、广州等，并延伸至国际舞台如泰国普吉岛。2024年，通过参与"全川39个欠发达地区特色农产品推介会""绵品出川上海行""中国国际消费品博览会""中国进出口商品交易展（广交会）"等活动，公司不仅展示了高质量产品，还通过专场推介会和产销对接大会促进了与各地采购商的合作，推动了品牌的建设与发展。此外，借助"全国农产品产销对接助力乡村振兴（川渝）活动""中国国际进口博览会招商路演"等平台，进一步加强了与其他地区的交流合作，为实现农业产业振兴及区域经济发展贡献了力量。这些活动的成功举办，不仅提升了四川特色农产品的品牌影响力和市场竞争力，也促进了当地经济的发展和农民收入的增加。2024年，公司实现产值3.57亿元，全体系实现销售额超2亿元。

第四节　西藏昌都市藏家牦牛股份有限公司

一、企业发展最新情况

西藏昌都市藏家牦牛股份有限公司成立于2014年9月10日，位于西藏自治区昌都市类乌齐生态工业园区，注册资本3000万元，是昌都市牦牛产业龙头企业，也是目前西藏自治区投资规模最大的牦牛加工企业之一。总投资8000万元，目前第一期投资5000万元已经到位。公司总部占地面积26640平方米，建筑面积8000平方米，拥有6000平方米标准化厂房加工基地，23万亩天然牧场，1000余亩良种选育、繁育科研基地。公司设置本部、销售经营部、科研中心、驻外办事处、加工厂、天然养殖基地、专业合作社等，形成"公司+基地+农户+合作社"的经营模式。公司自2015年全面投产，拥有一条国内先进的冷鲜肉标准化生产线和一条休闲食品生产线。2017年被评为昌都市级农牧业产业化龙头企业，2023年5月被评为自治区级龙头企业。

公司是自治区内为数不多的一二三产业融合发展的企业。现有员工39人，其中，管理人员4人，加工厂生产人员32人（含研发技术人员5人），销售业务人员3人。

主要产品有：生鲜系列（冷鲜牦牛肉、冷冻牦牛肉、热鲜牦牛肉）、休闲系列（原味风干牦牛肉、手撕牦牛肉、干巴牦牛肉、卤汁牦牛肉等）、餐桌牦牛系列（牦牛肉酱、牦牛肉丸、牦牛骨汤、牦牛牛排等）。奶酪、酥油等牦牛产业的其他产品正在试产之中。

公司所有产品均选用类乌齐牦牛肉精制而成，不添加任何防腐剂，保持了牦牛肉原有丰富的营养成分。每年10月到11月，公司根据当地政府制定的牦牛出栏计划进行集中收购，检验检疫合格后，选择健康、膘肥体壮的类乌齐牦牛作为加工的原材料，确保产品质量源头的安全。通过公司品牌的推广和打造，类乌齐牦牛的知名度和美誉度均得到了很大的提高，公司产品深受市场的认可。

公司以打造健康高原牦牛产业，带动藏族同胞致富，让"高原之宝"走向全国，走向世界为使命。公司将坚持走可持续发展的道路，全力打造和维护公司及产品的形象，尽快走上规模发展的快车道。

二、企业主要产品类型（最新产品）

（一）手撕牦牛肉系列

原材料：公司自有牧场、育肥基地、农牧民合作社供应活体牦牛，经过公司智能化屠宰设备加工，选用臀部及背部大宗肉块。

工艺：剔骨、去筋、去油脂、开片、切条、烘烤、冷却、成型、配料调味、真空内包装、杀菌、冷却、化验、清洗、晾干等流程。

采用现代加传统制作工艺（配料：零添加防腐剂，保持原材料原汁原味，食用更健康），口感筋道，味道鲜，热量高，保持一定湿度，适合内地人口感；休闲、旅游、观球饮酒等必备小食品；常温下储存，保质期360天，每箱40袋。

（二）卤汁牦牛肉系列

原材料：公司自有牧场、育肥基地、农牧民合作社供应活体牦牛，经过公司智能化屠宰设备加工，选用肋部等细嫩部位肉块。

工艺：剔骨、去筋、去油脂、切丁、配料腌制、卤制、冷却、成型、配料调味、真空内包装、杀菌、冷却、化验、清洗、外包装等流程。

采用现代加传统制作工艺（配料：零添加防腐剂，保持原材料原汁原味，食用更健康），口感鲜嫩，热量高，保持一定湿度，尤其适合老人、小孩口感；早餐搭配稀饭、面条食用效果更佳；常温下储存，保质期360天，每箱40袋。

（三）风干牦牛肉系列

原材料：公司自有牧场、育肥基地、农牧民合作社供应活体牦牛，经过公司智能化屠宰设备加工，选用臀部、背部等大宗肉块。

工艺：剔骨、去筋、去油脂、开片、切条、配料腌制、风干房风干、杀菌、化验、真空内包装、外包装等流程。

采用现代加传统制作工艺（配料：零添加防腐剂，保持原材料原汁原味，食用更健康），口感筋道，越嚼越香，热量高，年轻消费群体首选休闲食品；常温下储存，保质期360天，每箱40袋。

三、企业2024年度销售情况

类乌齐牦牛肉在整个青藏高原牧区具有较高的知名度。公司坚持走线上线下相结合的销售渠道，以直营店、办事处、牦牛肉实体店为窗口，让顾客能方便、快捷地购买和品尝到正宗的类乌齐牦牛肉。公司建有自己的官方网站，同时在阿里巴巴、淘宝等网络平台进行销售。

2024年，公司生产总值4625.5万元，实现销售收入3850万元；2025年产值力争突破7000万元，销售收入突破6000万元。

第五节　甘孜藏族自治州康定蓝逸高原食品有限公司

一、企业发展最新情况

甘孜州康定蓝逸高原食品有限公司于2012年10月成立，总部位于康定市折多塘地区，海拔3200米，拥有纯净无污染的原生态高原牦牛牧场和珍稀牦牛品种，主要从事高原牦牛乳制品研发、加工和销售。

公司经过不断建设和发展，目前是国家级高新技术企业、四川省农牧业产业化龙头企业、四川省优秀民营企业、规模以上工业企业。2023年荣获"四川省科技进步奖"二等奖，2019年被认定为四川省企业技术中心，荣获授权专利70余项，2018年度获得四川省五一劳动奖。

作为甘孜州牦牛乳制品领军企业，为打响甘孜牦牛"金字"招牌，蓝逸多年来持续致力于牦牛特色产业发展，建立起独特的"公司+牧场（奶站）+牧民"循环产业发展模式，建设康定牦牛乳制品产业园，在甘孜完成"五大牧场""十六奶站"的产业布局。

公司依托核心技术，建立了涵盖牦牛乳、牦牛乳冰激凌、牦牛奶食品三大系列30多个产品的牦牛乳制品产品体系，并通过全国10个省（区、市）的线下渠道及天猫、淘宝、京东、抖音等电商渠道销售，不断提高甘孜州牦牛乳制品市场占有率和知名度。

公司投资1.3亿元建设的康定蓝逸牦牛乳制品产业园计划于2025年底建成，包括牦牛乳制品展示区、牦牛乳制品生产仓储物流区、牦牛乳制品研究中心、旅游体验区等。建成后预计日处理牦牛奶50吨以上，年产值可达3.6亿元。该项目可带动康定、道孚、炉霍、雅江等6个县3000户以上牧民，提供就业岗位200余个，有望成为甘孜州"牦牛产业集群"对外的一张名片。

公司紧紧围绕四川省打造西部地区创新高地，建设科技强省的目标，在甘孜州大力推进"牦牛产业集群"建设的基础上，深耕牦牛乳深加工领域。目前，公司取得国内领先的"牦牛乳特色精加工产品开发及应用"专家鉴定成果评价,奠定了牦牛乳产业发展基础,成为国内在技术上领先的牦牛乳加工公司。

二、企业主要产品类型(最新产品)

(一)牦牛乳系列

在海拔3200米以上的青藏高原,牦牛享受着自然放养的自在生活,它们自由觅食于广袤的高原,以牧草为食,虫草、贝母、雪莲等名贵中药材为佐,冰川雪水为饮。这份得天独厚的生长环境,赋予了牦牛强健的体魄与卓越的奶质。然而,每年的供奶期却仅有珍贵的3~4个月,且每头母牦牛每天产奶量仅是普通奶牛产奶量的1/20,足见其珍稀程度。

蓝逸,作为牦牛乳的守护者,深知这份大自然的馈赠是何等的珍贵与难得。用心呵护每一滴乳汁,从源头开始,每一步都力求完美,只为将这份珍贵的礼物以最纯粹、最自然的形式呈现给消费者。目前,蓝逸推出的牦牛乳系列产品主要有鲜牦牛奶、原味配方牦牛奶、青稞味配方牦牛奶、零蔗糖配方牦牛奶等。

(二)牦牛乳冰激凌系列

蓝逸牦牛乳冰激凌,以高原牦牛乳为核心原料,打造出更浓郁香醇的口感,每一口都散发着源自自然的醇正奶香。同时,蓝逸牦牛乳冰激凌不断创新口味,通过融入青稞、奶酪、巧克力等多种特色食材,为消费者带来丰富多样的味蕾体验。无论是喜欢传统醇正口感的爱好者,还是追求新奇风味的探索者,都能在蓝逸牦牛乳冰激凌中找到满足自己味蕾的产品。

更香:源自牦牛奶本身的天然乳香,这种香气在冰激凌中得到了完美的保留和释放。

更浓:独特的分子结构和丰富的营养成分,赋予了冰激凌更加浓郁香醇的口感。

更醇:以纯净无污染的高原牦牛乳为核心原料,保留了牦牛乳天然醇正的口感。

（三）蓝逸格拉措奶茶、奶酪酥

采用新鲜牦牛乳，浓郁的茶香，纯正的奶味，入口回味无限，让异域风情悄然回归，让消费者品味到纯正"酥油奶茶"的味道。口味独特，营养丰富。

三、企业2024年度销售情况

公司在巩固全国10个省（区、市）的线下渠道及天猫、淘宝、京东、抖音等电商渠道销售网络的基础上，进一步完善营销体系。2024年销售额与2023年相比持续增长，预计在康定生产基地建成后有较大提升。

第六节　几点启示

近年来，牦牛产业在政策支持、市场需求增长以及技术创新等多重因素的推动下，呈现出快速发展的态势。通过分析青海省、西藏自治区、四川省等地牦牛产业的发展实践，以及相关重点企业的成功经验，可以总结出以下几点对牦牛产业发展的启示。

一、坚持规模化与标准化养殖

规模化、标准化养殖是提升牦牛产业效益的基础。通过建设标准化养殖基地，推广"夏秋放牧、冬春补饲"等模式，可以有效缩短牦牛的养殖周期，提高出栏体重。通过投入资金实施创新举措，如四季游牧、放牧补饲和牲畜"月月出栏"，进一步提高了养殖效率。这些实践表明，企业应积极引入科学的养殖管理技术，建设现代化的养殖设施，以实现牦牛养殖的规模化与标准化，从而降低养殖成本，提升产品质量和市场竞争力。

二、加强产业链整合与完善

牦牛产业链的整合与完善是提升产业整体竞争力的关键。青海的"夏华"

等企业通过打造养殖、加工、销售一体化的产业链,实现了产品从牧场到餐桌的全程标准化生产。通过构建"培龙头、延链条、拓市场、强基地、带牧户、促增收"的发展模式,推动了牦牛产业的全产业链发展。这启示企业要注重产业链上下游的合作与协同,通过整合资源,提升产业链的效率和效益,增强产业的整体抗风险能力和盈利能力。

三、推动产品创新与升级

随着消费者需求的日益多样化和个性化,牦牛产品需要不断创新和升级。青海的企业利用精深加工技术,开发了牛排、食材包、烧烤肉串等多种产品,满足了不同消费者的需求。甘南州的企业则通过引进先进的加工技术和设备,提高了牦牛产品的加工效率和产品质量。这表明企业应加大在产品研发和创新方面的投入,开发高附加值的牦牛产品,以适应市场的变化和消费者的需求,提升产品的市场竞争力和附加值。

四、强化品牌建设与市场拓展

品牌建设是提升牦牛产品市场竞争力的重要手段。四川的"牦牛奶粉"品牌通过持续的品牌推广和市场拓展,成为行业领军品牌。玉树藏族自治州则通过举办"玉树牦牛论坛"等方式,提升了"玉树牦牛"品牌的知名度和美誉度。这说明企业应注重品牌建设和市场推广,通过提升品牌知名度和美誉度,增强消费者对产品的信任度和忠诚度,从而扩大市场份额。同时,企业还应积极拓展国内外市场,利用电商平台等渠道,将牦牛产品推向更广阔的市场。

五、利用数字化与智能化管理

数字化与智能化管理是提升牦牛产业管理水平和生产效率的重要途径。通过应用物联网、大数据等技术,实现对牦牛养殖的实时监控和精准管理。这启示企业应积极引入先进的信息技术,实现养殖、加工、销售等环节的智能化管理,提高生产效率和产品质量,为企业的决策提供科学依据。

六、注重社会责任与可持续发展

牦牛产业的发展不仅关乎经济效益，还涉及生态和社会效益。四川省通过推广"三结合顺势养殖法"，实现了草畜平衡，保护了草原生态环境。玉树藏族自治州则通过政府补贴和企业与牧民的紧密合作，提高了牧民的收入，促进了乡村振兴。这表明企业在追求经济效益的同时，还应注重社会责任和可持续发展，通过保护生态环境、促进牧民增收等方式，实现产业与生态、社会的协调发展。

综上所述，牦牛产业的发展需要企业在规模化与标准化养殖、产业链整合与完善、产品创新与升级、品牌建设与市场拓展、数字化与智能化管理以及社会责任与可持续发展等方面进行积极探索和实践。通过这些措施，不仅可以提升企业的竞争力和盈利能力，还能推动牦牛产业的高质量发展，实现经济、生态和社会效益的有机统一。

第五章

牦牛产业发展的
代表性产品/品牌

第一节 引 言

牦牛产业提质升级必须依靠屠宰加工技术创新与产品多元化开发的双轮驱动。

牦牛产业作为青藏高原特色支柱产业，在国家政策引导和市场需求升级的双重推动下，正经历从传统粗放向现代化、高值化发展的深刻变革。

首先，产业链价值提升是政策的重点目标。国家发展改革委发布的《关于支持西藏及四省高原牧区特色产业发展的实施意见》明确指出，要"延伸牦牛产业链条，提高产品附加值"。鼓励开发精深加工产品，支持副产物综合利用，推动牦牛产业由原料输出型向价值增值型转变，从而全面提升产业经济效益和竞争力。这些政策要求为牦牛产业转型升级指明了方向，而屠宰加工环节的技术创新和产品开发的多元化正是落实这些政策要求的关键路径。

其次，屠宰加工是将牦牛从初级农产品转化为商品的核心环节，其技术水平直接决定了产品的质量等级和市场价值。为解决传统屠宰加工方式存在的季节性强、分割粗放、附加值低等问题而开展的技术创新，正在为牦牛产业高质量发展注入新的强劲动力。如标准化分割技术的实施提高了产品价值。根据《畜禽肉分割技术规程 牦牛肉》将胴体科学分割为里脊、外脊、上脑等20多个部位，并按不同部位特性匹配适宜的加工方式。这种精细分割使高档部位肉得率提高15%，整体经济效益增长25%以上。四川某加工企业通过实施标准化分割，成功开发出原切牦牛排等高附加值产品，单价达到普通肉的3~5倍。

最后，精深加工技术推动产品多元化与高值化。传统牦牛肉加工以肉干类产品为主，存在品种单一、同质化严重等问题。现代精深加工技术的应用，正在推动牦牛产品向多元化、方便化、高值化方向发展。绿色制造工艺的创新使传统产品焕发新生。风干牦牛肉、牦牛肉干等传统食品深受消费者喜爱，但传统制作方式存在效率低、品质不稳定等问题。科研团队通过优化发酵菌种、控制干燥曲线、开发天然抗氧化配方等,建立了传统牦牛肉制品绿色制造关键技术体系。企业应用这些技术后,产品保质期延长,风味更好,实现了"保传统、提品质、显特色"的目标。方便调理产品的开发,满足了现代消费需求。针对都市快节奏生活,企业创研了调(料)理牦牛排、即食牦牛杂、自热牦牛肉火锅等系列方便产品。这些产品通过真空滚揉腌制、超声波辅助入味等技术处理,既保持了牦牛肉的特有风味,又大大简化了烹饪流程。冷链物流技术的应用拓展了市场半径。通过采用预冷排酸、真空包装、全程冷链等技术,配合GPS温控系统,使牦牛冷鲜产品能够安全送达全国主要城市。

牦牛资源的多维度开发,不仅提升了产业本身效益,还通过"三产"融合为高原牧区经济发展注入了新动能。通过屠宰加工技术创新和产品多元化开发的双轮驱动,牦牛产业必将成为青藏高原经济发展的强劲引擎,为牧区民众创造更加美好的生活。

第二节 产品类型1:肉与肉制品

一、鲜、冻牦牛肉产品

热鲜牦牛肉指牦牛屠宰后未经任何冷却处理,直接在常温或接近常温环境下进行销售和食用的新鲜肉品。这类肉品通常是在屠宰后数小时内上市销售,常见于传统农贸市场或现宰现卖的销售模式。在常温状态下,微生物繁殖速度较快,因此热鲜肉具有一定安全隐患,尤其夏季易引发腐败和食源性疾病风险,且热鲜肉的流通半径严重受限。冷鲜牦牛肉是指牦牛屠宰后,胴体立即经过冷却排酸处理,并在后续加工、运输和销售过程中始终处于0~4℃冷藏环境中的生鲜肉品。全程冷链控制抑制了腐败菌和致病菌的滋生,相比鲜肉更安全卫生。此外,冷鲜牦牛肉经过排酸处理,肉质比普通鲜肉更细嫩,汁液流失少,口感更佳。冻牦牛肉是指新鲜牦牛肉经过快速冷冻处理(通常采用-18℃以下低温急冻),并在-18℃条件下贮运和销售的冷冻肉。冷冻状态下牦牛肉可保存数月甚至更久，适合长途运输和长期储备，可解决牦牛肉地域供应限制问题。

受养殖技术及自然条件制约，传统放牧牦牛的屠宰期呈现显著季节性特征，约80%的生鲜肉集中于9—11月上市，其余时段则以冷冻肉为主（鲜冻比约20∶80）。近年来，随着舍饲育肥技术的推广应用，青海、甘肃等地的部分企业已初步实现全年均衡屠宰，但生鲜肉的市场供应量仍相对有限。值得注意的是，冷鲜牦牛肉作为绿色有机产品的代表，正逐步拓展至青藏高原外高端消费市场，如麦德龙等商超渠道。该产品采用"72小时排酸+精准分割"工艺，并依托0~4℃全程冷链物流体系保障品质。此外，鲜、冻牦牛肉制品正通过餐饮渠道加速市场渗透，如青海大通牦牛肉鲜汤火锅品牌已在南京、广州等地设立华东、华南旗舰店，推动牦牛肉产品向东部沿海地区流通，构建了涵盖生产、加工、销售等多维度价值增值体系。

二、传统牦牛肉制品

牦牛肉干类制品作为最传统的食品形式，包括风干、油炸和调味三大类型。传统的藏式风干牦牛肉是利用青藏高原地区低温、低气压、高风速的气候条件，使鲜牦牛肉中的水分快速冻结，形成冰晶后再升华而成。这种产品呈红棕色，有独特香味，组织疏松多孔，肌纤维明显。近年来，为满足区外市场需求，企业通过改变干制方式、腌制方法等，建立了牦牛肉干加工新工艺，来改善风干牦牛肉质构特性和口感风味。牦牛肉干类制品耐储存，适合作为日常休闲零食，代表产品有西藏奇圣牦牛肉干、青海可可西里手撕牦牛肉干和四川阿坝牦牛肉干等。

牦牛肉酱类制品是以牦牛肉为主要原料，经过绞碎、调味、熬煮等工艺制成的酱状食品。这类制品即食性强，风味多样，包括咸鲜、甜辣、香辣等，部分产品添加豆豉、香菇等辅料以丰富口感。肉酱类产品如甘肃安多牦牛肉辣酱、高原蓝牦牛肉酱、青海5369牦牛快餐酱等，是结合传统工艺与现代技术，开发的适合不同消费场景的调味产品。

牦牛肉糜类制品指以牦牛肉为主要原料,经绞碎、斩拌、调味、乳化等工艺加工而成的碎肉或肉酱制品,产品形态包括肉饼、肉丸、香肠等。这类制品原料利用率高,能整合碎肉、边角料,减少浪费;质地多样化,可制成柔软或富有弹性等不同口感。代表产品如百德牦牛肉肠等。

料理调理类牦牛肉产品是将鲜牦牛肉进行切割、腌制、滚揉等预处理,使其成为可直接用于烹饪的半成品。这类产品方便快捷,可减少家庭烹饪的准备时间;通常已腌制入味,可能含食品添加剂(如保水剂、嫩肉粉)以改善口感,口味标准化;保质期较短,需冷藏或冷冻保存。这类代表性产品如大通牦牛肉鲜汤火锅预制套餐。

预制牦牛肉菜肴是指已完成大部分烹饪工序的肉类菜肴,消费者只需简单加热即可食用。这类产品高度便捷,节省烹饪时间,适合现代的快节奏生活;需冷链储存,冷藏款保质期通常为3~7天,冷冻款可达数月。此类产品有即热型咖喱牦牛肉、藏式牦牛膼煲等。牦牛肉制品正从地域性特产向全国性商品转型,采用现代加工技术提升产品品质,加工技术日趋标准化和工业化。

三、新质牦牛肉制品

随着消费升级和食品加工技术的进步,牦牛肉制品正朝着高质化、方便化和休闲化的方向发展,形成了新一代"新质化"产品体系。如针对健身人群开发的牦牛肉蛋白棒、卤牦牛肉鹰嘴豆等创新产品,将高原牦牛肉蛋白与坚果、谷物等原料科学配比,提升了产品的营养价值和适口性,成为优质代餐选择。此外,部分企业正在开发发酵牦牛肉等产品,进一步拓展了牦牛肉制品的应用场景。

第三节　产品类型2：乳与乳制品

一、传统牦牛乳制品

牦牛乳是一种原生态、无污染的优质特色乳资源。我国牦牛乳产区主要集中在西藏自治区以及青海、四川、甘肃、云南等省区的高原牧区，远离我国人口密集区，交通大多不便，生产季节性强，企业生产成本高，生产企业以地方品牌为主，如红原（阿坝藏族羌族自治州）、燎原（甘南藏族自治州）等。传统牦牛乳制品包括液态奶、奶粉、酸奶、奶酪、乳清蛋白粉等品类。目前牦牛鲜乳及乳粉产业还处在初级加工阶段，精加工技术有待提高，产品附加值及经济效益还有待提升。

发酵乳制品是利用牦牛乳经过乳酸菌等发酵而成的乳制品。发酵过程微生物代谢产生乳酸等物质，赋予产品独特风味、质地和营养特性，且酸牛乳中的益生菌有助于调节肠道菌群，改善消化功能。开菲尔等传统的自然发酵乳制品是通过野生发酵培养物在自然条件下发酵得到的，而商业化的发酵乳制品是由传统的自然发酵乳制品发展而来，利用商业化的特定菌种进行发酵。近年来，一些科研项目围绕牦牛乳源乳酸菌菌种资源收集和功能性开发进行了研究，筛选功能性益生菌菌株，开发出风味特征明显、功能确定的差异化、个性化益生菌牦牛酸乳。

牦牛酥油味道香甜，营养价值极高，是藏族人民的食品瑰宝。夏季或秋季从牦牛乳中提炼出的牦牛酥油呈鲜黄色，冬季提炼的牦牛酥油则呈奶白色。但牦牛酥油的应用范围仅限于牦牛生长地区，用法单一，利用程度不高。传统藏族酥油制作是将新鲜牦牛乳转移至酥油打制的专用桶内，用力上下抽打直至上层浮现一层淡黄色固体，冷却后即为酥油。但传统的提取方法使得酥油水分含量较高，易发生水解变质，即使在高原缺氧地区保质期也只有3个月。对酥油的加工依然停留在原始水平，未来应以获得更高的利用率、更广的应用范围和更多的应用途径为重点,进行准确的市场定位,创造更高的经济价值和社会效益。曲拉(又称奶渣)是生产酥油时的副产品,奶酪是牦牛奶经过浓缩发酵得到的发酵乳制品。曲拉和奶酪同为干酪类乳制品,具有较长的货架期,是高原牧区牧民的传统食品。但我国牦牛奶干酪类乳制品来源没有固定的菌种,且加工企业大部分设备和技术落后,产品品质和生产效率低下,自主创新能力缺乏,直接制约了牦牛干酪乳制品的发展。

经过多年的发展,我国依托先天资源优势和基础条件,已建成国家级牦牛乳系列产品技术研发中心和牦牛乳产业园,各地方的牦牛乳品企业也初具规模。但牦牛乳制品的工业化生产能力比较薄弱,主要存在三个问题。最主要的问题是奶源不足。牦牛中能繁母牛占牦牛总数的42%,产奶母牛占能繁母牛总数的60%。牦牛也是季节性繁殖生产,6—9月是牦牛的产奶期,每头泌乳量在150~500千克,牧民自食量达到70%以上,而牦牛乳制品企业收购奶量仅占约15%。其次为经济效益低。牦牛一般4—5月产犊,到7—9月青草生长繁茂时达到泌乳高峰期,但此时大多牦牛生活在偏远的高海拔地方,交通运输成为难题,这直接导致原料乳收购成本变高。此外,牦牛以人工挤奶方式为主,卫生安全、奶源分散、规模小等问题也较为突出。综上,牦牛发酵乳制品的生产和开发极具挑战。

二、新质乳制品

近年来,牦牛乳制品创新产品不断涌现,在即饮型、便携式和跨界融合三大领域展现出蓬勃的发展态势。在即饮型牦牛乳饮品方面,如西藏真牛牦牛乳业等推出了牦牛乳奶茶,打造出独具风味的健康饮品;云南景兰和青海湖品相继推出牦牛乳拿铁咖啡,为消费者提供了高蛋白咖啡的新选择。在跨界融合方面,BeanBANG品牌研发的牦牛乳巧克力以及蓝逸牧场推出的牦牛乳青稞杯冰激凌(牛乳添加量≥10%)等创新产品,通过现代食品加工技术实现了传统食材的价值提升。这些创新实践不仅丰富了牦牛乳制品的应用场景,更为特色农产品的高值化转化提供了可借鉴的发展路径。

第四节　产品类型3: 副产物

一、预制菜类

我国牦牛副产物预制菜产品丰富多样, 涵盖了骨汤类、脏器类、脂肪类以及胶原蛋白类等多个品类。不仅满足了消费者对便捷、美味、健康的需求, 也促进了牦牛副产物的高值化利用。

在骨汤类产品方面, 通过现代熬煮和浓缩工艺, 将牦牛骨中的胶原蛋白、矿物质等营养精华浓缩成高汤包和火锅底料。例如, 甘肃安多红食品公司推出的安多红牦牛骨汤火锅底料和甘肃华膳食品公司推出的雪域天赐牦牛骨汤红汤底料, 凭借其汤色浓郁、口感醇厚的特点, 以及富含胶原蛋白和矿物质的营养价值, 深受市场欢迎。脏器类预制菜则充分发挥了牦牛内脏的食用价值。高原情品牌推出的即食牦牛杂产品和青海穆臻食品公司推出的广式风味加热即食牦牛杂煲, 通过标准化卤制和真空包装工艺, 既保留了牦牛杂的传统风味, 又确保了产品的食品安全, 为消费者提供了便捷美味的食用体验。脂肪类产品通过精炼工艺去除油脂中的杂质, 提高油脂的纯度和品质。这些经过精炼的牦牛脂肪可加工成烹饪油或火锅底料, 其富含的不饱和脂肪酸对人体健康具有积极作用, 同时进一步提升了牦牛副产物的利用价值。胶原蛋白类产品主要利用牦牛皮和筋腱资源, 加工成即食胶原蛋白冻、牛筋制品等。西藏奇圣食品公司推出的真空包装即食水晶牦牛蹄筋系列产品, 因其富含胶原蛋白, 具有美容养颜的功效, 备受女性消费者青睐。此外, 牦牛血作为另一种宝贵的副产物资源, 通常混合糌粑灌肠加工成血肠, 预煮定型后真空包装成产品, 既保留了传统风味, 又方便食用。随着预制菜市场的不断扩大, 四川牛博仕食品公司还推出了高原牦牛血火锅预制产品, 进一步丰富了牦牛副产物预制菜的产品线。

随着消费者对健康、便捷食品需求的持续增长, 以及食品加工技术的不断创新, 牦牛副产物的预制菜产品将迎来更加广阔的发展前景。这不仅有助于提升牦牛产业的经济效益,也为消费者提供了更多优质的高原特色食品选择。

二、功能性提取物

目前,牦牛副产物的开发利用已形成以牦牛骨粉和肽类产品为主导的产业格局,产品线涵盖牦牛皮胶原蛋白肽、牦牛骨胶原蛋白肽以及骨髓肽等多个品类。企业通过运用现代生物技术,特别是酶解、发酵等先进工艺,能够高效地从牦牛骨中提取出胶原蛋白肽、骨髓肽等活性成分,开发出包括骨粉、骨胶原蛋白肽等一系列高营养价值产品。这些产品因富含胶原蛋白、钙、磷等物质和多种氨基酸的独特优势,在保健品和功能性食品领域展现出广阔的市场前景。以牦牛骨胶原蛋白肽为例,该产品在促进骨骼健康、增强骨密度方面效果显著,同时兼具抗疲劳、抗氧化以及调节肠道菌群等多重功效,契合了现代消费者对健康食品多元化、高效能的需求。目前市场上已有北京同仁堂等知名企业推出的牦牛骨胶原蛋白片、牦牛骨硫酸软骨素片等代表性产品。同时,牦牛皮作为另一种重要副产物,经过深加工提取的胶原蛋白肽在美容护肤行业得到了广泛应用。这类产品不仅能够有效改善肌肤状态,还作为优质的健康食品原料为人体保健提供支持。东阿阿润阿胶系列产品有限公司推出的雪原天胶牦牛胶就是这一领域的典型代表。此外,牦牛骨髓肽作为另一类宝贵资源,凭借其在增强免疫力、促进骨骼健康等方面的突出表现,同样展现出良好的应用潜力。目前市场上已有北京同仁堂推出的牦牛骨髓葛根壮骨粉等成熟产品。

值得注意的是,牦牛副产物的开发利用不止于此。研究发现,牦牛血中富含的血红素是医药补血剂的优质原料,同时也可作为食品添加剂中的天然色素使用。因此,通过深度开发和综合利用牦牛副产物,不仅能够显著提升牦牛产业的整体附加值,实现资源的高效利用,还能为消费者提供更加多元化、高品质的健康产品选择。这种发展模式不仅符合当前绿色发展的理念,更有力地推动了整个牦牛产业的可持续发展。

三、毛和绒

牦牛毛作为高原牦牛的特种动物毛，兼具绒毛的柔软保暖性与粗毛的强韧耐用性，在服装、家居及工业领域具有广泛的应用价值。从结构上划分，牦牛毛可分为外层粗毛和内层绒毛两大类型：外层毛粗硬、长直，凭借其天然的防水和防风特性，常被用于制作帐篷、绳索、毛毡等耐用制品，同时也是戏剧道具如拂尘、刀剑、缨穗和胡须等的重要原料；内层绒毛则根据纤维直径进一步细分为三个等级——顶级绒（＜16微米）、普通绒（16~20微米）和粗绒（＞20微米）。其中，顶级绒因其产量稀少、质地细软蓬松且保暖性优异，成为高端奢侈品如围巾、大衣的首选原料；普通绒在直径和长度上略次于顶级绒，但仍具有良好的柔软舒适度，是制作牦牛绒衫的理想材料；粗绒则凭借其纤维长、厚实等特点，以及出色的弹性和支撑性，广泛应用于毛绒玩具填充材料和手工编织地毯等领域。

近年来，随着加工技术的进步，原本被废弃的牦牛毛纤维通过创新工艺被制成毛毡等产品，不仅为农牧民开辟了新的增收渠道，也为区域经济发展注入了新活力。这种资源的深度开发，既为我国毛纺工业提供了优质的纺织原料，又有效推动了牦牛产业的可持续发展，实现了经济效益与生态效益的双赢。通过科学分类和精细化利用，牦牛毛这一宝贵资源正在发挥出更大的价值，为相关产业的转型升级提供了有力支撑。

第五节　几点启示

近年来，随着消费升级和健康食品需求增长，牦牛肉乳产品逐渐受到中高端市场关注，但产业整体面临市场适应性不足（对消费者需求研究不够，产品定位模糊，难以拓展全国及国际市场）、产业链协同不足（养殖、加工、销售环节脱节，导致资源利用率低，经济效益受限）等突出问题。

对应性加工体系是指根据不同原料特性、市场需求和加工技术特点，精准匹配产品开发策略，以实现资源最优配置和效益最大化，并对产业价值链延伸起到促进作用。对应性加工体系的核心理念是"因材施制、因需定产"，即根据不同牦牛肉乳原料的特性和市场需求，采用有针对性的加工技术，开发差异化产品。该体系的构建有助于：提高原料利用率，减少浪费；开发高附加值产品，提升市场竞争力；满足多元化消费需求，拓展市场空间；促进产业链协同，实现可持续发展。

一、构建牦牛肉乳产品对应性加工体系的关键路径

（一）屠宰加工技术创新，提升原料品质与利用率

屠宰加工是牦牛肉乳产业链的起点，技术创新直接影响后续产品的品质和附加值。牦牛屠宰加工行业在牦牛全产业链中是承前启后的关键环节。它充分上延指导牦牛"繁""养"，下连产品对应开发。高效的牦牛产品加工以市场消费需求为导向，通过挖掘牦牛肉乳原料的品质特色，根据消费偏好进行产品开发；针对目标消费群体的消费层级，有针对性地开展产品形态设计与产品定位。从而实现产品有效输出与企业品牌打造，有效推动牦牛产业升级。

（二）精深加工技术推动产品多元化与高值化

基于牦牛肉乳的营养和风味特点，可开发以下高附加值产品。当前，区域外牦牛肉、乳以品质消费为主。由此，应重视功能性产品的研发。如针对健身人群，开发即食牦牛肉蛋白棒、低脂风干肉等低脂高蛋白产品。利用乳酸菌发酵技术，提升产品风味和消化吸收率，如发酵牦牛肉肠等益生菌发酵肉制品。结合藏药资源，开发具有保健功能的牦牛肉制品，如虫草牦牛肉汤料包等药膳结合产品。借鉴传统工艺，结合现代发酵技术，开发高钙、低乳糖奶酪等牦牛乳酪产品，针对肠道健康需求，推出功能性酸奶等益生菌牦牛酸奶产品。针对年轻消费群体以快消品的理念，聚焦方便休闲牦牛肉制品，开发调理牦牛排等预调味、真空包装，满足快节奏消费需求的预制方便产品。认准方便化、休闲化趋势，着重开发小包装设计的适合旅游、户外场景消费需求的方便即食产品。

（三）市场需求精准匹配，优化产品定位

不同消费群体对牦牛肉乳产品的需求差异显著，需建立精准的市场适配机制。针对国内市场，首先明确"区域内：保安全、增效益；区域外：品文化、显特色"的产品定位原则。在此基础上，开展区域市场细分。藏族地区本地市场：偏好传统风味，如风干肉、酥油茶搭配产品。国内中高端市场：关注健康、便捷，如冷鲜牦牛排、即食肉肠。针对国际市场则突出有机、绿色认证，主打高端健康食品定位。

其次，重视消费场景的适配性。如针对餐饮渠道：供应高端酒店、藏餐厅，开发特色牦牛肉菜品原料。针对电商与新零售：通过直播、社群营销推广即食零食、礼盒装产品。

（四）产业融合发展，延伸价值链

通过"养殖+加工+文旅"模式，推动牦牛产业向"三产"融合方向发展。

首先是文旅结合。牦牛是青藏高原的象征，具有独特的无可替代的文化魅力。可以借鉴都市农业的经验，开发牦牛主题旅游，如牧场体验、传统加工工艺展示，增强品牌故事性。推出"藏区特色礼盒"，结合民族文化元素，提升产品溢价能力。

其次是重视新技术，新业态，利用数字技术赋能。可以利用区块链技术实现产品溯源，增强消费者信任。通过大数据分析消费趋势，优化产品研发和营销策略。

最后是应充分发挥政策与金融支持作用。争取政府补贴，建设现代化加工产业园。引入社会资本，推动牦牛产业规模化、品牌化发展。

二、几点建议

构建牦牛肉乳产品对应性加工体系，是实现产业高质量发展的重要途径。未来应重点推进以下工作：

（1）加强技术创新：研发绿色、智能加工技术，提升产品品质。

（2）深化市场研究：精准对接消费需求，优化产品结构。

（3）推动产业融合：结合文旅、电商等新业态，延伸价值链。

（4）强化政策支持：完善产业链配套，促进牦牛产业可持续发展。

通过对应性加工体系的系统构建，牦牛肉乳产业将从传统粗放模式向高值化、品牌化、现代化方向迈进，为高原牧区经济发展提供强劲动力。

第六章

牦牛产业发展效益评价

第一节 引 言

　　牦牛产业是我国青藏高原地区的特色优势产业，在高原地区具有特殊地位：不仅是区域可持续发展的重要支柱，更是生态保护的关键一环，同时承载着文化传承的使命。随着市场经济的深入发展和消费者需求的多样化，牦牛产业的经济价值日益凸显，成为推动区域经济发展的重要力量，有效促进农牧民增收致富和乡村振兴。牦牛产业的发展有利于维持草原生态系统的平衡，实现生态保护与经济发展的良性互动，通过科学放牧、合理补饲等措施，维持草原生态系统的平衡。此外，牦牛在文化传承方面发挥着重要作用，有利于弘扬民族文化的精髓和内涵，增强民族凝聚力和文化认同感。《农业农村部落实中共中央、国务院关于进一步深化农村改革扎实推进乡村全面振兴工作部署的实施意见》明确提出落实牦牛产业纾困政策，稳定基础产能，并推动优质基础母牛扩群增量，实施牧区良种补贴和草原生态保护补助奖励政策。各地政府也纷纷出台相关政策支持牦牛产业发展，如四川省农业农村厅、省发展改革委等部门联合印发《促进牦牛产业高质量发展政策措施》，明确推进草原畜牧业转型升级，建设牦牛产业基地县。在各类政策引导下，牦牛产业通过模式创新、科技融合、金融助力及生态优先策略逐渐成为牧区脱贫增收、乡村振兴的核心支柱，为区域可持续发展注入持久动力。

　　当前牦牛产业科技赋能成为重要趋势，通过物联网、大数据、区块链、人工智能等技术的深度融合，牦牛产业实现了养殖管理、加工流程优化、市场拓展等环节效率与品质的双重提升。牦牛产业要实现稳健发展，离不开政府、企业与牧民三方的协同奋进。政府需在政策扶持与规范引导上发力，企业应聚焦产业创新与市场拓展，牧民则要提升养殖技术与产品质量，三方合力，方能推动牦牛产业持续向好。本章内容依托国家社会科学基金项目"青藏区牧民草地质量保护行为及引导政策研究"（24BMZ050）和西藏自治区牦牛产业技术体系产业经济与政策研究专项（XZARS-MN-2024），基于牦牛产业经济与政策研究数据库和文献资料整理，从牦牛产业发展效益、区域发展、乡村振兴和产业科技进步情况四个方面对牦牛产业发展效益进行分析。中国牦牛产业正经历着从"量"的粗放式扩张向"质"的精细化提升的重大转变。这一转变不仅体现了消费者对高品质生活的追求，也反映了市场对牦牛产品多元化、高端化需求的日益增长。在肉、乳、毛绒这三大主线产品中，各自形成了具有潜力的细分市场。牦牛产业在市场需求转型的推动下，呈现出积极向好的发展态势，然而产业快速发展的同时，也暴露出了一些深层次的问题与挑战。一方面，资源瓶颈成为制约牦牛产业高质量发展的关键因素。牦牛主要分布在高寒地区，饲养条件艰苦，草场资源有限，加之气候变化对草场生态的影响，使得牦牛养殖规模难以快速扩大。另一方面，技术瓶颈也急需突破。牦牛养殖在疾病防控、饲料配方、遗传改良等方面存在诸多难题，影响了牦牛产品的产量和品质。因此，要实现牦牛产业的高质量发展，就必须持续突破资源、技术等难题。本章主要是基于国家肉牛牦牛产业的研究。

第二节　牦牛产业发展效益评价

　　牦牛产业作为青藏高原及周边区域的核心经济资源，既是牧民生存的物质基础（提供肉、奶、毛等生活必需品），也是牧区稳定增收的核心产业，能极大地提高农牧民的收入水平，增强牧区经济的稳定性，为牧区持续繁荣奠定坚实基础。近年来，在政策扶持、科技创新等方面的推动下，牦牛产业呈现出快速发展的趋势，出栏量逐年增加，产值水平不断提升。

一、牦牛产业发展经济效益分析

（一）牦牛生产效益变动趋势分析

1. 牦牛生产总产值变动趋势分析

从2009年到2023年，全国牦牛总产值整体呈上升趋势。在2009年至2013年间，总产值增长较为明显，从每百头牦牛总产值56341.5元上升至95360.2元，2014年略有上升后，2015年下降至80742.2元，但2016年又恢复增长至92755.5元。从2017年到2022年整体呈现上涨趋势，2022年达到最高值136884元，2023年有所下降，为129622.4元。总产值变动趋势，不同省份略有不同。从西藏牦牛总产值整体情况看，2009年至2023年则是从77688.5元提高到161159元，但不同发展阶段变化趋势略有不同。从2009年到2012年，这一时期牦牛生产总值呈现逐渐下降趋势，从77688.5元下降到64488.1元；之后从2013年到2023年牦牛总产值总体呈增加趋势，由2013年的90086.8元增长到2022年的162741.0元，2023年比2022年略有下降。甘肃从2009年到2016年产值有较大波动，但从2017开始总产值稳定增长。从2009年到2014年，青海总产值整体呈现逐渐上涨趋势，从50544.4元增长到99690.9元，2015年到2017年呈现下降趋势，2017年

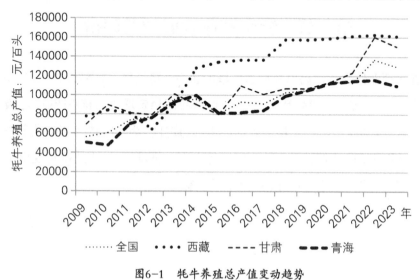

图6-1 牦牛养殖总产值变动趋势

资料来源：西藏自治区牦牛产业技术体系产业经济与政策研究数据库。

下降到83917.4元，之后从2018年到2023年牦牛总产值持续增加，2023年达到109650元。

2. 牦牛产品畜养殖效益变动趋势分析

从2009年到2023年，全国每头牦牛产品畜养殖效益整体呈现上升趋势，2009年至2012年从2698.13元上升到4413.56元，增长较为明显，2012年至2015年间呈现下降趋势，2015年降到3632.66元。2015年至2019年收益从3632.66增长到4545.72元，2019年到2023年收益持续增长，2023年达到5746.47元。从牦牛生产效益变动趋势看，西藏每头牦牛产品畜养殖效益高于其他牦牛主产区和全国平均水平，2021年收益最高，达到12416.3元，从2009年到2011年，西藏每头牦牛产品畜养殖效益呈现逐渐下降趋势，2011年下降至3328.43元。但2012年到2016年呈现上升趋势，从5446.48元上升至10929元，之后从2017年到2019年每头牦牛产品畜养殖效益下降，下降至10066.2元。从2020年到2023年，每头牦牛产品畜养殖效益整体呈现上升趋势，2023年为12344.1元。甘肃每头牦牛产品畜养殖效益大体低于其他牦牛主产区，2012年收益最高，为5400.47元，从2009年到2012年，甘肃牦牛产品畜养殖效益逐渐增加，但从2013年到

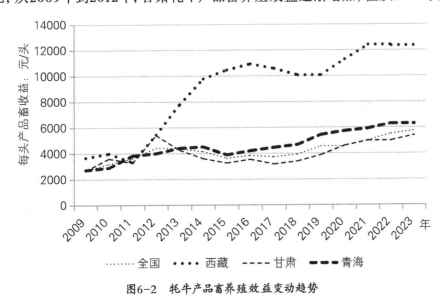

图6-2　牦牛产品畜养殖效益变动趋势

资料来源：西藏自治区牦牛产业技术体系产业经济与政策研究数据库。

2017年呈现逐渐下降趋势，下降至3175.19元，之后从2018年到2023年，每头牦牛产品畜养殖效益呈现一直上升趋势。青海地区从2009年到2014年，每头牦牛产品畜养殖效益呈现逐渐上升趋势，从2720.74元上升至4517.67元，2015年收益降低至3896.7元，之后从2016年到2023年每头牦牛产品畜养殖效益持续增加。

3. 牦牛生产毛及绒产品生产效益分析

全国牦牛毛及绒产值从2009年到2023年整体呈现先上升后下降再上升的波动趋势。2009年至2011年稳步上升，2011年牦牛毛及绒产值达到1437元/百头。2012年显著下降至784.5元/百头，2013年大幅上升至2776元/百头，2014年到2015年下降，2015年为999.8元/百头，之后从2016年至2021年波动上升，2021年达到3682元/百头。2022年至2023年下降，下降至1639.06元/百头。最大值出现在2021年，为3682元/百头。牦牛毛及绒产量从2009年到2023年，整体呈现先上升后下降再上升的波动趋势。2009年至2016年整体呈现上升趋势，从70.77千克/百头增长至90.39千克/百头，从2017年至2019年下降，2019年为60.55千克/百头。2020年显著上升至102.2千克/百头，2021年至2023年下降，2023年为46.67千克/百头。

平均价格从2009年到2023年整体呈现先上升后下降再上升的波动趋势。2009年到2011年上升至949.56元/50千克，2012年显著下降至503.83元/50千克，2013年大幅上升到1908.08元/50千克，之后2014年至2015年下降到680.53元/50千克，2016年上升至874元/50千克，2017年至2019年波动上升，2019年为1635.33元/50千克，2020年到2021年下降至1208.89元/50千克。2022年至2023年上升到1756.04元/50千克。再从牦牛毛及绒产值看，西藏牦牛毛及绒产值明显高于其他牦牛主产区和全国平均水平，2020年产值达到最大值4013元/百头。从2009年到2023年，西藏牦牛毛及绒产量整体呈上升趋势，但低于全国平均水平，其中2011年达到最高值112.1千克/百头，2015年为最低值21.78千克/百头。平均价格高于全国平均水平，2014年价格达到最大值4625.93元/50千克。甘肃地区毛及绒产值仅次于西藏，从2009年到2011年整体呈上升趋势，2012年骤降至1695元/百头。随后在2013年飙升至8297元/百头，2014年回落至2613元/百头。2015年进一步降至2374元/百头，之后到2023年呈现稳定增长态势。产量在2012年达到最高值173.9千克/百头，2023年产量最低，为43.21千克/百头。2013年平均价格达到最大值2622.14元/50千克，2012年为最低值487.53元/50千克。青海地区毛及绒产值低于其他牦牛主产区和全国平均水平。从2009年到2012年，产值整体呈现逐渐增长的趋势，从2013年到2015年产值逐渐下降，2015年降至232.2元/百头，之后从2016年到2023年整体呈上升趋势，从768.4元/百头上升为1302.67元/百头。产量在2022年达到最高值55.26千克/百头，2018年产量最低，为22.52千克/百头。平均价格从2009年到2023年，呈现逐渐增长的趋势，2019年价格达到最大值2074.11元/50千克。

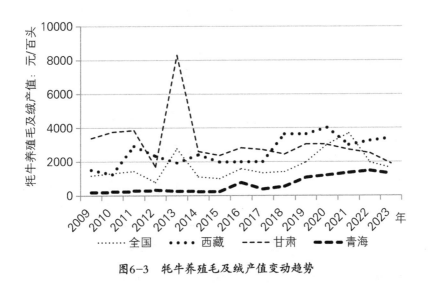

图6-3 牦牛养殖毛及绒产值变动趋势

资料来源：西藏自治区牦牛产业技术体系产业经济与政策研究数据库。

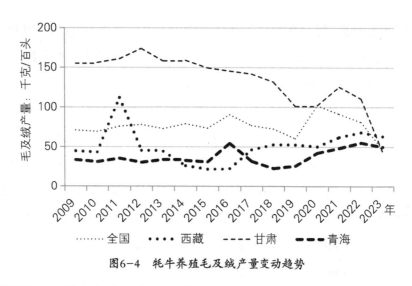

图6-4 牦牛养殖毛及绒产量变动趋势

资料来源：西藏自治区牦牛产业技术体系产业经济与政策研究数据库。

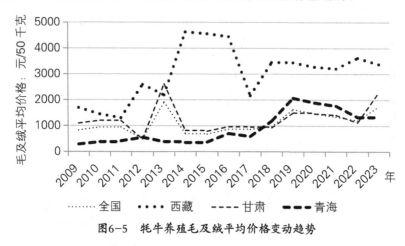

图6-5 牦牛养殖毛及绒平均价格变动趋势

资料来源：西藏自治区牦牛产业技术体系产业经济与政策研究数据库。

4. 牦牛生产成本利润率分析

全国成本利润率最高涨幅出现在2013年，达116.52%，成本利润率在2009年最高，达452.42%。再看西藏、甘肃、青海三地，呈现出不同的成本利润率增长特征。从成本利润率增幅看，西藏在2016年达到最高增幅38.45%，甘肃在2013年出现206.01%的最高涨幅，青海的最高涨幅出现在2018年，达96.53%。在成本利润率表现方面，西藏在2009年成本利润率最高，达452.42%，甘肃

2010年达到最高值240.52%, 青海2009年达到最高值262.12%。以上分析表明, 西藏牦牛养殖产业在保持较高成本利润率的同时, 仍具备持续增收能力。

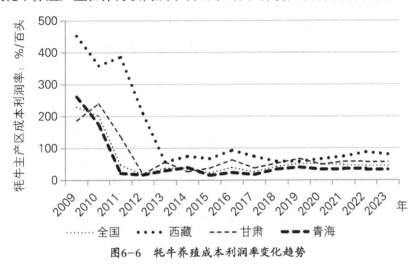

图6-6 牦牛养殖成本利润率变化趋势

资料来源:西藏自治区牦牛产业技术体系产业经济与政策研究数据库。

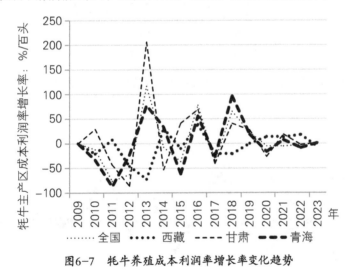

图6-7 牦牛养殖成本利润率增长率变化趋势

资料来源:西藏自治区牦牛产业技术体系产业经济与政策研究数据库。

5. 牦牛生产净利润分析

全国牦牛生产净利润增长率2013年最高, 达到127.53%。在2022年净利润最高, 每百头牦牛净利润达42396元。自2009年起, 我国各省(区、市)牦牛净利润规模呈现不同的变化趋势。从增长率看，西藏在2014年达到最高涨幅67.10%，甘肃在2013年出现194.07%的最高涨幅，青海的最高涨幅出现在2018年，达103.00%。在净利润方面，西藏在2010年净利润最高，达65735.4元，甘肃2010年达到最高值63397元，青海2009年达到最高值36586.4元。2011年到2012年间，各地区净利润均呈现下降趋势，2012年后，净利润波动呈现出"W"形双周期特征。

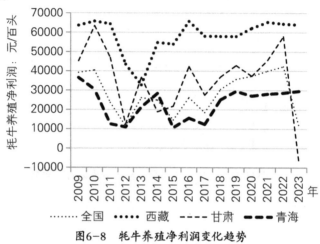

图6-8　牦牛养殖净利润变化趋势

资料来源：西藏自治区牦牛产业技术体系产业经济与政策研究数据库。

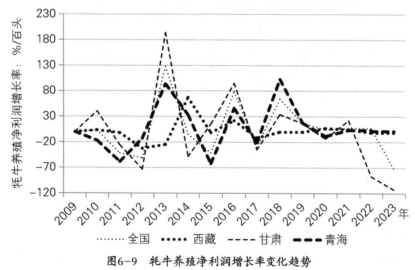

图6-9　牦牛养殖净利润增长率变化趋势

资料来源：西藏自治区牦牛产业技术体系产业经济与政策研究数据库。

（二）牦牛生产成本变动趋势分析

1. 牦牛生产成本变动趋势分析

从2009年到2023年全国牦牛养殖成本整体呈现上升趋势。2009年至2012年，每百头牦牛总成本从17112.4元快速上升至65883.5元，成本增长迅猛。2013年至2023年成本整体呈现逐渐上升趋势，2023年达到最高值118234.25元。在2009年到2013年间，西藏每百头牦牛总成本显著低于其他牦牛主产区和全国平均水平，但自2014年到2023年总成本持续攀升，2018年和2019年达到最高值99518.1元，2023年达到88957.9元。甘肃总成本投入从2009年到2023年呈现平稳增长态势，接近全国平均水平，在2023年达到最高值158116.4元，2009年总投入成本最低，为24253.2元。青海总成本接近全国平均水平，在2010年到2011年出现爆发式增长，从17354.6元增长至57586.7元，在2022年达到最高值87325.3元，2009年总投入成本最低，为13958元。

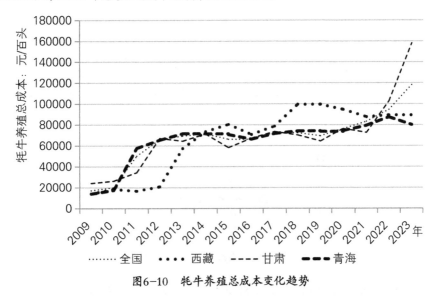

图6-10 牦牛养殖总成本变化趋势

资料来源：西藏自治区牦牛产业技术体系产业经济与政策研究数据库。

全国每百头牦牛养殖仔畜费用从2009年到2023年整体呈现先上升后下降再上升的波动趋势。从2009年至2012年成本从819.5元上升至3758.4元，增长迅猛，2013年至2016年成本有所下降，2016年降至2756.6元，2017年成本略有上升，达到2968.3元，此后至2023年再次整体呈现上升趋势，2023年达到最高值5241.60元。在2009年到2012年，西藏牦牛养殖仔畜费用显著低于其他牦牛主产区和全国平均水平，2013年仔畜费用与其他牦牛主产区和全国平均水平持平，之后从2014年到2023年仔畜费用高于其他牦牛主产区和全国平均水平，其中2018年和2019年达到最高值6361.5元。甘肃牦牛养殖仔畜费用从2009年到2023年呈现平稳增长趋势，接近全国平均水平，在2023年达到最高值5669.68元，2009年费用最低，为930.22元。青海牦牛养殖仔畜费用也接近全国平均水平，从2009年到2023年费用逐渐增加，在2022年达到最高值4751.96元，2009年费用最低，为751.34元。仔畜费用在总成本中占据重要地位，其变化对总成本产生显著影响，生产者需要密切关注仔畜费用的动态，并采取相应措施来应对成本增加的挑战，以确保生产盈利能力。

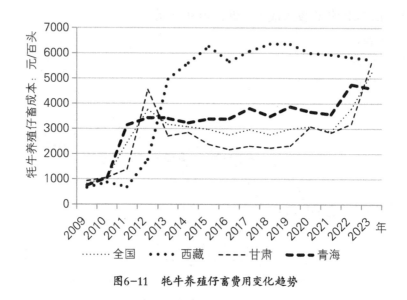

图6-11　牦牛养殖仔畜费用变化趋势

资料来源：西藏自治区牦牛产业技术体系产业经济与政策研究数据库。

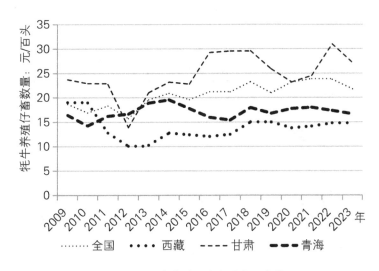

图6-12　牦牛养殖仔畜数量变化趋势

资料来源：西藏自治区牦牛产业技术体系产业经济与政策研究数据库。

全国牦牛养殖人工成本从2009年到2023年整体呈现上升趋势，从每百头7915.7元增长到28236.45元，最高值出现在2020年，为35316元。西藏牦牛养殖人工成本低于其他牦牛主产区和全国平均水平，从2009年到2023年整体呈现增长趋势，其中2017年人工成本最高，达到每百头26578元，2009年人工成本最低，为8789.4元。甘肃牦牛养殖人工成本总体高于其他牦牛主产区，且从2014年开始高于全国平均水平，在2017年达到最高值每百头37774元，2009年最低，为9505.3元。青海牦牛养殖人工成本接近全国平均水平，从2009年到2023年逐渐增加，在2023年达到最高值每百头30602.7元，2009年最低，为7213.5元。综上，人工成本呈上升趋势，从而导致养殖成本增加，因此降低人工成本对于提高经济效益至关重要。

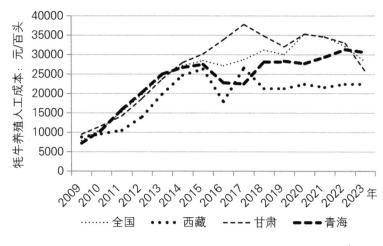

图6-13 牦牛养殖人工成本变化趋势

资料来源：西藏自治区牦牛产业技术体系产业经济与政策研究数据库。

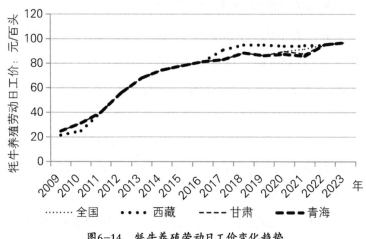

图6-14 牦牛养殖劳动日工价变化趋势

资料来源：西藏自治区牦牛产业技术体系产业经济与政策研究数据库。

从2009年到2023年，全国牦牛养殖粗饲料费用整体呈现先上升后下降再上升的波动趋势。2009年至2012年粗饲料费用快速增长，从每百头22674.7元上升至36750元，2012年至2021年粗饲料费用有所下降，2021年降至23763元，2021年至2023年粗饲料费略有上升，2023年达到最高值每百头59388.93元。全国牦牛养殖精饲料费用从2009年到2023年整体呈现上升趋势。2009年至2012

年每百头牦牛养殖精饲料费用下降至683.74元，从2012年到2018年精饲料费上升至2468.3元，此后至2023年精饲料费用波动上升达到最高值每百头3556元。从2009年到2013年，西藏粗饲料费用显著低于其他牦牛主产区和全国平均水平，但自2014年到2023年粗饲料费用逐渐增加，数值一直高于全国平均水平和其他地区，2023年达到每百头55758元，但精饲料费用远低于其他牦牛主产区和全国平均水平。甘肃粗饲料费用从2009年到2023年呈现增长趋势，接近全国平均水平，在2023年达到最高值每百头87668.52元，2009年费用最低，为5923.8元。精饲料费用也接近全国平均水平，在2023年达到最高值每百头4429.03元，2012年费用最低，为977.01元。青海粗饲料费用从2009年到2023年逐渐增加，其中2011年增加最快，成本从每百头11065.9元增长至33206元。其精饲料费用在牦牛主产区中较高，2014年到2023年增长速度较快，从每百头1244.8元增长至2782.3元。牦牛养殖中，精粗饲料比例直接影响生产性能与经济效益，因此，需要科学加大精饲料比重，合理配比精粗饲料，降低牦牛生产成本。

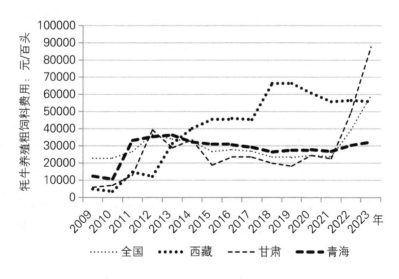

图6-15 牦牛养殖粗饲料费用变化趋势

资料来源：西藏自治区牦牛产业技术体系产业经济与政策研究数据库。

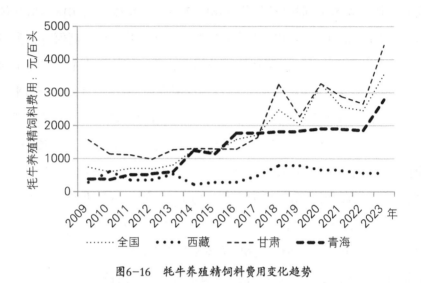

图6-16　牦牛养殖精饲料费用变化趋势

资料来源：西藏自治区牦牛产业技术体系产业经济与政策研究数据库。

2. 2024年牦牛生产效益变动分析

在2024年，我国牦牛养殖业效益有所下滑，受国际进口市场冲击和国内牛肉价格大幅下滑影响，整体效益不高。此外，牦牛养殖业本身具有独特性，其主要分布在我国青藏高原等高寒地区，养殖环境恶劣，养殖成本较高，进一步加剧了牦牛养殖业整体效益不高的局面。

（1）2024年牦牛生产效益变化情况分析

牦牛出栏后，养殖户主要通过销售活牛来获取相应的收益。2024年，全国肉牛产业受国际进口市场冲击的影响，肉牛养殖效益整体下滑，牦牛肉却凭借其天然绿色的优质属性，保持着一定的市场溢价，2024年产品畜平均出售价格达到了5950元/头，为养殖户带来了一定的经济回报。此外，牦牛还拥有多种附加值较高的副产品，进一步拓宽了养殖户的收益渠道。其中，牦牛绒因其独特的质感和保暖性能，具有相当可观的市场价值，平均售价在60~90元/千克；牦牛奶富含营养成分，平均售价为5元/千克，并且可以加工成多种乳制品；奶渣作为牦牛奶加工过程中的产物，也受到了消费者的青睐，平均售价约为37元/千克；而酥油更是牦牛奶制品中的珍品，有着广泛的用途，在市场上平均售价可达50元/千克。这些副产品的销售,无疑为牦牛养殖户增加了额外的收入来源,在一定程度上减小了主产品收益下滑的影响。农业农村部以及各省区和县市政府积极采取纾困措施,对稳定牦牛产业效益也起到了积极作用。而且,随着牦牛产业的不断优化升级以及市场需求的持续变化,牦牛产业与文旅产业正深度融合发展。这既创造了更多财富,也为满足市场对优质牦牛产品的需求作出了更大贡献,同时有望让牦牛养殖产业成为西部高原地区畜牧业中更具活力和潜力的重要板块,持续助力乡村振兴战略的深入实施。

为了进一步了解牦牛产业发展规律和未来走向,乡村振兴促进会根据国家有关产业指标编制通用规则和办法,委托国家肉牛牦牛产业技术体系试验站、西藏自治区牦牛产业技术体系和专家对接企业,收集10家牦牛企业的产业指标数据,其中青海省5家企业(夏华清真肉食品有限公司、果洛雪山食品有限公司、玉树黄河源良种繁育有限公司、可可西里食品有限公司、玛沁浩云牦牛肉加工有限公司)、四川省2家企业(甘孜藏族自治州康定蓝逸高原食品有限公司、红原牦牛乳业有限责任公司)、西藏自治区3家企业(西藏娘亚牦牛养殖产业发展有限责任公司、西藏昌都市藏家牦牛股份有限公司、林周净牧农牧发展有限公司)。产业指标是一系列用于评估和衡量产业发展状况的数据指标,是体现产业发展状况的重要工具,能够反映产业的规模、结构、效益以及发展质量,对于促进产业的健康发展、优化产业结构、提高产业竞争力具有重要意义。首先,产业规模指标用于衡量产业的总体经济规模。数据显示,2024年,10家企业中有5家企业同时从事一二三产业,有5家企业仅从事二三产业。从事第一产业的企业平均养殖规模为45头/人,最高养殖规模接近110头/人,最低为25头/人,总的来看牦牛企业养殖规模较小。牦牛企业养殖环节人均产值差异较大,平均为35万元/人,最高为128万元/人,最低不到2万元/人,说明牦牛养殖企业效益差异较大。因此,适度扩大养殖规模和提升养殖效率是牦牛养殖环节面临的关键问题。而从二三产业生产规模和产值看,10家企业平均加工和销售产值为33.33万元/人、销售收入为30.26万元/人,企业间差异也较大,最高产值和销售收入分别为124.3万元/人和158.7万元/人,最低产值和销售收入则分别为11.5万元/人和8.3万元/人，二三产值增值幅度较低，甚至低于第一产业，对牦牛产业带动能力明显不足。企业之间差异较大，经营效率不高是制约牦牛企业高质量发展的关键问题。其次，从产业结构指标看，主要包括初级农产品年产量，加工后的主要产品的量、占比等。这些指标能够反映牦牛肉年加工量、鲜肉量、产乳量、肉干产量、副产物产量以及它们的比例、产业链上下游关系等。牦牛企业主要通过鲜牛肉销售渠道将牦牛肉推向市场，牦牛肉干作为休闲食品销售；牦牛乳通过牛奶销售渠道进入商超、便利店等；牦牛副产物可作为原料供应给食品加工企业，用于制作火锅菜品等，或直接面向消费者销售。调查的企业中，有8家从事牦牛肉生产和加工，2家从事牦牛乳制品加工，牦牛肉年加工量为60~1000吨，牦牛乳制品年加工量为5000吨。从10家企业经营效益看，人均销售收入为45.57万元，最高销售收入为158.7万元/人，最低为17.10万元/人；人均生产成本为43.19万元，最低生产成本为12.46万元/人，最高为141.31万元/人，成本效益差异较大；企业人均净盈利仅有1086.97元，最高仅有7893元，最低为-911元，这可能与2024年牛肉大量进口等市场环境有关。当前牦牛肉加工率仅有47.77%，副产物利用率不仅低且只有3家企业有相关废弃物利用。由此可见，节本增效仍然是牦牛产业需要重点解决的问题。

（2）牦牛生产成本变化分析

国家牦牛产业技术体系产业经济与政策研究室的跟踪调查数据显示，2024年各地犊牛和架子牛的出售价格均呈下滑趋势，这是导致同期牦牛养殖成本下降的最主要因素。2024年12月，犊牛平均价格为14.8元/斤，架子牛平均价格为16元/斤，其价格下行直接降低了养殖成本。价格下滑的可能原因是我国牦牛养殖业呈现出显著的规模化发展趋势，这一转变在提升产业生产效率的同时，也导致犊牛和架子牛市场供应过剩，从而带来价格的降低。在牦牛养殖产业中，饲料成本占据养殖成本的较大比例，而玉米和豆粕作为牦牛饲料的主要组成部分，其价格的波动对养殖成本有着直接且显著的影响。针对牦牛养殖户的实地调研数据显示，2024年玉米和豆粕价格均呈现出下降趋势，玉米价格为2.35元/千克，豆粕价格为2.91元/千克。这一价格变化为牦牛养殖带来了积极影响,直接降低了牦牛育肥和日常饲养的成本,进而使得整体养殖成本下降。但人工成本呈现持续增长的态势,2024年,每头牦牛的人工成本约为350元。随着社会经济的发展,劳动力市场价格整体上扬,直接推动了牦牛养殖人工成本的增长。同时,为了提高牦牛的养殖效益和品质,养殖户花费更多的时间和精力进行管理,使得自身投入的劳动成本也相应增加。

3.牦牛养殖成本高居不下的原因分析

(1)饲料资源缺乏

牦牛主要分布在青藏高原及周边高海拔地区,这些区域气候酷寒,氧气含量稀薄,独特的自然条件使得牧草生长期极为短暂,天然草场资源因此十分有限,无法满足牦牛全年放牧的需求。尤其在冬季,牧草变得极为匮乏,养殖户不得不依赖人工补饲来维持牦牛的生长。而青藏高原上的农作物种植面积小,当地生产的饲料往往不能满足需求,需要从外地运输,增加了养殖成本。同时,这些地区抗灾能力相对薄弱,自然灾害对草场的破坏效应被进一步放大。一旦遭遇极端天气,草场很容易退化,而草场的退化又会反过来削弱生态系统的抗灾韧性,形成恶性循环,导致饲草短缺问题越发严重。此外,随着全球气候变化和人类活动的影响,草原退化加剧,天然草场的生产能力下降,这也迫使养殖户增加购买商业饲料的比例,进一步推高了饲养成本。

(2)生产性能低下与繁殖效率低

牦牛的生产性能相对较低,主要体现在其生长缓慢、繁殖周期长以及繁殖率低等。一般情况下,牦牛从出生到完全成熟需要数年时间,传统放养需4~8年才能出栏,远长于普通肉牛的1~2年,其间需要消耗大量的饲料和人力物力资源。同时,牦牛的繁殖能力也相对较弱。牦牛性成熟晚(通常3~4年)、繁殖周期长(一年一胎或三年两胎),都使得牦牛种群的增长速度变得十分缓慢,且自然交配成功率受高海拔环境影响较大。为提高繁殖率,养殖户常需引入人工授精技术或高价购买优质种牛,导致配种成本攀升,也增加了养殖户达到经济规模所需的时间和资源投入。

（3）流通成本高

由于牦牛主产区工业基础薄弱，缺乏完善的生产资料生产体系，因此像饲料、兽药、养殖设备以及包装和加工所需的各类辅助材料，大多依赖内地供应。这一现状极大地增加了运输成本，因为长途运输不仅意味着高昂的燃油费、过路费，还涉及运输过程中的损耗和保险费用。此外，牦牛养殖区远离农畜产品终端消费市场，牦牛肉、牦牛奶等特色产品要想进入内地市场，也必须经历漫长的运输过程，这进一步推高了物流成本。

（4）仔畜费用高

首先，仔畜的初始购买成本高昂，主要源于品种稀缺性和地理限制。优质牦牛品种因适应高寒地区的特殊基因需求而供应有限，加之牦牛主产区多集中于青藏高原等偏远地带，跨区域引种需承担高额运输费用及途中损耗风险，进一步推高成本。其次，仔畜成活率低是成本累积的关键因素。牦牛幼崽需适应低温、低氧、强紫外线的极端环境，环境应激易引发肺炎、腹泻等疾病，而高寒地区兽医资源匮乏与药物运输成本高企，使得疾病防控成本大幅增加。最后，饲养管理成本因仔畜特殊需求而显著增加。为保障仔畜存活，需投入保温棚舍、补饲设施及专人护理，人工与设施维护成本叠加。

二、牦牛产业发展生态效益分析

牦牛作为高原地区特有的适应性动物，其养殖对生态环境保护具有重要作用。例如，牦牛通过散养方式觅食天然牧草，有助于维持草原植被的多样性，避免过度放牧导致的草场退化问题，从而实现生态系统的平衡与可持续发展。此外，牦牛粪便作为天然肥料，可以提升土壤肥力，为植被提供养分，进一步巩固生态平衡。以下我们将主要从牦牛养殖碳排放情况分析牦牛养殖的生态效益。

牦牛养殖碳排放量测算

1.牦牛养殖碳排放测算方法

（1）牦牛肠胃发酵产生的甲烷气体排放

计算公式如下：

$$Y_{cj} = \frac{GE \cdot \left(\dfrac{ef_3}{100}\right) \cdot 365}{55.65} \cdot Q_j$$

公式中，Y_{cj}表示牦牛肠胃发酵产生的甲烷气体排放量；GE表示牦牛总能摄取量；ef_3表示牦牛肠胃发酵甲烷产生的排放因子；55.65表示甲烷的能量含量；Q_j表示牦牛数量。

（2）牦牛粪便管理系统中的温室气体排放

牦牛粪便在厌氧条件下分解产生甲烷气体，在有氧条件下分解产生氧化亚氮气体。因此，牦牛粪便管理系统分为两部分，其产生的甲烷气体排放公式如下：

$$Y_{fj} = (VS \cdot 365) \cdot \left[B_0 \cdot 0.67 \cdot \sum\nolimits_{S,K} \frac{MCF_{S,K}}{100} \cdot AWMS_{(S,K)}\right] \cdot Q_j$$

公式中，Y_{fj}表示牦牛粪便管理系统中的甲烷气体排放量；VS表示牦牛每日排出的挥发性固体量；B_0表示牦牛粪便的最大甲烷生产能力；$MCF_{S,K}$表示按气候区域K划分的粪便管理系统S的甲烷转化因子；$AWMS_{(S,K)}$表示在气候区域K中，使用粪便管理系统S管理的牦牛粪便比例，无量纲；S表示粪便管理系统。

（3）牦牛粪便管理系统中的氧化亚氮气体排放
计算公式如下：

$$Y_{fy} = \left\{ \sum\nolimits_{S} \left[\sum Q_j \cdot N_{ex} \cdot AWMS_{(S)} \right] \cdot ef_4 \right\} \cdot \frac{44}{28}$$

牦牛粪便管理系统的氧化亚氮排放包括直接与间接排放，本文只估算直接排放的氧化亚氮排放量。式中，Y_{fy}表示牦牛粪便管理系统中的氧化亚氮排放量；N_{ex}表示每头牦牛的年均氮排泄量；$AWMS_{(S)}$表示粪便管理系统S所管理的每头牦牛总年氮排泄的比例；ef_4表示管理系统S中氧化亚氮直接排放的排放因子；44/28表示(N_2O–N)(mm)排放转化为N_2O(mm)排放。

（4）牦牛饲养环节产生的二氧化碳（CO_2）排放

牦牛养殖过程中会消耗大量能源资源，牦牛圈舍照明与保暖、饲养设备运转、圈舍通风散热等环节均消耗电力与煤炭。能源资源的消耗会直接或间接地引起温室气体排放。牦牛饲养过程中产生的CO_2气体排放量计算公式如下：

$$Y_{sy}=Q_{cj}\cdot\left(\frac{COS_d}{P_d}\right)\cdot ef_d+Q_{cj}\cdot\left(\frac{COS_m}{P_m}\right)\cdot ef_m$$

公式中，Y_{sy}表示牦牛饲养环节产生的CO_2排放量；Q_{cj}表示牦牛年存栏量；COS_d表示每头牦牛在一个养殖周期内的用电支出；P_d表示牦牛养殖用电单价；ef_d表示耗电产生的CO_2排放系数；COS_m表示每头牦牛在一个养殖周期内的煤炭支出；P_m表示牦牛养殖消耗煤炭单价；ef_m表示用煤产生的CO_2排放系数。

（5）牦牛屠宰加工产生的CO_2排放

牦牛屠宰加工后得到的农产品流入市场成为消费品，这些环节产生的温室气体须计入牦牛屠宰加工产生的CO_2排放量中。牦牛屠宰加工产生的CO_2排放量计算公式如下：

$$Y_{tz}=X_j\cdot\frac{a_2}{e}\cdot ef_d$$

公式中，Y_{tz}表示牦牛屠宰加工环节产生的CO_2排放量；a_2表示牦牛产品单位加工耗能系数；e表示一度电的热值；ef_d表示耗电产生的CO_2排放系数。

（6）牦牛养殖全周期总排放量

根据牦牛养殖周期估算每一环节产生的温室气体排放量并加总求和。LCA方法经常用于规模化养殖，青藏区畜牧业以散养为主，采用IPCC系数法可能存在一定的误差：

$$T=D\cdot M_i/365,\ D<365\text{或者}C_{it}+C_{i(t-1)}$$

公式中：D为生命周期；M_i和C_i为出栏量和年末存栏量；C_{it}表示第t期的存栏量，$C_{i(t-1)}$表示第$t-1$期的存栏量。

根据以上公式，结合青藏区不同省份牦牛养殖情况，可以计算得到不同省份牦牛养殖碳排放情况。

2. 牦牛养殖碳排放量变动趋势分析

牦牛养殖全国总碳排放量在2016年至2023年间波动明显，总体呈下降趋势。其中，2016年到2017年从8971.09万吨下降至6943.23万吨，而2018年又跃升至9740.45万吨。近两年，受政府政策和低碳生产技术影响，牦牛养殖碳排放总量在波动中下行，2023年已经下降至6705万吨。

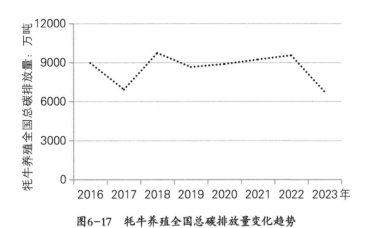

图6-17　牦牛养殖全国总碳排放量变化趋势

资料来源：西藏自治区牦牛产业技术体系产业经济与政策研究数据库。

西藏牦牛养殖总碳排放量从2016年的1032.68万吨上升到2020年的1078.19万吨，2021年至2022年总碳排放量逐渐降低，从1077.01万吨降至1076.87万吨，2023年又小幅增长至1076.98万吨。西藏自治区生态较为脆弱，国家控制草畜平衡和推广低碳养殖技术对于降低牦牛养殖碳排放具有重要影响。甘肃的总碳排放量在2016年至2023年间波动幅度较大。从2016年的323.79万吨显著下降至2017年229.70万吨，2018年又增加至最高值386.24万吨，2019年又大幅下降到287.67万吨，之后从2019年到2021年总碳排放量逐渐增加，2021年达到322.10万吨，2022年至2023年总碳排放量逐年下降，2023年降至182.59万吨。青海的总碳排放量从2016年至2019年在680万吨到960万吨间波动，2020年大幅增长至1230.74万吨，2021年到2022年维持在高位，分别达到1395万吨、1398万吨，2022年至2023年总碳排放量显著下降，2023年降至910.79万吨。各省牦牛养殖碳排放影响与各地牦牛养殖总量变动趋势基本一致。

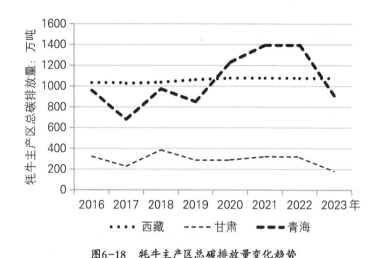

图6-18 牦牛主产区总碳排放量变化趋势

资料来源：西藏自治区牦牛产业技术体系产业经济与政策研究数据库。

牦牛生产生态效益分析的意义在于其不仅有助于科学规划牦牛产业的发展路径，还能为实现高原地区的可持续发展提供理论依据和实践指导。有助于协调生态保护与经济发展之间的关系，推动高原地区农牧业转型升级，助力乡村振兴，并为高原地区的生态文明建设提供重要支撑。

三、牦牛产业发展社会效益分析

牦牛产业发展对区域经济的影响体现在多个方面，其带来的社会效益具有不可忽视的意义。牦牛产业作为牧区经济的重要支柱，其发展具有显著的产业辐射效应，能有效带动上下游及关联产业协同发展，为当地居民创造多元化的就业机会。在养殖环节，规模化、规范化的牦牛养殖需要专业的饲养、繁育、疫病防控等人才，这就直接创造了畜牧业相关的就业岗位。随着牦牛产业的发展，加工环节的需求不断扩大。牦牛肉、牦牛乳、牦牛绒等产品的深加工，需要大量的技术工人和管理人员，由此推动了食品加工、纺织等产业的发展，吸收了更多劳动力就业。同时，牦牛产业与旅游产业的融合发展也开辟了新的经济增长点。通过整合牦牛文化、草原景观等特色资源，极大地提升旅游项目的吸引力和游客体验感，并通过举办牦牛文化节、农牧民生活体验等特色活动，吸引更多游客,带动餐饮、住宿、零售等旅游配套产业的发展,创造出大量服务业就业岗位。这种多产业融合的发展模式,不仅增加了牧民的收入来源,还通过养殖、加工、销售、旅游等多个环节,形成了完整的产业就业链条,为当地居民提供了更为广阔的就业空间,有效提升了居民的经济收入和生活水平。牦牛产业在许多经济欠发达地区是具有特色和潜力的产业,通过政策扶持、技术指导和市场引导,帮助贫困农牧民发展牦牛养殖,实现脱贫致富,有效减少了贫困人口数量,缩小了贫富差距,为乡村振兴战略的实施提供有力支撑,促进社会的稳定发展。

第三节　牦牛产业发展对区域经济的影响

一、牦牛产业发展原料消耗

(一)草原消耗情况

高寒草原区集中连片分布于青藏高原腹地的藏北高原及青海三江源区域。作为高海拔地区,具有代表性的脆弱生态系统,其草地生态系统不仅是维系高原生态平衡的天然屏障,更是保障高原牧区社会经济稳定与牧民传统生产方式的物质基础。高寒草原区以牦牛养殖为主,牦牛产业在当地生产生活和文化中占有重要地位。分布在高原上的草原也称为高原草原,主要分布于西藏高原的中部以及青海省部分地区。这类草原的草群生长稀疏、低矮,生长期短,生物产量偏低,以寒冷弱半干旱丛生禾草草原分布最广,成为地球上草原分布最广的地区。高原(寒)草原区坚持把草原生态保护作为生态畜牧业转型升级的首要前提,大力推行以草定畜、草畜平衡的生产模式,有效解决了超载放牧和维护生态环境之间的矛盾,草原生产能力和生态环境不断好转。其中,甘肃肃南县在全省率先开展基本草原划定并严格执行"以草定畜、草畜平衡"制度,"封、围、育、种、管、借"多措并举,大力推行"天然放牧+舍饲养殖+异地借牧"模式,每年秋冬季20多万头(只)牛羊"下山入川",给祁连山草原休养期

5个月，天然草原年均减畜量达9.3万个羊单位，实现"禁牧不禁养"。四川省色达县投资8亿元开展高产稳产优质饲草基地建设、现代化草原生态牧场和标准化规模养殖场建设等，全面提升园区基础设施，形成集牧草种植、牦牛养殖、牦牛肉奶精深加工、品牌培育、冷链物流及产品销售于一体的牦牛全产业链。积极培育集体牧场、养殖大户、养殖合作社等新型畜牧养殖主体，逐步由以往的"靠天养殖"向"夏秋天然放牧+冬春舍饲补饲"和"四季短期规模育肥+联户联营"的标准化、规模化、集约化的养殖方式转变。四川省红原县立足产业基础优势，坚持以"草原增绿、产业增效、牧民增收"的人、草、畜平衡发展目标为出发点，围绕发展草原畜牧业过程中"草"与"畜"这一核心问题，加大种草力度，大力提升优质饲草自给水平，饲草产业的高质量发展为红原县草原畜牧业转型升级提供了强大支撑。2023年红原县饲草种植面积达到2.9万亩，农牧民窝圈种草覆盖度达到90%以上，全县优质饲草供给量增加4.32万吨，有效缓解了草原的放牧压力，项目区草原综合植被盖度增加至86.36%。青海省按照"以草定畜、草畜平衡为核心，草地牛羊入股、牲畜分群饲养、草地划区轮牧、社员分工分业、收益按股分红、按劳计酬为内涵"的股份合作制改造为抓手，优化整合生产要素资源。西藏通过实施"区域集中、规模做大"的产业发展战略，在微观层面上由县来引导"一乡一品"，成功建立一批特色农产品生产基地，在中观层面上由七个地市统筹将各县内的基地有机联片，建成特色产业区块，在宏观层面上由自治区协调跨区域联结形成产业带，实现人均产出、人均增收、投入产出比等多个指标均远远超过了项目区外的水平。但是总的来看，草原畜牧业草资源利用短板仍然存在。草原畜牧业还是靠天吃饭，一些地方专业化防灾减灾力量不足。优质牧草种植受地理环境、气候、发展空间不足等因素限制，还难以满足高寒地区牛羊产业高质量发展需求。加之不少地方棚圈设施卧圈面积小、覆盖率低，人工草地由于配套设施不全、管理跟不上，部分地区仍然存在靠天养畜、随草而衰等情况。

（二）粗饲料消耗情况

牦牛养殖每日所需饲草料的量会根据年龄、体重、生长阶段以及育肥目标等因素有所不同。根据全国农产品成本收益资料汇编数据，2014—2023年牦牛养殖粗饲料费用由3.2万元/百头上涨到5.9万元/百头。其中，2014—2021年间变化不大，除了个别年份超过3万元/百头外，牦牛养殖粗饲料费用在2.5万元/百头左右。近两年，牦牛养殖粗饲料消耗费用较大，2022年接近4万元/百头，2023年则接近6万元/百头。粗饲料消耗费用各省差异较大，西藏自治区最高，青海省居中，甘肃省总体最低。其中，西藏牦牛养殖粗饲料消耗费用先增后减，2014年粗饲料消耗费用为4.0万元/百头，2023年为5.5万元/百头，最高为2018年，达到6.6万元/百头。青海牦牛养殖粗饲料费用与全国平均水平接近，基本在2.4万~3.2万元/百头之间波动。甘肃牦牛养殖粗饲料消耗费用除了2012年达到4万元/百头、2014年达到3.3万元/百头、2022年以及2023年大幅上涨分别达到4.96万元/百头和8.7万元/百头，其他年份基本在1.8万~2.4万元/百头之间波动。从粗饲料消耗量看，按照喂食量为体重的3%~5%计算，全国牦牛养殖粗饲料消耗估算总量大约为1600万吨。各省根据饲养量不同差异较大，西藏自治区和青海省牦牛养殖粗饲料消耗量分别为550万吨和680万吨，甘肃省粗饲料消耗量大约为80万吨。粗饲料消费可以非常好地利用秸秆、饲草等粗饲料资源，对充分利用饲草资源、带动农牧民增收也具有重要作用。

（三）精饲料消耗情况

精饲料一般依托于当地精饲料资源，牧民种植收获精饲料或者从当地市场购买而来，精饲料的种类有自配饲料、浓缩饲料和预混合饲料等。牦牛养殖以放牧为主，精饲料消耗总体较小。根据全国农产品成本收益资料汇编数据，2014—2023年牦牛养殖精饲料费用由1265元/百头波动上涨到3556元/百头，平均每头不到50元。西藏牦牛养殖精饲料消费最低，2014年为214.31元/百头，到2023年涨到549.79元/百头，平均每头不超过10元。甘肃、四川和青海平均每年每头也不超过50元。当前，牦牛养殖精饲料消耗还较低，远低于每天4千克/头的标准。精饲料作为重要的补充饲料来源，能够有效缓解饲料不足的问题，其价格通常较低且来源广泛，尤其当地一些粮食加工后的副产品等可以显著降低饲料成本，提高养殖的经济效益。同时，充足的粮食饲料供应有助于提高牦牛的生长速度和出栏率，增加牦牛肉、奶等产品的产量，进而提高牦牛养殖的整体效益，促进牧民增收和区域经济发展。另外，推广精饲料种植还可以减少对天然草地的过度放牧压力，保护草地生态环境，粮食生产过程中的一些绿色技术应用，如有机肥料的使用、生态种植等，可以与牦牛养殖的绿色发展相结合，从而推动整个区域经济的可持续发展。

二、牦牛产业发展对地区经济增长的影响

牦牛产业的发展在多个地区成为推动区域经济发展的重要引擎。青海省通过建设标准化生产体系、规模化养殖场和生态牧场，打造牦牛品牌，推动牦牛产业成为青海畜牧业的核心支柱产业，实现从传统养殖向现代化、规模化、集约化发展的转变，拉动了区域经济增长。理塘县创新"园区+集体牧场+合作社+养殖大户"带动模式，通过草地流转、园区务工、牦牛代养、资产入股等方式，把企业、合作社、牧户紧密联系起来，建立起多重利益联结新机制，实现牦牛养殖规模化、标准化，促进牧民增收、产业升级和区域经济发展。玛曲县通过整合资金按照高标准、规模化、科学化的要求，建设了多个"万头"牦牛养殖基地，基地配备了完善的基础设施，如暖棚、储草棚、饲草料加工车间、牛舍等，提升了牦牛的养殖条件和生产效率，同时构建了"育繁推、种养加、产供销"一体化的牦牛全产业链发展模式，提高了牦牛产业的整体附加值，为区域经济高质量发展提供重要支撑。泽库县通过"拉格日"模式和饲草基地建设，推动牦牛产业向标准化、品牌化方向发展，2023年，全县以牦牛、藏羊为主的各类牲畜存栏67.94万头（只），出栏23.9万头（只），实现畜牧业总产值13亿元。泽库县通过科学养殖和饲草种植，在提升牦牛养殖效率的同时，有效保护了天然草原生态，实现了生态与经济效益的双赢。牦牛产业的商业化发展还会倒逼产区完善基础设施，间接促进了区域整体经济环境的改善和发展。如青海省数字化技术的应用推动牦牛养殖从传统模式向现代化、智能化方向转变，提升整个产业的竞争力和附加值，为区域经济的发展注入了新的活力。智慧化改造不仅提高了养殖环节的效率和质量，还为牦牛产品的加工、销售等下游环节提供

了有力支持,促进了牦牛产业的全产业链发展,提高了产品的附加值。同时,大数据技术能够对养殖过程中的各类数据进行深度分析和预测,帮助优化资源配置,降低生产成本,实现了区域经济的可持续发展。

三、牦牛产业发展对农牧民增收的影响

牦牛肉及乳制品凭借品质优势在市场上呈现出供不应求的态势,其在满足人们消费需求、丰富市场供给的同时,已成为农牧民增收和就业的重要渠道和拉动区域经济的重要动力。牦牛特色产业的建设和发展正在促进农牧民专业合作经济不断发展壮大,农业产业化经营企业、农牧民专业合作社等新型农业经营主体加快发展,成为农牧民增收和农业经济增长的重要载体。西藏自治区牦牛产业依托科技特派员制度,累计开展实用技术培训120万人次,培育新型职业农牧民近20万人,通过补饲等技术改进,牦牛生长速度加快,疾病损失减少,牧民收入显著增加。2021年,西藏自治区提出创建一批国家级肉牛牦牛核心育种场,提高牛的养殖水平和国际竞争力,促进优良品种的推广。2022年开始推广"生态栏舍+微生物"等现代生态养殖模式,采用先进的科学技术手段节约了资源,促进了牧民经济效益的提高和农业的可持续发展。此外,西藏自治区还聚焦饲草、牦牛等特色资源,在顶层设计、科技创新、特色产业链延伸等方面铆劲发力,打造"草头饲尾""畜头工尾""牧头肉尾"的全产业链体系,形成育种、养殖、加工、销售一体化的产业链条,并孕育出多个知名的牦牛肉和乳制品加工企业品牌。截至2023年底,牦牛全产业链产值达到300亿元,显著促进牧业增效、牧民增收和牧区增美。当雄县家庭牧场发展壮大,促进牧民增收,共计建设家庭牧场82家,其中,北京市东城区共扶持家庭牧场26家。2023年初存栏4037头,已完成育肥出栏818头,实现经济总收入695.3万元,带动户数75户,实现户均增收92700元,人均增收18540元,平均每头比育肥前增收2000余元。四川省鼓励保险机构开发能繁母牛、育肥肉牛牦牛完全成本保险、收入保险,通过金融保险的手段来提高母牛养殖的抗风险能力,解决了养殖户的融资需求,让养殖户放心大胆地投资母牛养殖,从而扩大养殖规

模，增加养殖收入。

第四节　牦牛产业发展对乡村振兴的影响分析

一、牦牛产业发展对乡村振兴影响机制分析

（一）牦牛产业发展促进产业振兴的作用机理

牦牛被誉为"高原之舟"，不仅是青藏高原及其周边地区独特的生物物种代表，更是推动乡村振兴、实现产业兴旺的"金钥匙"。近年来，随着国家对高原特色农业产业的重视和支持力度的加大，牦牛产业通过其独特的优势，在产业振兴、人才振兴、文化振兴、生态振兴和组织振兴等方面发挥着越来越重要的作用，成为高原地区乡村振兴的关键力量。

1. 重塑乡村产业结构

牦牛产业是促进农业增效、提高牧民收入的特色产业，能够推动乡村产业转型升级。牦牛产业重塑乡村产业结构的作用表现为产业链纵向整合。牦牛产业具备深加工潜力，从肉、奶产品到皮革、毛绒等副产品，产业链分工明确，具备现代化特征。从产业之间的相互关联来看，牦牛产业产生的粪便可以经沼气发电技术转化为清洁能源，为乡村提供电力，同时沼液、沼渣回田，形成循环产业模式，推进乡村单一、短小的产业链格局向品种跨越、连接丰富的形态转变。

2. 促进"三产"融合发展

牦牛产业具有向更多领域拓展的功能，能够催生出新的产业形态和消费业态。通过深度挖掘牦牛产业的经济、文化和生态价值，牦牛产业为乡村经济的多元化发展注入了强劲动力。牦牛产业促进"三产"融合发展的作用表现为：结合生态旅游开发牦牛主题牧场体验、文化节庆活动，形成"养殖+加工+文旅"融合业态，游客可以参观牦牛养殖场，了解牦牛的生活习性和牦牛制品的制作过程，品尝牦牛特色美食。这不仅能增加牦牛产业的附加值，还丰富了乡村旅游的内

容,推动乡村餐饮、住宿等服务业的发展,提高了乡村经济的整体效益,促进了乡村产业的转型升级,带动了乡村经济的多元化发展。

(二)牦牛产业发展促进人才振兴的作用机理

1. 培养职业化农民

人才振兴是乡村振兴的关键,新型职业农民是促进农业现代化建设的骨干队伍。牦牛产业对提升乡村人才质量的作用表现为:产业发展强化农牧民专业能力培养。如开展良种繁育、高寒牧区营养调控、智慧牧场管理系统操作等专项培训,使牧民掌握犊牛早期培育、"暖季放牧+冷季补饲"等现代养殖技术。此外牦牛养殖基地推行的规范化、标准化运营机制和管理办法,既能深化农牧民对标准化生产流程的认知,又能培养其质量管控意识,为培育具备现代畜牧业技能、熟悉产业经营管理的复合型乡村人才创造有利条件。

2. 吸引人才返乡入乡

牦牛产业正吸引大量外出务工农牧民返乡创业,并激发社会力量参与高原乡村振兴的热情。牦牛产业吸引返乡入乡就业创业的作用表现为:增收效应逆转农村"空心化"。牦牛产业依托全产业链发展、技术升级和政策支持,正成为撬动返乡就业创业、逆转农村"空心化"的关键力量。随着现代牧场建设的推进,"牧业职业经理人"和"智慧放牧员"等一系列新职业应运而生。这些新职业不仅为传统畜牧业注入了新的活力,还吸引了具有城市务工经验的年轻人返乡,投身于科学养殖的浪潮中。在加工环节,牦牛肉制品、乳制品、毛绒制品的深加工产业链延伸,催生出20余类新型岗位需求。新型岗位的出现,不仅提升了牦牛产业链的整体效率,还为从业者提供了更多职业选择和发展空间。

(三)牦牛产业发展促进文化振兴的作用机理

文化振兴是乡村振兴的精神支撑,对促进乡村振兴具有独特作用。牦牛产业促进文化振兴的作用表现为:一是牦牛文化的传承丰富了乡村文化内涵。牦牛文化是青藏高原地区的重要文化符号,承载着藏民族的历史、情感和精神内涵。牦牛不仅是牧民的"衣食父母",更是精神的图腾和文化的象征,通过传承牦牛文化,乡村文化内涵得以丰富和深化。现代化的牦牛产业在传承传统文化的同时，也为其注入了新的活力。例如，通过智慧放牧、品牌化经营和旅游开发，牦牛文化在现代社会中焕发了新的生机。二是开拓公共文化空间。牦牛产业的发展促进了企业与乡村的深度融合，企业为开展乡村公共文化活动提供人、财、物保障，为乡村文化活动提供物资、场地，丰富农民的文化生活。

（四）牦牛产业发展促进生态振兴的作用机理

1. 实现废弃物资源化利用

牦牛产业与生态保护相辅相成，对推进乡村生态振兴具有重要意义。牦牛产业在维护生态系统良性循环方面的作用表现为：对生产废弃物的转化利用。牦牛粪便含有丰富的有机质，通过堆肥化处理，可以转化为优质的有机肥料，将之用于饲草种植，可以提高饲草的产量和质量，进而为牦牛养殖提供充足的饲料，由此形成一个良性循环的农业生态系统。此外，堆肥过程中，微生物分解粪便中的有机物质，产生高温，杀死病原菌和寄生虫卵，同时将有机物转化为腐殖质，提高土壤肥力。

2. 提升污染综合治理水平

牦牛产业的发展促进了乡村污染综合治理水平的提升。表现为：一是为污染治理提供技术支撑。随着牦牛产业的不断壮大，科研院所、企业将加大对技术研发的相应投入，将研究成果应用于实践生产，进而提高乡村污染治理的技术水平。二是为污染治理提供实施方案。牦牛产业的发展已成为乡村生态振兴的典范，其在经济与生态效益方面的平衡发展策略，为其他地区推进乡村污染整治工作提供了可借鉴的成功案例，为实现乡村全面振兴树立了标杆。

（五）牦牛产业发展促进组织振兴的作用机理

在扎实推进共同富裕的"十四五"时期，如何引领农民增产增收，是基层党组织工作的要务之一。牦牛产业强化基层组织引领能力的作用表现为：一是明确了地方发展的产业抓手。牦牛产业作为地方经济的重要支柱，能够为基层组织提供明确的产业发展方向和目标，开辟农民的致富道路，提升养殖业的经济效益，也能够与旅游产业、文化产业相融合，拉动地方经济建设，进而强化基层组织的向心力和引领力。二是增进了基层组织与群众的紧密性。牦牛产业链条将不断丰富和延伸，产业链条越紧密，组织与群众就越紧密。无论是科技培训与推广，还是协调合作社、企业与农户之间的合作，基层组织都需要与群众保持密切沟通。这种沟通不仅推动了"党建+公司+合作社+基地+农户"的全产业链经营模式的形成，也增进了组织与群众的紧密联系。通过这种方式，基层组织能够更好地发挥桥梁作用，凝聚各方力量，推动牦牛产业高质量发展，同时增强群众对组织的信任和支持。

二、牦牛产业发展对乡村振兴作用效果分析

（一）产业振兴方面

首先，优化产业结构。牦牛产业的发展有助于推动农牧业结构的优化升级。传统的牦牛养殖以家庭散养为主，规模小、效益低。随着牦牛产业的发展，逐渐形成了规模化、标准化的养殖模式，提高了养殖效率和产品质量，同时，带动了加工、销售、服务等二三产业的发展，使农牧业结构更加合理，促进了农村经济的多元化发展。其次，促进产业融合。牦牛产业与旅游、文化等产业的融合，为乡村振兴注入了新的活力。例如，一些地区开发了以牦牛文化为主题的旅游项目，如牦牛博物馆、牦牛牧场观光等，吸引了大量游客前来参观体验，带动了当地旅游业的发展。与此同时，牦牛产品也成了旅游纪念品和特色礼品，进一步拓展了牦牛产业的市场空间。

（二）人才振兴方面

首先，吸引人才回流。牦牛产业的发展为当地提供了更多的就业机会和创业空间，吸引了一些外出务工的人员回流农村。这些返乡人员带回了先进的技术、管理经验和市场观念，为牦牛产业的发展注入了新的活力，同时也促进了农村的人才振兴。其次，培养本土人才。随着牦牛产业的规模化和专业化发展，对人才的需求也不断增加。这促使当地加强对本土人才的培养，通过开展技术培训、职业教育等方式，提高农牧民的养殖技术、加工技能和经营管理能力，培养了一批懂技术、会经营、善管理的本土人才，为牦牛产业的可持续发展提供了人才保障。

（三）文化振兴方面

首先，传承和弘扬传统文化。牦牛在青藏高原的农牧业生产和社会生活中具有重要的地位，与当地的传统文化密切相关。牦牛产业的发展有助于传承和弘扬当地的传统文化，如牦牛养殖技术、牦牛制品加工工艺、与牦牛相关的民俗文化等，增强了当地群众的文化自信和民族自豪感。其次，促进文化产业的发展。牦牛文化的挖掘和展示，为文化产业的发展提供了丰富的素材。一些地区通过开发牦牛文化产品，如牦牛雕塑、牦牛绘画、牦牛主题的影视作品等，推动了文化产业的发展，同时也进一步提升了牦牛产业的文化内涵和品牌价值。

（四）生态振兴方面

首先，促进草原生态保护。科学合理的牦牛养殖有助于草原生态的保护和修复。通过控制牦牛的养殖规模和轮牧方式，可以避免过度放牧对草原植被的破坏，促进草原生态的平衡和稳定。同时，一些牦牛养殖企业还积极推广草原生态保护技术，如人工种草、草地改良等，提高了草原的生产力和生态功能。其次，促进废弃物资源化利用。牦牛养殖过程中产生的粪便等废弃物，如果处理不当，会对环境造成污染，然而，通过资源化利用技术，可以将这些废弃物转化为有机肥料、生物燃气等有用的资源，实现了废弃物的减量化、无害化和资源化处理，减少了对环境的污染，同时也为农牧业生产提供了更多的资源支持。

（五）组织振兴方面

首先，提升基层党组织组织能力。牦牛产业的发展促使基层党组织不断加强自身建设，提升组织能力和管理水平。基层党组织通过组织党员和农牧民参加技能培训、学习先进经验等方式，提高了农牧民的养殖技术和管理水平，增强了基层党组织的凝聚力和战斗力。其次，促进基层党组织与产业融合发展。基层党组织积极引导农牧民参与牦牛产业的发展，通过建立合作社、家庭牧场等形式，将分散的农牧民组织起来，形成了"龙头企业+合作社+农牧民"的产业化经营模式。这种模式不仅提高了牦牛产业的组织化程度，也增强了基层党组织在产业发展中的影响力和带动力。

第五节　牦牛产业科技进步情况分析

一、牦牛产业科技进步分析

牦牛产业科技进步是指通过系统性技术创新与应用,提升牦牛产业全链条的效率与质量。牦牛产业通过组建科技团队、实施重点科研项目、推动技术成果转化等,在品种改良、疫病防控及产品加工等领域取得突破,不仅能提高牦牛的生产性能和产品质量,还能促进牦牛产业的可持续发展。

(一)科技团队

牦牛科技团队在推动高原畜牧业现代化、提升产业竞争力和促进牧民增收方面具有不可替代的重要性。在牦牛产业领域主要的科技团队有国家肉牛牦牛产业技术体系专家团队、西藏自治区农科院牦牛产业技术体系团队和四川省"亚克青创"科技人才创新团队等。

(1)国家肉牛牦牛产业技术体系专家团队。团队长期参与牦牛产业科研,推动良种繁育、高效养殖技术发展,提升养殖效能并带动经济效益。阎萍团队则主持国家重点研发计划,培育"大通牦牛"等新品种,获国家科技进步奖二等奖。

(2)西藏自治区农科院牦牛产业技术体系团队。西藏自治区组建了覆盖全产业链的科技团队,包括1名首席专家、6名岗位专家、4名综合试验站站长及40名成员,形成关键技术研发、示范推广和咨询服务体系。该团队依托自治区现代农业产业技术体系(2023—2025年),推动科技创新与产业深度融合。

(3)四川省"亚克青创"科技人才创新团队。甘孜州组建了该团队,投入研发资金192.76万元,聚焦牦牛养殖、疫病防控及饲草研发,开展技术攻关10项,建成牦牛乳企业技术研究中心1个,并获四川省科技进步奖二等奖。团队还与龙头企业、合作社联合,构建全产业链模式。

（二）科研项目

科研项目是指围绕牦牛产业关键技术开展的系统性科学研究与技术集成示范。其核心目标是通过科技创新提升牦牛的生产性能、产品质量和产业效益，同时兼顾生态保护与牧区可持续发展。近年来，申报国家项目支持的研究不断增加。

在品种改良与育种技术领域，西藏实施"牦牛高效繁育技术研究与集成示范"，优化选育技术体系，建立种业创新基地，提出冻精生产技术规范，目标年生产冻精10万支，推广良种1000头以上，繁殖效率提高8%。四川实施"牦牛适应性品种选育及高效养殖技术集成示范"，创新"母子一体化补饲"技术，推广"3.5岁出栏"模式，良种覆盖率达90%以上，年出栏量从6000头增至2万头。

在营养调控领域，西藏自治区农牧科学院通过"牦牛营养稳衡调控关键技术研究"项目，构建了日粮模型，并结合菌群移植技术、差异化育肥模式，采用"放牧+补饲"等技术，使越冬牦牛体重增加23.4千克，目标经济效益提升15%。青海在牦牛育肥技术上的研究同样取得了显著成果。通过"牧繁农养"模式，将1.5岁牦牛转移至农区进行越冬舍饲育肥，利用农副产物资源降低成本，显著提高了牦牛的生长性能。1.5岁牦牛在转移至农区后，体重增长显著，达到167.72±21.83千克。

在饲料及饲料添加剂技术领域，一是研究饲料加工利用技术。如"混合乳酸菌接种改善全株玉米青贮品质的研究"项目使用混合乳酸菌接种改善全株玉米青贮品质。二是开发新型饲料产品。如"牦牛犊牛开食料的配方优化与生产"项目，针对牦牛犊牛的消化特点，开发高能量、高蛋白的开食料配方（如添加膨化大豆、乳清粉等），促进犊牛早期生长发育。三是研究提高肉牛饲料转化效率的技术。"基于剩余采食量的肉牛饲料效率评价体系研究"项目通过测定肉牛的剩余采食量，评估其饲料消化率、生长速度和利用效率，筛选高效低耗的肉牛个体。

在疫病防控领域，四川省阿坝州与西南民族大学等单位联合开展了牦牛腹泻防控研究，重点针对轮状病毒和冠状病毒原研发卵黄抗体，并结合中藏药制剂及复合益生菌等手段，制定防控程序并进行示范推广。这些措施有效提高了2.7%的牦牛体重率和3%的犊牛存活率，为牦牛绿色防控发展提供了新动力。甘孜州与西南民族大学合作，建立了现场PCR诊断平台，研发了牦牛主要疫病的现场诊断产品。这一技术平台使用热恒温隔绝式PCR技术，设备小型化、检测快速化、操作简便化，可在1小时内完成检测，为牦牛疫病的早期诊断和快速防治提供了技术支持。

在智慧管理领域，2024年新立项"牦牛智慧化养殖关键技术研究与示范"，由原有关注牦牛高效安全养殖技术应用与示范、适时出栏等向数智化转型，推进牦牛培育新质生产力，提升技术创新能力。

（三）科技成果

牦牛产业科技成果通过全链条创新，解决了种群退化、养殖粗放、加工滞后等核心问题，促进了传统放牧向现代集约化、品牌化、生态友好型产业的转型，涵盖论文、专著、专利、标准等方面。

根据西藏牦牛产业技术体系不完全统计，从2016年至2025年5月，关于牦牛产业的研究论文数量呈现出显著的增长趋势，研究领域涵盖牦牛产业遗传改良、加工技术、疫病防控等多个方面。从2016年到2022年，论文数量从704

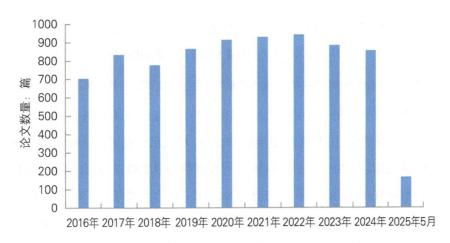

图6-19　牦牛产业领域发表论文数量变化趋势

资料来源：根据CNKI统计结果计算得出。

篇增长至942篇，总体呈波动上升趋势，但2023年、2024年略有下降，分别降至884篇和855篇，2025年，截至5月已发表166篇。学术论文对人才培养和传播前沿理论和实践成果起到了积极作用。但学术理论研究与实践脱节，学术论文成果难以有效转化仍是学术研究面临的关键问题。

其次，从专著出版情况看，从2016年至2025年5月，牦牛产业领域专著的出版数量虽有波动，但整体呈活跃的趋势。这表明牦牛产业在学术研究、技术推广及产业发展方面均取得了显著进展，且该领域的研究热度与产业需求持续存在。随着牦牛产业重要性的不断提升和科研投入的持续增加，未来牦牛产业领域的专著出版数量有望继续保持增长态势。这些专著将继续为牦牛产业的研究与发展提供新的思路和方法，推动牦牛产业向更高水平迈进。

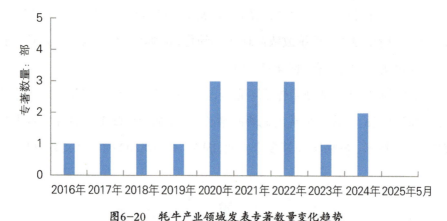

图6-20　牦牛产业领域发表专著数量变化趋势

资料来源：西藏自治区牦牛产业技术体系产业经济与政策研究数据库。

专利授权数量的变化趋势表明，牦牛产业领域的技术创新活动在经历短暂停滞后逐渐活跃，并呈现出稳步增长态势，反映出行业对技术创新的重视与投入持续增加。从2016年到2018年专利授权数量从232项降至194项，2019年又大幅增至300项，此后持续波动上升，2024年达到峰值401项，2025年，截至5月共有111项。专利授权数量的增加反映了牦牛产业领域技术创新活动的活跃程度，可以提高牦牛养殖的效率和质量，降低生产成本，提高产品的附加值和市场竞争力。

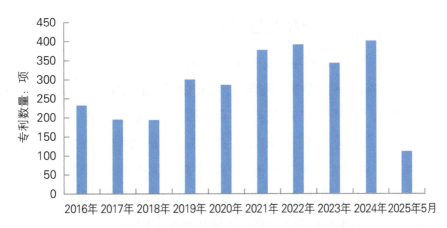

图6-21　牦牛产业领域专利授权数量变化趋势

资料来源：根据CNKI统计结果计算得出。

从2016年至2025年5月，牦牛产业相关标准制定数量的变化呈现阶段性波动增长之势，反映出牦牛行业在规范化发展中的探索与调整。标准的制定有助于规范牦牛养殖、加工、销售等环节的操作流程，提高产品质量和安全性，保障消费者权益。同时，通过制定高标准、严要求的标准，可以推动牦牛产业向规模化、集约化、智能化方向发展，提高产业整体竞争力。

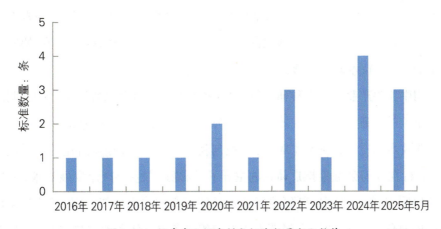

图6-22　牦牛产业领域制定标准数量变化趋势

资料来源：根据CNKI统计结果计算得出。

二、牦牛产业科技创新与产业支撑

牦牛产业的科技创新与产业支撑对推动产业高质量发展、促进牧民增收和维护生态平衡具有重要的推动作用。科技创新是推动牦牛产业高质量发展的核心动力，不仅为牦牛养殖带来了革命性的变革，还极大地提升了产业的竞争力和可持续发展能力。完善的产业支撑体系是促进牦牛产业发展的关键，为产业发展提供强大推力。科技创新与产业支撑体系相辅相成，共同推动牦牛产业向现代化、高效化、可持续化方向发展，为牧民增收致富提供强有力的支撑，同时也为我国畜牧业的转型升级和高质量发展贡献力量。

（一）科技创新

牦牛产业的科技创新是推动这一传统畜牧业向现代化转型的核心引擎。长期以来，牦牛养殖高度依赖自然放牧模式，生产效率较低，资源利用不充分，抗灾能力较弱，难以适应现代化农业发展的需求。面对这些挑战，科技创新成为牦牛产业突破瓶颈的关键路径。

全国地市级以上肉牛牦牛产业科研院所、涉农院校、中国科学院，以及大多数综合性大学均设立涉草牧研发机构或涉草牧学科、肉牛牦牛产业领域国家重点实验室、肉牛牦牛产业农业农村部重点实验室学科群，研发了一批新品种、新技术、新工艺，提高了优良品种国产化率。通过广泛的技术攻关、协同创新推动了产业技术转型升级。

肉牛牦牛产业的教学科研单位、技术推广部门以及经营性服务组织在明确自身定位的基础上，开展有效联合，充分发挥各自优势，共同推动基层肉牛牦牛产业技术推广，实现人才培养、科技创新、技术推广和创业孵化的一体化发展。支持在政府公益性推广体系的主导下，围绕地方主导产业发展需求，开展高效协同与联合。其中，科研院所负责基础研究和技术创新，基层推广体系负责成果熟化、示范和展示，经营性服务组织则负责具体落地实施，教学科研单位通过院地（市县）共建、技术承包、科技试验站、发展研究院等形式，与地方政府和各类肉牛牦牛产业经营主体建立紧密连接，以肉牛牦牛产业生产的实际需求和信息反馈为导向,推动科研方向、技术集成创新以及示范推广的紧密结合。

农业科技服务组织将农资商人、承包大户、科技示范户等涉农力量,以及保险经纪人、互联网公司等新生力量集合起来,纳入推广服务队伍中。新生力量的培养,依托经验丰富的技术服务人员通过"传帮带"的方式进行。通过"干中学",让他们逐步成长为能够指导养殖场应用先进技术的行家里手,成长为既懂技术又心系农村和农民的新型职业农民。与此同时,他们所带来的新思维和新视角,也为传统的农技推广注入了创新活力,推动了这一领域的变革与发展。

(二)产业支撑体系

牦牛产业支撑体系是一个涵盖政策引导、科技创新、产业链整合、品牌建设等多维度的综合系统,旨在为牦牛产业的持续健康发展提供全方位的支持与保障,推动牦牛产业向现代化、高效化、可持续化方向发展。

1.政策与资金支持

甘孜州各级各类涉农资金对纳入年度建设计划的现代化牧场落实不低于2000万元的打捆支持,并对种草牧户提供补助,既服务于牦牛产业高质量发展,也兼顾草原生态保护与牧民增收目标。甘南州通过税收减免、冷链物流专项债券等措施推动项目落地。对在甘南注册的企业实行优惠利润率征税,并免征企业所得税地方留成部分,显著降低企业税负。例如,2023年全州累计减免企业税费达6.63亿元,覆盖牦牛产业、中藏药材等关键领域;通过发行专项债券,重点支持冷链物流项目建设,2023年落实冷链物流专项债券资金10.76亿元,用于中藏药材仓储物流中心、牦牛产业冷链设施等。2024年,青海省农业农村厅制定并发布了《青海省稳定肉牛(牦牛)产业发展的十项措施》,引导全省各地充分利用中央和省财政专项资金、乡村振兴衔接资金、政策性奖补资金等,进一步优化产业资源配置,系统提升牦牛产业的生产效率、市场竞争力与生态效益。农行西藏支行创新推出"智慧畜牧贷",通过物联网技术与金融服务的深度融合,将活体牲畜转化为可抵押资产,有效破解了传统畜牧业融资难题，为西藏乡村振兴注入强劲动能，截至2024年8月底，累计发放涉农贷款1.9亿元，余额达6.08亿元。

2. 产学研协同创新

国家牦牛产业提质增效科技创新联盟通过整合全国91家科研院所、高校及企业的资源，聚焦牦牛全产业链关键技术攻关，显著推动了产业技术创新与成果转化。如成功育成国家级新品种阿什旦牦牛，并开发牦牛新资源1个，显著提升了牦牛生产性能，还制定了6项牦牛生产标准，推广"二元、三元杂交改良""错峰育肥"等养殖模式，使示范县牦牛良种率显著提高；"亚克青创"团队（甘孜州）、"牦牛资源与育种创新团队"（中国农科院）等跨领域团队聚焦全产业链技术突破。"亚克青创"团队（甘孜州）开发针对高原牦牛犊的腹泻综合防治技术，降低犊牛死亡率15%～20%，并筛选耐寒、高产牧草品种（如垂穗披碱草），推广饲草青贮技术，解决冬季饲料短缺问题。"牦牛资源与育种创新团队"（中国农科院）完成全球首个牦牛全基因组测序，筛选出与抗寒、抗病、产肉性能相关的关键基因，为分子育种提供理论支撑，并构建牦牛物理遗传图谱，加速良种选育进程。

3. 产业链整合

青海玉树州以补链、延链、强链为目标，加强良种繁育、推广科学养殖，并发展牦牛肉精深加工产业，吸引企业参与提升产业附加值；德令哈牦牛科技产业园通过"龙头企业+基地+合作社+牧民"模式整合资源，实现现代化养殖、加工、销售一体化，带动42个村集体受益；果洛州创新"企业+合作社+基地+牧户"联结机制，推动提纯复壮优质品种等牦牛种业振兴和精深加工，年产值达1亿元。

4. 标准化与品牌建设

2022年，西藏嘉黎县娘亚公司"万亩千畜"养殖基地牦牛养殖成果显著，新生犊牛208头，通过实行三个月不挤奶的养殖方式，实现了犊牛成活率100%。其中核心群每年一胎的有62头，占比30%，2.5岁产犊的有51头，占比25%，娘亚牦牛良种繁育技术进一步提高。自2019年开展标准化示范区建设以来,娘亚公司在牦牛养殖、管理方面的制度越来越规范、技术越来越成熟。在自治区组织的动物疫病防疫国检中,公司口蹄疫等疫病的免疫率均在95%~98%之间,防疫成果显著。嘉黎县于2022年底圆满完成娘亚牦牛标准化养殖基地建设项目的建设、验收工作,成为那曲市第一家国家级标准化养殖基地。当雄县打造"当雄牦牛"品牌,且以"当雄牦牛"为核心,联动"极净当雄""有身份证的牦牛肉"等子品牌,形成多维度品牌矩阵,覆盖不同消费场景。

第六节　牦牛产业发展评价

当前,牦牛产业正由传统以粗放散养模式为主向草畜平衡、适度规模和现代加工模式转型。牦牛产业的规模、结构、效益和发展质量直接关系着青藏高原区优质畜产品的有效供给、牧民增收和共同富裕以及青藏高原的生态安全。

一、牦牛指数制定的背景

为更好、更直观反映牦牛产业发展趋势,助力政府部门监测产业发展状况,制定和调整产业政策,帮助企业判断市场趋势,制定发展战略,协助研究者分析和预测产业的发展规律和未来走向。我们根据国家有关产业指标编制通用规则和办法,研究制定了牦牛产业发展指数和创新指数。

牦牛产业发展指数是一系列用于评估和衡量牦牛产业发展状况的数据指标,是反映牦牛产业发展状况的重要工具,能够反映产业的规模、结构、效益以及发展质量,对于促进产业的健康发展、优化产业结构、提高产业竞争力具有重要意义。

牦牛产业创新指数是一套通过量化指标系统,科学评估、动态监测和综合反映牦牛产业整体创新能力水平及其发展态势的综合性评价工具。该指数聚焦于牦牛产业在年新增研发投入、新增专利、新增研发产品、新增培养人才等关键维度的投入强度、活跃程度、产出效率与实际成效等。

二、牦牛产业指数基准年及样本指标

（一）牦牛产业指数基准年

牦牛产业指数以2024年为基准年。

（二）牦牛产业发展指数与创新指数样本指标

1.牦牛产业发展指数

（1）产业规模指标

一产业方面：养殖规模、出栏头数、年产量，养殖业总产值，从业人数；二三产业方面：年产业增加值、总产值、销售额、库存、从业人数等。用于衡量产业的总体经济规模。

（2）产业结构指标

反映产业内部的构成情况，主要是初级农产品年产量，加工后的主要产品的量（如牦牛肉加工量、牦牛乳加工量等）及它们的比例，产业链上下游关系等。用于评估产业的结构。

（3）产业效益指标

包括企业年销售总额、年成本、年上缴税收、年利润、年均资产收益率、年市场份额或占有率等，用于评估企业的经营成果和市场表现。

2.牦牛产业创新指数

一类是新增生产能力指标，包括：新增固定资产投资额、技术改造投资额、年新增专利和新增研发品种、年新增生产量。二是创新建设指标，包括：年新增研发投入经费、年新增培养人才数等。用于衡量产业的长期发展潜力和竞争优势。

（三）指标的分值

1.牦牛产业发展指数的具体指标及分值

养殖规模10分，养殖业总产值12分，养殖业从业人数8分，年加工总产值12分，年销售总额12分，加工销售就业人数8分，年上缴税收总额5分，年利润总额8分，年均资产收益率6分，年新增资产投入5分，年研发经费投入8分，年申请专利6分。总计100分。

2. 牦牛产业创新指数的具体指标及分值

新增固定资产投资额（含技术改造）18分，年新增研发投入经费18分，年新增专利16分，年新增研发品种16分，年新增生产量16分，年新增培养人才数16分。总计100分。

（四）牦牛产业指数的计算

1. 牦牛产业发展指数计算

将报告期下一年度10家样本企业的某一指标值总和与基准年2024年指标值总和进行对比，乘以对应权重分值，得出报告期样本指标值，最后对所有指标值进行相加之和，即为报告期产业创新指数。

例：2025年养殖规模指标值＝（2025年养殖规模/2024年养殖规模）×养殖规模权重分值10分，其他项指标参考比例计算。2025年产业发展指数＝2025年所有指标相加之和。

2. 牦牛产业创新指数计算

将报告期下一年度10家样本企业的某一指标值总和与基期年2024年指标值总和进行对比，乘以对应权重分值，得出报告期样本指标值。最后对所有指标值进行相加之和，即为报告期产业创新指数。

例：2025年新增固定资产投资指标值＝[2025年新增固定资产投资额（含技术改造）/2024年新增固定资产投资额（含技术改造）]×新增固定资产投资权重分值18分，其他项指标参考比例计算。2025年产业创新指数＝2025年所有指标相加之和。

三、样本企业

通过问卷调查的方式，调查牦牛主要产区样本企业10家，其中青海省5家，西藏自治区3家，四川省2家；按行业分类分为养殖和加工兼营企业5家，单一加工企业5家，名单详见表6-1。

表6-1　中国牦牛产业（2024）发展指数样本企业

序号	区域	企业名称	企业类型
1	青海	果洛雪山食品有限公司	养殖/加工
2	青海	玉树黄河源良种繁育有限公司	养殖/加工
3	青海	玛沁浩云牦牛肉加工有限公司	加工
4	青海	可可西里食品有限公司	养殖/加工
5	青海	夏华清真肉食品有限公司	加工
6	西藏	林周净牧农牧发展有限公司	养殖/加工
7	西藏	西藏昌都市藏家牦牛股份有限公司	加工
8	西藏	西藏娘亚牦牛养殖产业发展有限责任公司	养殖/加工
9	四川	红原牦牛乳业有限责任公司	加工
10	四川	甘孜藏族自治州康定蓝逸高原食品有限公司	加工

四、牦牛产业发展指数

牦牛产业发展指数以2024年为基准年，指数值为100，见表6-2。

表6-2　牦牛产业发展指数

项目类型	序号	指标	权重分值	2024年基准值	单位
产业发展指数	1.1	养殖规模	10	11052	头
	1.2	养殖业总产值	12	8428.6	万元
	1.3	养殖业从业人数	8	240	人
	2.1	年加工总产值	12	76158.0	万元
	2.2	年销售总额	12	53850.2	万元
	2.3	加工销售就业人数	8	995	人
	3.1	年上缴税收总额	5	763.6	万元
	3.2	年利润总额	8	2438.6	万元
	3.3	年均资产收益率	6	3.85	%
	4.1	年新增资产投入	5	8985.56	万元
	4.2	年研发经费投入	8	829.05	万元
	4.3	年申请专利	6	27	件
		小计	100		

五、牦牛产业创新指数

牦牛产业创新指数以2024年为基准年, 指数值为100, 见表6-3。

表6-3　牦牛产业创新指数

项目类型	序号	指标	权重分值	2024年基准值	单位
产业创新指数	1.1	新增固定资产投资额（含技术改造）	18	3515	万元
	1.2	年新增研发投入经费	18	829.052	万元
	1.3	年新增专利	16	27	件
	1.4	年新增研发品种	16	31	个
	1.5	年新增生产量	16	1931.5	吨
	1.6	年新增培养人才数	16	93	人
		小计	100		

第七章

牦牛产业发展趋势与对策

第一节 引 言

据国家肉牛牦牛产业技术体系数据，近年来全国牦牛产业保持稳定发展趋势，成为我国牛肉市场的重要供给来源。2022年，我国屠宰牦牛数量380万头，与2012年相比增加173万头，增长83.57%；牦牛肉产值由2012年的136.4亿元增加至2022年的467.0亿元，增长242.38%（见表7-1）。在脱贫攻坚与乡村振兴的主战场——青藏高原牧区，牦牛产业通过杂交改良、科学养殖、畜产品加工与销售、新型经营主体、入股分红、提供就业岗位、牧旅融合等多种方式，带动农牧民增收致富，为促进牧区经济、社会发展提供了有力支撑。

在取得显著成效的同时，也要注意到我国牦牛单体产肉能力（以胴体产量/屠宰牦牛数量计算胴体均重）虽由2012年的119.81千克/头提高至2022年的127.89千克/头，涨幅6.74%，但近几年胴体均重却呈下降趋势，体现出牦牛产业的数量型增长特点与科技水平发展较为缓慢的现状。牦牛产业的高质量发展仍面临较多的问题，如：草畜矛盾突出，良种良繁体系不健全，饲养管理方式落后，基层防疫体系基础薄弱，产品粗加工占比高，科技含量低，缺乏竞争力，生态保护政策与产业发展矛盾等。要以科技创新为驱动，针对产业链短板与痛点，坚持产学研相结合，集中资金、人力、技术、信息、政策等产业要素，推动青藏高原牦牛产业走上高效、优质、生态、安全的可持续发展道路，实现产业提质增效。

表7-1 2012—2022年牦牛产业状况

年份	屠宰牦牛数量（万头）	牦牛胴体产量（万吨）	胴体均重（千克/头）	牦牛肉产值（亿元）
2012	207	24.8	119.81	136.4
2016	302	41.0	135.76	230.2
2017	307	43.0	140.07	231.0
2018	346	45.0	130.06	262.0

续表

年份	屠宰牦牛数量 （万头）	牦牛胴体产量 （万吨）	胴体均重 （千克/头）	牦牛肉产值 （亿元）
2019	360	47.0	130.56	270.0
2020	370	48.0	129.73	339.0
2021	378	48.4	128.04	445.0
2022	380	48.6	127.89	467.0

第二节　牦牛产业发展趋势

近年来，我国牦牛产业正经历从传统粗放式向科学化、现代化、适度规模化方向发展的深刻变革。主要体现在以下几个方面：

牦牛作为青藏高原生态系统中的核心草食畜种，其物种生理特性决定了放牧仍将是长期主导的养殖方式，但同时该模式面临着双重挑战：一方面，科学合理放牧制度普及率低，全年性放牧、超载放牧所带来的载畜压力对高寒草地持续施加生态负荷，导致草地植被覆盖度下降与退化风险加剧；另一方面，牧草供给不足和季节性波动引发牦牛营养供需失衡，牦牛生长发育缓慢，生产效率低，掉膘、死亡频发。破解生态承载与畜牧生产间的矛盾，已成为青藏高原高寒牧区牦牛产业现代化转型必须攻克的技术瓶颈和重要发展方向。为平衡牦牛产业发展与草原生态保护，饲草供给保障逐渐受到重视。青藏高原各牦牛产区先后实施草原重大生态工程，借助草原围栏建设、退化草原补播、黑土滩治理以及草原有害生物防控等项目来大规模修复草原植被，结合核减超载牲畜，推行禁牧、季节性休牧与轮牧、草畜平衡制度，落实草原生态保护补助奖励政策，推进退化草地生产力恢复与草地科学合理利用。牧业发展，草业先行。各省区出台了一系列政策和措施来推动人工饲草产业的发展，建立优质人工草地，提升草地优质饲草生产力，推动畜牧业生产方式转变，缓解天然草原放牧压力。如西藏自治区2020年至2022年改造高寒牧区人工草地20万亩，其中2020年4万亩，2021年11万亩，2022年5万亩，发展"冬圈夏草"实施主体0.9

万户。2022年，青海省饲草总种植面积超23万亩，年产饲草鲜草475万吨，全省培育千亩以上种植主体超100家，创建省级饲草生产龙头企业2家，饲草产品加工规模和能力得到提升，建立如"县—乡—村—户"的分级建设抗灾草料储备库，为牦牛产业抗灾保畜、高效养殖提供了一定饲草保障。

尽管传统放牧模式仍占据主导地位，但在生态经济协同发展理念驱动下，牦牛生产环节的转型突破取得了一定成效：一是补饲、舍饲等科学养殖方式在养殖主体中的应用比例有所提高，改善了冬春季营养供给短缺的问题；二是饲喂设备、暖棚、标准化圈舍、高产人工饲草基地等设施化水平得到提升；三是因地制宜的适度规模养殖场数量增加，向标准化、集约化、现代化发展。此外，各地积极构建政策支持体系并投入资金支持，建设牦牛产业集群，建立打造州级、省级、国家级产业园区，培育牦牛养殖专业合作社，开展技术引进、攻关、熟化和集成，示范和推广引种改良、人工授精、一年一胎、季节性补饲、犊牛早期断奶、舍饲育肥等关键技术。通过技术要素替代传统要素实现可持续发展，以提升牦牛产业的生产效率和科技含量，辐射带动周边农牧民转变传统养殖观念和方式。通过以点带面、试点示范、逐步实施、全域推广，推动草原畜牧业生产方式由"四季放牧+冷季抗灾保畜"向"适度放牧、科学补饲、阶段性舍饲"转型。经营方式由千家万户分散、粗放养殖向"家庭生态牧场+专业合作社+适度规模标准化养殖场"转型。以甘肃省甘南州为例，该州近年来大力推动百万头高原特色牦牛产业带建设，组建了牦牛繁育基地8个，建成万头牦牛养殖基地5个、千头养殖基地10个，规模化养殖基地136个。截至2024年，西藏全区注册农牧民专业合作社1.17万家，家庭农牧场达到0.94万家。四川省自2022年起，围绕"10+3"现代农业体系，建成了一批产业特色鲜明、设施装备先进、生产方式绿色、产业链条完善、生产要素集聚、经济效益显著的现代农业园区，有效推动产业绿色高效发展，带动农民持续稳定增收；目前建成省五星级现代农业园区1个（红原县牦牛现代农业园区）、四星级现代农业园区1个（色达县牦牛现代农业园区）、三星级现代农业园区1个（若尔盖县牦牛现代农业园区）。到2025年，理塘、甘孜、色达、石渠、九龙各州县规划建设5个牦牛产业园区;阿坝州争创1个国家现代农业产业园、10个省星级现代农业园区,累计创建各级现代农业园区56个,不仅加速了产业化发展的步伐,还有效促进了农牧民群众的增产增收。

牦牛所生长的青藏高原是联合国教科文组织认可的世界无公害超净区之一,因此其肉、乳产品也一直被消费者视为有机、绿色食品的代表。大力开发牦牛肉、乳、毛绒产品,走特色、绿色、品牌之路,是引领农牧民增收致富的重要战略。近年来,牦牛肉加工从传统分割向精细化部位肉开发升级,牦牛肉、乳产品品类、功能逐步多元化,生物酶解等先进食品加工技术,现代化、智能化生产设备开始应用于牦牛产品加工,附加价值得到提升;各牦牛产区重视冷链物流体系建设,支撑牦牛鲜肉、奶销售;打造区域公共品牌,入驻主流电商平台,销售区域扩大,销售渠道逐步扩展,部分龙头企业开始接轨国际标准,发展有机产品;牦牛骨、血、内脏等副产物综合利用率得到提升,创造附加值;农牧户、合作社、养殖企业、加工企业、市场营销等产业链主体利益联结强化。如青海省近年来以打造"世界牦牛之都、中国藏羊之府"为主线,大力发展生态畜牧业,充分发挥牦牛产业优势,通过资源变资产、资金变股金、农民变股东,形成了以"梅陇模式""拉格日经验""岗龙做法""祁连路子"等为代表的一批股份制生态畜牧业合作社,以龙头企业为主的产加销一体的产业化联合体模式不断形成,相关产品种类达到200多种。目前,6家国家级龙头企业、7家省级龙头企业、14家市州级龙头企业、129家农牧民专业合作社参与牦牛优势特色产业集群建设。依托青海省畜牧兽医科学院、青海省畜牧总站、青海省大通种牛场等省级技术研发推广机构建立了牦牛、藏羊产业技术转化的核心平台,拥有省级产业技术转化基地5个、产业技术示范基地27个、产业重点对接县4个、产业技术指导县14个,设立了全国唯一的牦牛遗传育种与繁殖科学观测实验站。2023年,西藏的绿色、有机和地理标志农产品数量达到了1200个,绿色有机农产品的输出量接近100万吨,总价值达170亿元,进一步提升了"青字号"农产品的市场影响力和品牌价值。甘肃省甘南州发布"九色甘南·臻品牦牛"区域公用品牌,全产业链产值达到116亿元。牦牛产业正通过产业链融合发展和科技赋能，不断提升牦牛产品的市场竞争力，形成现代牦牛产业发展格局。值得一提的是，2023—2024年，饲料原料价格受国际贸易及供应链影响显著攀升，相比之下，牛肉市场价格受进口量激增叠加国内出栏量大幅增加的双重作用，继续保持低位，牦牛活体交易价格下探至26元/千克左右，甚至更低。原料端与终端产品的价格波动，直接导致牦牛养殖主体出栏积极性降低、全产业链盈利能力收窄、社会资本参与度降温等连锁反应。但长期来看，当前市场波动属阶段性震荡，随着产业环境恢复、政策优化以及供应链协同能力提升，我国牛肉供需格局有望在未来3~5年内实现动态平衡与可持续发展。

第三节　牦牛产业发展存在的主要问题

一、生产环节

尽管近年来草原生态保护奖励政策持续推进，但受限于青藏高原生态系统的脆弱属性，以及全球气候变化加剧与人类活动增强的双重压力，草畜矛盾仍然是制约牦牛产业可持续发展的核心问题。受青藏高原"高寒缺氧、长冬无夏"的独特气候影响，天然草地呈现显著的季节性供给失衡特征。暖季牧草生长快、产量高、营养价值丰富；而冷季气温大幅降低，枯草期可达7~8个月，在此期间，天然牧草产量与粗蛋白、粗脂肪、非结构性碳水化合物等营养成分均显著降低。高原牧草的生长期与牦牛生长、越冬时的营养需求错配矛盾尤为突出，冷季牧草枯萎期恰逢牦牛越冬关键期，形成"夏秋饱、冬春饥"的周期性危机，牦牛越冬掉膘、死亡率居高不下。近30年来，青藏高原是我国气候变暖最快的区域，升温速率达全球平均的2倍，部分地区气候向暖干化趋势发展，这一变化影响到物种多样性，制约了草地生产力，削弱区域载畜能力；同时，气候变暖也导致高纬度地区"树线"出现不同程度上移，进一步压缩了高寒草原、草甸的分布与高原畜牧业发展空间。此外，牧民缺乏草地合理放牧利用意识和追求牲畜数量增长的粗放模式，导致实际载畜量远超草地理论载畜量，超载、无序放牧现象普遍存在，致使优良牧草比例下降，加剧土壤沙化、黑土滩化、荒漠化、水土流失等。目前，我国青藏高原近三分之一地区存在不同程度的草地退化问题，也有研究报道称退化草地占比超过90%。主要退化区域分布在青藏高原西北部，草场生产力下降与牲畜需求量增长的矛盾持续激化，使得草原退化与超载过牧形成恶性循环。

人工种草是缓解草原载畜压力、减轻草畜矛盾的关键手段，既能增加优质饲草供给、修复草原生态，又能为牦牛产业高质量发展提供稳定的饲草保障，推动畜牧业向高效化、可持续化转型。当前高寒牧区饲草生产体系在政策推动下不断发展，饲草种植结构调整与生产方式转型持续推进。但由于总体规模小，适用于高寒牧区的优质牧草品种选育、良种良繁、高产栽培技术体系支撑不足，以及极端气候、冻土环境及生态承载力限制，饲草产量与品质波动大。此外，农牧民未形成"种草养畜"以提高生产效率的现代化养殖观念，人工种草自主性不足、规模化生产主体较少。

以西藏自治区昌都市为例，其大部分人工饲草项目为政府投资，仅有少量项目为类乌齐县藏家牦牛有限公司、贡觉县藏东生物科技开发有限公司等当地企业投资实施并自产自用，始终未能吸纳撬动社会资本，形成生产环节主体大规模发展人工饲草种植。由于人工种草多依赖于政府投资，项目周期结束后，部分群众主动参与管理、经营的责任意识不强，建成的人工饲草地缺少保护和管理，饲草生长状况不佳，2~3年后饲草地基本恢复建设前的状态。以四川省甘孜州为例，其人工草地占可利用天然草地的比例仅为0.2%，尽管2023年通过产业集群建设新增14.7万亩人工饲草基地，鲜草产量32万吨，但仍无法满足全州牲畜对饲草的需求。此外，牧区饲草种植多以散户家庭为单位，地块分散且缺乏科学规划，难以形成规模效应。种植品种以早熟禾、燕麦等草种为主，虽适应性强但营养价值与产量有限，饲用玉米、箭筈豌豆、鹅草、苜蓿等高产优质饲草推广面积不足。同时，因地制宜的饲草产品生产技术体系尚不完善，草产品以初级干草为主，缺乏高营养附加值的饲草产品和营养均衡的混合饲料，难以满足牦牛不同养殖条件下不同生长阶段的营养需求。

　　我国是牦牛种质资源最为丰富的国家，现有24个牦牛地方品种和2个培育品种，但在良种繁育方面，群体闭锁近交导致的退化问题尤为突出——牦牛群体近交系数高达0.15（国际安全阈值为0.1），直接导致生产性能持续衰退，严重制约产业经济效益与可持续发展。主要原因包括：养殖主体普遍缺乏科学选育理念，对良种保种繁育的重要性认知不足，长期依赖传统自繁自养模式，忽视种公牛血缘关系管控，自留种公牛比例超过90%，种源长期局限于小群体内循环，导致基因引入渠道单一。在狭窄血缘范围内持续繁殖，群体近交系数随世代累加而不断升高，形成品种退化的恶性循环。超载放牧迫使养殖空间压缩，牦牛群体活动范围受限，不同牧户间基因交流机会锐减，加速了种群血缘封闭进程，进一步提高近亲繁殖概率。同时，受传统养殖习惯影响，种公牛血缘更新周期普遍超过10年，远低于畜禽良种选育的科学更新频率（通常为3~5年），导致种群基因库长期得不到有效补充，近亲繁殖负面影响持续累积。此外，受青藏高原区域性社会、文化及宗教因素影响，农牧民对群体内年龄偏老、综合性能低的个体进行及时剔除的意识不足，群体结构不合理的情况普遍存在。牦牛种质资源的保种选育主要依赖于保种场、核心育种场、扩繁场等繁育体系，缺乏科学规范的规划与管理，从设施建设、饲养管理、选育技术方案制定、种牛培育到育种档案建立等各个环节存在不足，阻碍了牦牛良种繁育工作的有序开展，影响种牛生产性能与持续供种能力的提升。牦牛育种新技术的研发与应用进程迟缓，牦牛基因组研究覆盖率偏低，且缺乏分子标记辅助等现代育种技术的有力支撑，技术层面的短板致使选育成效大打折扣。同时，基层畜牧兽医专业技术人员稀缺及水平偏低，先进繁育技术手段难以在牦牛保种选育工作中得到科学运用。此外，在繁育过程中，由于牦牛营养繁殖学研究与科学养殖技术应用的滞后，饲养管理与营养供给不合理，牦牛营养失衡，繁殖性能下降，影响了母犊越冬和繁殖效率。以青海为例，每年可稳定提供合格种公牛2000头以上的仅有大通种牛场，其余青海牦牛种畜场年供种能力平均只有500头。牦牛的繁育周期长，繁殖性能较低，加之对种质资源的挖掘保护力度不足，保种选育技术落后，选育进展缓慢，全国牦牛产业整体良种供种能力有待提高。

当前青藏高原牦牛产业仍以"靠天养畜"的传统纯放牧养殖方式为主,但在草畜矛盾依然突出的背景下,传统养殖效率低下是牦牛产业高质量发展所面临的瓶颈。草地退化与超载放牧的恶性循环导致草地生产力下降、优质牧草减少,叠加高原气候引发的季节性饲草短缺,使传统放牧养殖牦牛冷季营养摄入严重不足,生长曲线波动明显。数据显示,季节性饲草缺乏可导致牦牛掉膘25%,死亡率达10%。而在暖季,近年来大量的放牧补饲研究报道结果显示,一方面,在放牧基础上补饲能量、蛋白质或矿物质、维生素等均有利于提高牦牛生产性能,仅依靠暖季放牧无法完全满足牦牛生长发育的营养需求,其生长潜力难以充分发挥,导致了出栏周期长、效率低(一般5~7年),同时也造成了天然草地资源的浪费。另一方面,高原牧民养殖主体对高寒草地合理利用意识薄弱,普遍缺乏科学放牧制度。目前多采用简单粗放的直接放牧或仅分冷暖季牧场,忽视了载畜量控制与畜群结构优化。同时,牧民出栏意识淡薄,畜群老龄化严重,不仅导致养殖效率低,也加剧了草场退化。近年来,产业从业人员与科技人员面对传统放牧"重放轻管"的弊端,研发出划区轮牧、合理补饲、季节性舍饲等技术及"三结合顺势养殖模式(放牧+圈养+补饲)""4218"模式(即4岁200千克左右放牧牦牛通过100天舍饲增重80千克)等科学养殖模式。

四川省红原县不同饲养模式下麦洼牦牛生产性能对比结果显示,冷季自然放牧条件下平均日增重为130克/天,屠宰率和净肉率分别为41.54%、26.93%;而冷季全舍饲条件下,平均日增重提升至200克/天,屠宰率和净肉率显著提升至47.75%和32.98%。青海省共和县短期育肥牦牛随着精粗饲料比从30∶70调整至70∶30,出栏体重也由179.58千克提升至211.86千克,平均日增重从550克/天增加至910克/天,屠宰率从46.68%提升到52.11%,利润从4681.02元/头提升至5243.94元/头。

尽管这些技术显著提升了牦牛生产性能与经济效益,但受区域社会经济文化制约(如牧民传统养殖观念根深蒂固、技术学习成本高、初期投入压力大等因素),现代科学养殖技术仅在少数示范点与现代化企业应用,普及率较低。同时，不同规模养殖主体的设施设备存在显著梯度差异。个体农牧民养殖户与小型合作社养殖设施化水平较低，棚圈相对简易但保暖性差，缺乏饲草料储备、饮水、配种及防疫等基础设施，抗灾能力弱。纯牧区虽有公益性巷道圈、配种架等辅助设施，但因牧户分散、距离远，辅助设施实际作用有限。中型养殖集体虽建有多种圈舍并配套饲草料仓库、小型加工设备，但机械化程度低，投喂、清粪等依赖人工，缺乏环境调控、恒温饮水等设施，抗风险能力弱。大型规模养殖企业设施设备配套相对齐全，但缺乏智能化管理设施设备，精细化养殖水平不高。共性问题在于牲畜暖棚、巷道圈、牧道/奶源道等基础设施缺口大，现代化标准化圈舍、TMR搅拌车、自动清粪设备及精准饲喂、环境监控等数字化设备应用比例低。牦牛产业区域发展呈现显著的"技术断层"特征。

以四川、青海等主产区为例，城镇周边牧区借助政策扶持与科研支撑，已初步形成现代化舍饲养殖示范基地。例如，阿坝州若尔盖县建立"牧草+牦牛"现代农业产业园区，推动园区与校地合作，大力推广"三结合顺势养殖集成技术"，即"适度放牧、科学补饲、适时圈养"，配套"暖棚、巷道圈、电子秤"，顺应"生态保护、气温光照、牛羊生长"规律，集成多项养殖技术。然而，在偏远的高寒牧区，交通基础设施薄弱，叠加牧民传统养殖观念根深蒂固，致使放牧补饲、季节性舍饲、错峰出栏等科学养殖技术以及现代化设施设备覆盖率低，形成偏远牧区的"生态压力—生产低效"的恶性循环，进一步加剧了区域发展的不平衡性。

牦牛疾病种类多，部分传染性疾病致死率高，对当地畜牧业构成严重威胁。当前，牧区基层防疫体系基础薄弱，表现为畜牧兽医专业人才短缺、技术水平较低。牧民居住分散且家畜养殖量大，一名防疫员常需承担数百甚至数千头家畜的防疫任务，导致疫苗接种、疫情监测等工作难以精准落实。与此同时，基础畜牧兽医队伍专业素质整体偏低，中专及以下学历人员占比较高，现有人员业务能力普遍难以满足实际需求，尤其村、乡镇级防疫员技术能力与现代畜牧业防疫需求严重脱节，复杂疫病诊断和防控能力普遍不足。

牧区分散养殖的传统模式与农牧民相对薄弱的防疫意识相互叠加，导致疫苗接种配合度低、疫情上报不及时等问题普遍存在；而当前适用于牧区的轻简化疫病防治技术缺乏，基层只能依靠经验性防控手段，难以应对复杂疫情。此外，受气候变化、草原生态退化及粗放饲养管理影响，体内外寄生虫病较为普遍，时有布氏杆菌病、腐蹄病、传染性胸膜肺炎、出血性败血症、副伤寒、大肠杆菌病等传染病发生，牛羊腹泻等常见病的规范化防治覆盖率不足60%，疫病所致的死亡率、掉膘率显著上升，直接造成家畜生产性能下降、养殖效益受损。在疾病防控经费保障层面，经费投入不足、防疫员补助微薄，投入的持续收缩加剧了防疫体系的脆弱性。

以青海省为例，2017年至2020年，中央及省级财政防疫经费分别从1.5亿元、5100万元缩减至0.8亿元、4700万元，防疫经费下滑，导致基层防疫设施建设滞后。部分地区牛羊防疫注射栏等专用设备配备不足，检疫检查站缺乏正规隔离场地；病死家畜无害化处理体系长期缺位，仅依赖简易掩埋或焚烧等原始方式处理，埋下疫病传播隐患。

二、产业链短板

牦牛作为藏文化的标志性符号，其肉制品、乳制品（如酥油、酸奶）及毛制品（如帐篷、藏毯）不仅承载着深厚的民族特色，更具备显著的经济、生态、文化价值。然而，受到青藏高原独特的地理气候条件限制——低温、缺氧、交通不便，牦牛养殖、产品加工及销售市场拓展面临天然成本壁垒。当前牦牛畜产品加工环节中，屠宰、分割、包装、冷藏等初加工占比约70%，精深加工能力不足与产品结构单一仍是产业增值的主要瓶颈。

2023年，红原县牦牛肉精深加工转化率为62.7%，牦牛乳为43.1%，虽高于全国平均值，但仍低于肉牛产业整体水平，而色达县牦牛肉加工转化率仅为46.3%，牦牛乳为35%。目前市场的牦牛产品以热鲜肉、冷鲜肉、冻肉、牛肉干及牦牛奶、酸奶等为主，针对有机、绿色、功能性等高端产品的研发和生产加工能力不足。针对牦牛肉加工存在的货架期短、产品形态单一等问题，需要以营养价值为核心拓展精深加工领域，推动传统产品向即食化、方便化方向发展，开发卤味、罐头、营养粉剂等耐储产品；同时，针对老年、婴幼儿、孕妇等特定人群营养需求，研发功能性肉、乳制品，构建"基础生鲜+中端即食+高端功能"的全产品矩阵，将单一的"原料出售"转变为"价值创造"模式。

在市场流通方面，牦牛产品仍以内部消费为主，产品传统流通依赖"牧民→中间商→批发商→零售商"四级模式，由于中间环节烦琐、冷链物流配套不足，导致牦牛肉从产区到销区的流通成本较高，损耗问题突出，终端售价较产区成本显著溢价。从地理条件看，牦牛主产区多位于海拔3000米以上的偏远地区，道路建设成本高、对外交通网络密度低，单程物流运输成本高，导致产品流通局限于产地周边市场和旅游景点，在东部沿海市场占比较低。此外，农牧民及中小加工企业普遍依赖线下交易，对电子商务营销等现代渠道应用不足，销售渠道单一化问题突出。依靠旅游景点虽然能形成一定销量，但缺乏持续稳定的市场增长动力。冬季游客量骤降时，部分企业销量同比下滑，库存积压率高。与之形成对比的是，网络销售能突破地理限制，直接对接东部沿海等广阔市场。通过电商平台建立消费者直连生产端模式，可减少2~3级中间环节，使牧民收入提升；线上渠道的拓展也能带动包装设计、冷链物流、电商运营等配套产业发展，可形成"销售增长—产业协同—经济增值"的良性循环。然而，当前农产品在电子商务中渗透率较低，据业内人士估算，我国农产品的网购渗透率低于5%，而服装、3C数码等产品的渗透率超过20%，前者远远低于后者，还属于初步发展阶段。

以甘孜州为例，2023年牦牛产品线上销售额仅860万元，线下销售额达1.25亿元，线上销售仅占当地牦牛总销售额的6.44%。此外，高原冷链物流短板亟待补齐，其直接限制了牦牛生鲜产品的市场辐射范围，并导致鲜奶等产品因储运损耗造成资源浪费。当前甘孜州已建成投运县级冷链物流中心14个，农产品仓储保鲜设施库容量4万吨，但辐射区域覆盖范围有限，对偏远牧区的服务能力不足，特别是鲜奶"收储运"体系。要破解瓶颈需构建"加工升级—渠道创新—冷链补短板"的协同体系。

三、市场与政策方面

牦牛产品的标准化体系建设严重滞后于市场需求,从养殖到加工的全链条缺乏统一规范,导致产品质量参差不齐,市场信任度难以建立。在养殖环节,因饲养管理差异,牦牛出栏体重、年龄及肉质表现出巨大差异。同时,各产区在饲草搭配、补饲周期、环境调控等方面缺乏统一标准:暖季放牧依赖天然草场自由采食,冷季补饲缺乏精准营养配方,部分牧区甚至长期使用单一饲料,导致牦牛营养摄入失衡,奶肉品质稳定性不足。加工环节以小型家庭作坊式加工厂占比高,普遍缺乏冷链预处理、杀菌灭菌等关键设备,部分牦牛肉制品的水分含量、微生物指标合格率低;精深加工工艺标准和质量管控体系缺乏,产品附加值难以释放,制约了产业向高端化升级。此外,由于地理标志产品认证与溯源体系覆盖不足,市场上"以次充好""杂牌冒充地标产品"等现象频发。以上产业标准化体系不健全因素,导致牦牛品牌公信力不足,同时缺乏市场竞争力。在终端市场,沿海城市大型商超的牦牛产品铺货率较低,且主要陈列牦牛肉干等低附加值加工品,高品质产品难得一见。

总体而言,牦牛产品的市场竞争力瓶颈主要体现在以下三个方面:一是产品同质化现象突出,以低价休闲零食为主,高端生鲜产品占比有限;二是物流配送周期较长,青藏高原至东部地区的冷链运输耗时久,损耗问题明显;三是品牌化运营滞后,消费者对牦牛产品的认知多停留在"高原特产"层面,对其营养优势缺乏深入了解。

生态保护政策与牦牛产业发展的矛盾,集中体现在传统养殖模式、技术转型需求与政策约束的多重冲突中。牧民长期依赖天然草场"靠天养畜",通过扩大存栏量应对风雪灾害等自然风险的生产惯性,与"以草定畜"政策要求的减畜目标形成直接对立,导致"政策要减畜、牧民要保畜"的对立。牧户因担忧风险而采取"分散放牧""跨区偷牧"等规避措施,如玉树州对158户搬迁牧民的调查发现,46%搬迁户仍通过亲友代养、雇工放牧等方式保有牲畜。

其次,牦牛产业发展所需的配套服务滞后加剧了政策执行困境。青藏高原冷季达7~8个月，禁牧期间天然饲草供给减少，但人工饲草基地建设滞后，牧民被迫高价外购商品草，导致养殖成本攀升，部分牧区陷入"生态保护越严、养殖压力越大"的被动局面。现代化养殖技术的推广受限于严苛的生态保护标准，建设饲草基地、养殖基地等设施需满足严苛的土地开发、水源利用和排污规定，养殖设施必须通过多层级环评，大幅提高了产业升级成本。此外，禁牧休牧政策实施后，草原生态得到修复，但部分依赖传统放牧的牧民仍面临收入结构单一化挑战。政策配套的草畜平衡补偿标准普遍低于牲畜养殖收益。例如，青海、西藏等地政策配套的草畜平衡补偿标准为2.5元/亩，普遍低于每头牦牛约800元的养殖收益，导致青海、甘肃等牧区出现"偷牧回潮"现象。

第四节　牦牛产业高质量发展的对策建议

一、强化科技支撑，推动产业升级

科技创新是推动牦牛产业实现高质量发展的关键引擎。针对长期制约牦牛产业转型升级的关键问题，强化科技支撑，利用现代科学技术、数字化管理手段和智能装备，推动种草养畜、良种良繁、营养与饲养管理、生物安全防控、肉乳产品精深加工等环节的科技升级，对突破牦牛产业瓶颈具有决定性意义。

一方面，在草地建设与改良方面，继续大力推广种草养畜模式。利用现代分子生物技术选育适应高原低温、干旱等极端环境条件的优质牧草品种，如耐寒、耐旱且高产草种，使之逐步替代传统牧草。同时，培育具有高营养价值和优良适口性的牧草新品种，为牦牛产业提供充足且高质量的饲草。人工草地建设技术的应用亦十分关键。通过在退化草场或闲置土地上进行科学规划，结合土壤改良技术和科学田间管理，迅速恢复草场生产力。机械化栽培设备的引入，将极大提高草种的播种效率，改善草场植被结构，并有效防止草场进一步退化，从而提高草地产量和利用率。另一方面，应加强高寒地区牧草青贮、干草制作、秸秆加工等饲草料提质增效加工贮藏技术的研发和应用,加大适合高原地区作业的饲草收贮加工机械设备的研发投入,发展专门化饲草产品生产经营主体,保障牦牛养殖优质饲草料的全年充足供应,减少冷季饥饿掉膘损失。

在牦牛品种改良方面,现代育种技术的应用势在必行。应建立完善的地方牦牛保种繁育体系,引入基因组测序和分子标记技术,通过大数据分析和全基因组关联分析,筛选出具有优良遗传性状的牦牛个体,如抗病能力强、生长速度快、产肉和产奶性能优异的品种。建立优良种牛基因库和种质资源库,是防止品种退化、实现科学育种的基础。同时,探索牦牛与其他牛种杂交生产犏牛的经济杂交改良模式,进一步提升牦牛的生产性能。

因地制宜实行差异化的高效养殖模式,是牦牛产业高质量可持续发展的重要途径。加强牦牛各关键生产阶段营养需要量的研究,明确冷热环境、放牧活动量等对牦牛营养需要量的影响规律,为不同生理阶段和养殖模式下牦牛精准营养供给提供科学的营养参数体系。重点研究牦牛围产期、幼龄期、育肥期等关键阶段的健康高效营养调控技术和产品,改善牦牛犊牛胃肠道健康、提高饲草料利用效率、促进机体营养沉积和提升牦牛肉品质。研发推广牦牛各阶段的专门化饲料产品和蛋白替代多元化日粮配制技术,推动牦牛科学饲养水平提升和降本增效。针对高海拔牧区、农牧交错带、河谷农区及高原周边地区不同生态位的饲草料和自然资源特点,开发饲草料资源与产品,集成推广高海拔牧区繁殖母牦牛放牧补饲高效生产技术、牦牛犊牛健康培育技术、农牧交错带牦牛快速育肥出栏技术和季节性错峰出栏技术、农区牦牛异地标准化育肥出栏技术,构建"牧繁农育、山繁川育"的牦牛差异化高效养殖技术模式,提高牦牛出栏率和乳、肉产品的商品化率,推动牦牛产业的转型升级。

生物安全防控是保障牦牛产业健康发展的另一重要环节。利用现代生物技术研发高原常见寄生虫和传染病疫苗,如肝片吸虫病、肺线虫病等疾病疫苗,建立健全防疫制度,提高牦牛整体免疫力,有效降低疫病暴发的风险。开发高效、低毒的驱虫药物并定期开展驱虫治疗,有助于降低寄生虫病的发生率。在传染病防控方面，建立以大数据和人工智能为核心的疫病监测预警系统，实时采集牦牛群体健康数据，精准定位疫病发生区域并及时采取应急措施，将疫病损失降至最低。研发适用于牧区技术设备条件的牦牛疾病防治轻简化技术，有利于技术、产品的快速落地应用。基层防疫体系的建设也至关重要，通过定期对基层防疫人员进行培训、配备先进的检测设备和疫苗冷藏设备，确保疫病防控措施落实到位，实现全链条的生物安全管理。

在数字化与智能化管理方面，通过建设智能化养殖场和自动化管理系统，推广智能项圈、电子围栏及智能饲喂系统等，不仅可提高养殖管理效率，也可有效降低人力成本和管理风险。此外，建立牦牛产业大数据平台，将良种繁育、养殖、疫病防控、环境监测、市场销售等多维数据进行整合和分析。区块链技术在产品溯源中的应用，可确保牦牛产品从养殖到销售全程信息透明化，提高消费者对产品安全性的信任。

总体而言，强化科技支撑既包括各关键生产环节的科技全方位升级，也要求政府、科研院所、养殖主体形成紧密的协同合作机制，建立产学研一体化的技术推广体系。只有不断加大科研投入和技术创新力度，推动现代科学技术在牦牛产业中的广泛应用，才能真正实现牦牛产业从传统粗放型向现代化高效养殖转型升级，为高原经济发展注入强劲动力。

二、完善产业链条，提升产品附加值

牦牛产业作为高原地区的重要经济支柱，其产业链条的完善与产品附加值提升是实现产业高质量发展的核心路径。目前，牦牛产业存在着深加工环节不足、产品种类单一、销售渠道狭窄以及品牌影响力不足等问题，亟须从屠宰加工、产品开发、质量监管与溯源、品牌建设及渠道拓展等多方面进行全面升级与延伸，以适应市场的多元化需求，实现产品从初级农产品向高附加值深加工产品的跨越。

在屠宰加工环节，应推广现代化、自动化的屠宰技术。引进先进的自动击晕机、自动剥皮机、自动分割线等智能设备，构建标准化、规模化的屠宰加工车间,既能大幅提高屠宰效率,又能有效降低人工操作带来的卫生安全风险。同时,建立严格的操作规程和卫生监管体系,确保屠宰过程中的每个环节均符合食品安全标准,保障牦牛肉产品的质量安全。依托先进技术,针对不同部位的肉质特点,开发冷鲜肉、冰鲜肉、调理肉等精细化分割产品,并根据高端消费和大众市场的不同需求,分别开发雪花肉、高档眼肉以及方便速食等系列产品,形成产品多样化格局。

其次,产品精深加工是提升产品附加值的重要突破口。通过引入现代食品加工技术,将牦牛肉、牦牛奶等初级产品进一步加工为预制菜、休闲食品、功能性保健品等系列产品,既能延长产品保质期,又能丰富产品种类。预制菜方面,可开发牦牛火锅底料、牦牛汤锅等产品,方便消费者快速烹饪;休闲食品方面,利用牦牛乳、内脏等开发多元化休闲风味小吃;在功能性保健品领域,通过提取牦牛血、骨、皮中的活性成分、免疫球蛋白、骨胶原等,研发具有补血、抗疲劳、增强免疫力等功能的健康产品,进一步提升产品附加值。与此同时,应加强与科研机构和食品企业的深度合作,开展牦牛产品加工关键技术攻关,优化生产工艺,提高产品竞争力。

在质量监管与溯源体系建设方面,构建完善的产品质量标准体系已势在必行。从屠宰、分割、包装到运输全程建立严格的检验检测和追溯机制,确保每一批次的产品都可追溯、可监控。利用人工智能和区块链技术,实现牦牛肉品质的快速检测与全程溯源,确保消费者购买的每一件产品都符合安全、卫生标准,并在市场上树立品牌信誉。借助这一体系,提升消费者对产品的信心,同时为市场监管提供有力的数据支撑。

品牌建设和渠道拓展是产业链延伸的最后一环。牦牛产业具有浓厚的地域特色和文化底蕴,应通过打造区域性品牌,形成具有独特竞争力的品牌效应。加强品牌形象宣传,扩大电商平台、直播带货、社交媒体等新型营销手段的应用范围,建立线上线下联动的销售网络,提升品牌知名度与竞争力。同时,应拓展与大型超市、餐饮连锁企业及旅游业的合作,通过品牌联名、定制化产品和主题活动,构建覆盖全渠道、多层次的市场销售体系,既满足高端市场的品质需求，又覆盖大众消费群体，实现产品全域营销，提升消费者的品牌忠诚度和用户黏性。

此外，还需注重跨界合作与产学研联动。通过联合开发、共同推广等方式，将牦牛产品深加工与地方旅游、文化产业结合起来，形成区域经济一体化发展模式。政府、企业和科研院所三方协作，共同制定发展规划、技术标准和营销策略，为牦牛产业注入持续发展的新动能。通过多维度、多层次的产业链延伸与创新，不仅能够有效提升牦牛产品的附加值和市场竞争力，更能推动整个产业由传统农牧业向现代食品加工业转型升级，形成集养殖、加工、销售、文化传播于一体的综合性产业体系，从而实现经济、社会与生态效益的有机统一。

三、打造区域品牌，拓展市场

区域品牌建设是牦牛产业走向高端市场、提升市场竞争力的必由之路。随着生态养殖观念的普及和藏族文化的传播，牦牛产业具备独特的地域标识和文化内涵，其产品不仅在国内市场具有较大潜力，更有望借助品牌效应走向国际市场。因此，必须从产业发展趋势、品牌塑造战略、销售渠道拓展和差异化产品策略等多个层面入手，构建具有鲜明地方特色和核心竞争力的牦牛区域品牌体系。

首先，深入分析牦牛产业的发展趋势和区域优势。近年来，高原生态优势日益凸显，绿色生态养殖成为主流发展模式，地方政府和企业纷纷投入资源建设生态养殖基地，推动产业集群化发展。在这一背景下，牦牛产业不仅要关注传统养殖模式的转型升级，更应注重将区域独特的自然资源、民族文化与现代科技有机结合，通过产品的品质提升和形象塑造，打造具有地域特色和文化内涵的品牌。通过科学规划，推动全产业链的标准化、信息化建设，为区域品牌打造提供坚实基础。

其次，在品牌建设方面，要注重品牌故事和文化内涵的塑造。牦牛作为高原地区的代表性畜种，与当地民族风情、历史传承有着密切联系。借助这一文化优势,可以通过举办牦牛节、开展生态体验、设立文化论坛等活动,传递牦牛的独特文化价值和地域故事,增强消费者对品牌的情感认同。同时,建立标准化生产和质量控制体系,以产品质量为核心竞争力,形成"绿色、有机、健康"的品牌形象,为品牌赋予信任感和口碑效应。政府和企业应协同制订品牌推广计划,通过广告、媒体报道、网络营销等方式,强化品牌曝光和市场认知,逐步将牦牛区域品牌打造成具有国际影响力的"王牌"品牌。

此外,差异化产品策略亦不可忽视。市场消费需求呈现明显分层,高端市场和大众市场对产品在品质、包装、功能等方面的要求各不相同。针对高端消费者,可推出有机、绿色认证的高档牦牛肉、牦牛奶以及健康功能性产品,注重产品外观设计、包装、口感与营养的完美平衡;而对于中低端市场,则以价格优势和便捷性为卖点,推出物美价廉、易于烹饪的系列产品。产品线的丰富和精准定位,既能满足不同层次市场的需求,也能形成品牌产品的完整矩阵,提升整体市场占有率和品牌影响力。

四、促进生态与产业协同发展

生态保护与产业发展本质上并不矛盾,而是可以实现协同共赢。高原草场的退化和生态脆弱性长期制约着牦牛养殖业的发展。为此,必须探索草地生态保护与现代养殖的有机结合途径,构建生态优先、绿色发展的牦牛产业模式。通过科学管理、精准调控和技术创新,实现草地资源的可持续利用与畜牧业高效生产的双重提升。

首先,在草地生态保护方面,要持续推进退化草地修复与综合治理。针对中度退化草地,采用人工干预措施,如补播耐寒耐践踏草种,结合有机肥局部施用和土壤改良技术,逐步恢复草场生产力。同时,对于重度退化草场,应通过围栏封育和禁牧措施进行长期保护,建立核心生态保护区,确保草场生态系统的稳定性。进一步探索草畜循环经济模式,实现生态与产业的有机融合。在海拔较低区域建设人工饲草基地,推广混播技术,提高牧草单产和利用率;将养殖废弃物转化为农业有机肥料,降低环境污染,提升附加经济效益。通过这种循环经济模式，不仅能改善草场生态环境，还能形成畜牧业和农业的互补效应，推动区域内经济协同发展。

其次，建立基于现代遥感和大数据技术的载畜量动态调控体系。结合高原草场类型和NDVI（归一化植被指数）数据，科学核定不同区域的载畜标准，并制定"暖季—冷季"差异化管理方案。依托数字化监测平台，实时采集气象、植被生长和畜群分布数据，及时预警载畜量超标区域，实现超载预防与干预。同时，推行划区轮牧和科学放牧制度，明确各牧区放牧周期和放牧载畜量，确保草场能够得到合理利用与充分休整恢复。在提高生产效率与资源集约利用方面，推广现代牧场管理模式。通过设立社区共管机制，鼓励牧民签订轮牧公约；利用北斗定位和数字化监控，实现对畜群活动的精准跟踪和管理。针对不同季节和草场特点，制定合理的补饲和营养调控方案，利用本地资源加工高品质草产品，提升粗饲料消化率，从而降低饲料浪费，提高生产效益。同时，加强遗传改良和集中育肥技术的应用，提高个体性能、缩短出栏周期，提升牦牛生长效率和产品质量。进一步强化落实生态补偿机制，对严格执行草场管理和轮牧制度的牧民给予资金补贴；通过绿色产品认证、溯源体系建设和生态保险机制，激励养殖企业和牧民积极参与生态保护。利用区块链和大数据技术建立全程追溯系统，确保产品从养殖到销售每一环节均符合生态环保标准，形成优质溢价效应，增强消费者对绿色产品的认可度。

最后，构建科技支撑与实施保障体系尤为关键。建立数字化智慧牧场管理平台，集成草场监测、疫病预警和环境管理功能，实现科学决策和精准调控。定期开展农牧民科技培训，推广生态修复、科学养殖及现代机械化操作等先进技术，提升基层技术人员的综合能力和应急处置水平。同时鼓励产学研合作，共同开发适应高原生态环境的先进设备和技术，为牦牛产业的生态与经济协同发展提供持续技术支持和保障。

五、优化政策保障与产业协同

政策保障是牦牛产业稳定健康发展的根基。政府需在宏观政策、种业振兴、饲草料保障、金融合作与市场监管等方面出台系统性、综合性政策措施,构建"生态优先、效率导向、风险可控"的发展框架,确保牦牛产业从传统粗放模式向现代化、品牌化转型升级。

首先,强化政策引导和顶层设计是优化产业发展的前提。牦牛产业政策需从国家、省、市各级层面进一步强化完善,明确牦牛产业的战略定位和发展重点。通过制定产业发展规划、标准体系和量化考核指标,明确养殖、加工、销售等各环节的技术要求和监管标准。推广标准化养殖场建设和先进养殖模式,如"划区轮牧+补饲""牧繁农育"等模式,形成既符合生态保护要求又能高效生产的现代养殖体系。政策实施过程中,要加强执行监督,确保各项扶持政策精准落实到基层和养殖主体。

保障饲草料供给是牦牛产业可持续发展的重要支撑。牦牛养殖过程中,饲草料短缺一直是制约规模化养殖的关键因素。为此,应大力推广"藏肉于草"战略,建设优质饲草基地,加大对牧草种植、加工和贮存设施的资金、政策与科研投入。利用现代退化草地治理修复技术、高产人工饲草草种选育与草地建植技术,提升天然草场产草能力,弥补季节性饲草缺口。同时,通过建立价格联动保险机制和补贴政策,帮助牧户应对市场波动风险,稳定饲草料市场,保障养殖生产正常运行。

其次,聚焦种业振兴,夯实牦牛产业的根基。优良种源是畜牧产业发展的核心竞争力。为此,政府应将牦牛种业纳入现代畜牧业优先扶持范围,设立专项资金,引导科研院所、龙头企业和牧户合作,形成协同创新机制。依托地方品种保种场、基因库,建立完善保种繁育体系,运用基因组测序和分子标记技术,对优势品种进行系统鉴定和筛选,建立标准化、数字化的种畜管理平台,提升良种供种能力。通过推广人工授精、胚胎移植等高效繁殖技术,提高优良种源的更新速度,确保牦牛品种在适应高原环境的同时,具备更高的生产性能和经济效益。

金融支持是牦牛产业转型升级的重要动力。尤其在当前我国肉牛产业市场相对低迷的情况下,政府和金融机构应建立风险补偿机制和低息、无抵押贷款渠道，为养殖企业和牧户提供必要的资金支持。同时，推动金融机构开发专属产业金融产品，借助大数据、区块链等技术，构建动态监测和风险预警平台，实现线上承保和快速理赔，增强产业抗风险能力。通过多渠道融资，降低产业扩张和技术改造的资金压力，为牦牛产业的现代化转型提供充足的资金保障。

最后，完善市场监管体系，维护产业健康运行。建立覆盖全产业链的精准监管机制，强化饲草、活牛、成品运输等环节的质量监控和溯源管理，确保市场交易公开透明。采用电子耳标等信息化管理手段，对异常交易行为进行大数据分析预警，并联合相关部门开展跨区域执法，严厉打击虚假宣传、商业贿赂和侵犯地理标志等违法行为。通过构建"企业自查+行业互查+政府督查"三级监管体系，确保各环节合规运行，保护牧户和消费者合法权益，形成优质优价、良性竞争的市场生态。

综上所述，通过科技支撑、产业链完善、品牌打造、生态与产业协同发展、政策保障等多项举措的系统组合，可以为牦牛产业的高质量发展提供有力支撑。各级政府、养殖主体和科研机构应紧密协作，共同推动牦牛产业由传统粗放模式向科学化、现代化、市场化转型，最终实现生态保护、经济效益和社会效益的多赢局面，为区域经济发展注入持久动力。

附录

2024年牦牛产业发展大事记

一、相关政策

2024 年 7 月 29 日，农业农村部答复关于扩大青海省草原畜牧业转型升级试点范围促进畜牧产业高质量发展的提案

2024年7月29日，农业农村部对王舰、李青委员在政协第十四届全国委员会第二次会议上提出的关于扩大青海省草原畜牧业转型升级试点范围、促进畜牧产业高质量发展的提案［第04232号（农业水利类306号）］作出答复，明确将通过中央财政资金支持青海省建设牦牛藏羊规模化养殖场和生态牧场，并联合技术单位强化技术指导，推动牦牛产业集约化发展。此前，青海省已累计投入近2亿元，建设109个规模化养殖场和60个生态畜牧业合作社。

二、重要成果

1. 2024 年 9 月 14 日，肃北牦牛通过国家畜禽遗传资源审定

自2024年9月14日至2024年10月13日，国家畜禽遗传资源委员会对最新审定通过的18个遗传资源进行了公示，肃北牦牛榜上有名。这标志着酒泉市在本土畜禽遗传资源保护和利用上实现了重大突破，为全市畜禽种业高质量发展奠定了坚实基础。肃北牦牛分布在盐池湾一带，是经过长期的自然选择所形成的独特的牦牛群体，具有适应高原地区恶劣气候、耐低氧、耐寒、耐粗饲等优良特性，是当地牧民生产、生活不可或缺的重要畜种。具有体格大、生长速度快、产肉性能好等优势，优质种牛远销甘肃省肃南县、新疆巴里坤、青海省大通县等

地，产业化开发利用潜力大。

2. 2024 年 10 月 1 日，国家标准《牦牛生产性能测定技术规范》正式实施

由中国农业科学院兰州畜牧与兽药研究所制定的国家标准《牦牛生产性能测定技术规范》（标准号GB/T 43842—2024）正式发布，自2024年10月1日起实施。牦牛生产性能测定旨在评估牦牛个体特定经济价值的某一性状的表现，是牦牛育种工作中至关重要的一环。该标准详细规定了牦牛生产性能测定的基本要求、测定项目、记录与档案，规范了牦牛品种选育过程中的性能测定内容与方法。该标准的发布与实施，为牦牛生产性能测定提供了科学、系统和规范的测定内容和方法，为牦牛育种和生产提供了全面可靠的信息，也为牦牛品种选育和联合育种提供了有力保障。

3. 2024 年 11 月 21 日，久治牦牛通过国家畜禽遗传资源委员会专家现场核验

2024年11月21日，青海省果洛藏族自治州久治县传来喜讯，经过国家畜禽遗传资源委员会专家组的严格现场核验，久治牦牛成功通过审核，标志着久治牦牛遗传资源在畜禽遗传资源保护和利用方面取得了重要进展。

全国畜牧总站畜禽资源处处长孙飞舟率国家畜禽遗传资源委员会3名专家，于2024年11月20日至21日在久治县开展了此次核验工作。专家组前往久治县高原牦牛种畜场，现场查看久治牦牛核心群的群体数量和体型外貌，抽样测定了体高、体长、胸围、体重等各项主要生产性能指标，并详细查验了久治牦牛的相关历史档案、生产记录和系谱资料。

4. 2024 年 12 月 18 日，"美仁牦牛"被列入国家畜禽遗传资源名录

由中国农业科学院兰州畜牧与兽药研究所和甘南州合作市畜牧工作站联合挖掘的新资源美仁牦牛被列入国家畜禽遗传资源名录。这一里程碑式的成就，不仅加强了对美仁牦牛资源的保护力度，更为后续的科学研究、品种改良及市场推广奠定了坚实基础。

5. 2025 年 1 月 9 日，行业标准《畜禽品种（配套系）阿什旦牦牛》正式发布

2025年1月9日，由中国农业科学院兰州畜牧与兽药研究所制定的农业行业标准《畜禽品种（配套系）阿什旦牦牛》（标准号NY/T 4625—2025）正式发布（中华人民共和国农业农村部公告第873号），自2025年5月1日起实施。阿什旦牦牛是由兰州牧药所携手青海省牦牛繁育推广服务中心，经过20余年的系统性选育培育成功的牦牛新品种，于2019年4月通过国家畜禽遗传资源委员会审定，获得国家畜禽新品种证书。国家肉牛牦牛产业技术体系牦牛岗站专家参与了标准的制定。该标准的出台，对指导和规范阿什旦牦牛新品种的选育与生产具有决定性影响，有利于提升该品种种群性能和标准化选育管理水平，对增强其市场竞争力和推动牦牛产业良种化具有重要现实意义。

三、重要活动

1. 2024 年 1 月 29 日，国家重点研发计划项目"牦牛产业关键技术研究与应用示范"2023 年度进展总结会顺利召开

2024年1月，中国农业科学院兰州畜牧与兽药研究所召开"牦牛产业关键技术研究与应用示范"项目年度进展总结会。该项目聚焦牦牛遗传育种、健康养殖及产品加工技术，获科技部专项支持，目标为乡村振兴提供科技支撑。

2. 2024 年 9 月 21 日至 24 日，新疆牦牛产业高质量发展论坛暨国家牦牛产业提质增效科技创新联盟工作会顺利召开

2024年9月21日至24日，由中国农业科学院西部农业研究中心和兰州畜牧与兽药研究所联合举办的新疆牦牛产业高质量发展论坛暨国家牦牛产业提质增效科技创新联盟工作会在新疆喀什召开。中国工程院院士任发政作主旨报告，兰州牧药所所长张继瑜、自治区农业农村厅总畜牧师熊斌、喀什地区行政公署副专员艾尼瓦尔·吐尔逊分别致辞，联盟理事长阎萍作联盟工作总结。西部中心主任高雷主持会议。

3. 2024 年 12 月 20 日至 24 日，国家肉牛牦牛产业技术体系 2024 年度总结考评会顺利召开

12月20日至24日，2024年度国家肉牛牦牛产业技术体系年终总结和考评会议在陕西省宝鸡市扶风县召开。农业农村部科学技术司处长杨琴，农业农村部畜牧兽医局二级调研员张晓宇，以及陕西省农业农村厅、宝鸡市农业农村局、扶风县相关负责人出席。国家肉牛牦牛产业技术体系全体岗位科学家、综合试验站站长80余人参加。本次大会由国家肉牛牦牛产业技术体系宝鸡综合试验站承办。

四、社会影响

1. 2024 年 4 月 25 日，《农场动物福利要求 牦牛》团体标准发布

2024年4月，中国农业国际合作促进会发布全球首部牦牛动物福利团体标准。该标准关注牦牛生长环境的生态可持续性，旨在提升牦牛绒等产品的国际竞争力，促进产业可持续发展。

2. 2024 年 12 月 4 日，"比如亚贡牦牛"入选 2024 年第三批全国名特优新农产品名录

2024年12月4日，农业农村部农产品质量安全中心正式发布2024年第三批全国名特优新农产品名录，由比如县申报的"比如亚贡牦牛"成功入选。这标志着比如县在深入推进智慧牧业建设、促进高原特色现代牧业高质量发展方面取得了又一重要成果。

3. 2025 年 3 月，青海牦牛产业入选国家农业产业融合发展项目

2025年3月，农业农村部公布的2025年农业产业融合发展项目中，青海玉树市牦牛现代农业产业园、曲麻莱县约改镇牦牛产业强镇等入选。项目将获得国家级政策与资金支持，推动全产业链整合。

参考文献

[1] 肖元、赵智轩、李坤：《牦牛健康养殖的现状、挑战与发展前景》，《养殖与饲料》2025年第3期，第35—40页。

[2] 李新彤、杨兴龙：《西藏林芝市牦牛产业发展存在的问题与对策》，《中国牛业科学》2024年第5期，第56—59页。

[3] 马晓蓉、张洋溢、张雪茹：《青海省可可西里牦牛肉干营销方式的探索》，《商场现代化》2025年第7期，第75—77页。

[4] 彭超：《聂荣县牦牛产业龙头企业嘎确公司市场营销策略分析》，《中国电子商情》2024年第2期，第25—27页。

[5] 陈顺港、高玉、陈宁博等：《青藏高原牦牛驯化的考古学与遗传学研究进展及展望》，《科学通报》2024年第11期，第1417—1428页。

[6] 全国畜牧总站：《国家畜禽遗传资源品种名录（2024年版）》。网址：https://www.nahs.org.cn/gk/tz/202502/t20250210_452797.htm。

[7] 罗敬：《牦牛Y染色体基因组遗传多样性及父系起源研究》，青海大学硕士学位论文，2023年。

[8] 张子璇、赵姗姗、胡翔宇等：《我国牦牛产业标准体系现状及发展对策》，《食品工业》2022年第11期，第237—242页。

[9] 韩昕丽、梁丹辉：《我国牦牛产业经济分析》，《中国食物与营养》2024年第2期，第17—20页。

[10] 韦唯、吴奇强：《浅谈牦牛资源研究与利用进展》，《农家参谋》2019年第17期，第111—112页。

[11] 曹兵海、曹建民、李俊雅等：《2023年度肉牛牦牛产业与技术发展报告》，《中国畜牧杂志》2024年第3期，第335—338页。

[12] 姬秋梅：《新业态下的西藏牦牛产业发展思考》，《西藏农业科技》2018年
第2期，第1—4页。

[13] 杨春华、刘俊杰、王慧敏：《进一步深化农村改革 扎实推进乡村全面振
兴——学习贯彻2025年中央一号文件精神笔谈》，《农林经济管理学报》
2025年第2期，第157—164页。

[14] 《促进牦牛产业高质量发展政策措施》，《四川畜牧兽医》2024年第11期，
第61—62页。

[15] 索朗多吉、卫色加措：《牦牛的育肥饲养管理技术》，《今日畜牧兽医》2024
年第7期，第65—67页。

[16] 杨柏琼、吕浪、严文岚等：《高原牦牛的主要疾病与防控措施》，《四川畜牧
兽医》2024年第8期，第60—61页。

[17] 陈童、郭涛、李浩等：《塔什库尔干县牦牛产业发展中存在的问题及建议》，
《黑龙江动物繁殖》2021年第5期，第48—50页。

[18] 《甘肃省甘南州在牦牛全国标准化制定领域取得新突破》，《大众标准化》
2022年第19期，第193页。

[19] 刘忠敏、谢文杰、刘泓涧：《技术创新、产业集聚对能源生态效率影响研
究》，《价格理论与实践》2023年第5期，第184—187+211页。

[20] 官令、顿珠罗布、仓决卓嘎等：《高原地区牦牛产业化发展现状与对策建
议——以西藏错那市为例》，《当代畜禽养殖业》2024年第6期，第50—51页。

[21] 刘颖：《宁夏培育数字信息产业新业态赋能经济高质量发展研究》，《老字号
品牌营销》2024年第21期，第48—50页。

[22] 张群英、赵文俊、王卫等：《牦牛肉品质特性及其影响因素研究进展》，
《中国畜牧杂志》网络版，2025年3月24日。

[23] 仁青东智：《青藏高原牦牛的繁育技术分析》，《中国畜牧业》2024年第17期，
第57—58页。

[24] 王可、祝超智、赵改名等：《中国牦牛的品种与分布》，《中国畜牧杂志》2019
年第10期，第168—171页。

[25] 欧阳熙煌、王军邦、赵亮等：《青藏高原高寒草地食草家畜碳收支动态》，《生态学报》2024年第22期，第10133—10145页。

[26] 贾功雪、丁路明、徐尚荣等：《青藏高原牦牛遗传资源保护和利用：问题与展望》，《生态学报》2020年第18期，第6314—6323页。

[27] 谢凯丽、侯扶江：《补饲对放牧家畜生产力的作用》，《动物营养学报》2025年第1期，第36—47页。

[28] 骆正杰、马进寿、保广才等：《青海省牦牛种业发展现状、存在问题及应对策略》，《中国畜牧杂志》2021年第2期，第231—234页。

[29] 曹兵海、张越杰、李俊雅等：《2022年肉牛牦牛产业发展趋势与政策建议》，《中国畜牧杂志》2022年第3期，第251—257页。

[30] 王之盛、阎萍、保善科等：《牦牛产区：改变传统生产方式推进牦牛产业发展》，《中国畜牧业》2013年第14期，第34—35页。

[31] 曹兵海、李俊雅、王之盛等：《2023年肉牛牦牛产业发展趋势与政策建议》，《中国畜牧杂志》2023年第3期，第323—329页。

[32] 王瑞琪、陈天均、范文教等：《牦牛肉相关制品及其加工工艺研究进展》，《食品科技》2024年第6期，第127—133页。

[33] 张舒：《畜牧业高质量发展赋能乡村振兴的逻辑与进路》，《饲料研究》2024年第6期，第185—189页。

[34] 赵丽红：《发展特色养殖振兴乡村畜牧业经济发展》，《吉林畜牧兽医》2024年第10期，第163—165页。

[35] 李妍：《生态畜牧业绿色发展赋能乡村振兴的价值与路径》，《饲料研究》2024年第20期，第188—191页。

[36] Cao J, Adamowski J F, Deo R C, et al. "Grassland Degradation on the Qinghai–Tibetan Plateau: Reevaluation of Causative Factors", *Rangel and Ecology & Management*, 2019, 72(6): 988–995.

[37] Long R J, Zhang D G, Wang X, et al. "Effect of strategic feed supplementation on productive and reproductive performance in yak cows", *Preventive*

Veterinary Medicine, 1999, 38(2–3): 195–206.

[38] 靳生伟、孙永刚、祁增源等：《冷季不同饲养方式对青海高原型牦牛肉品质的影响》，《饲料研究》2024年第23期，第1—12页。

[39] 信金伟、张成福、姬秋梅等：《类乌齐牦牛产肉性能及肉品质分析》，《湖北农业科学》2017年第3期，第501—505页。

[40] 彭巍、舒适、付长其等：《产后补饲对放牧哺乳牦牛增重、生殖激素分泌和繁殖性能的影响》，《青海畜牧兽医杂志》2021年第6期，第46—49页。

[41] 徐俊杰：《日粮精粗比对舍饲育肥牦牛生产性能、血液指标、瘤胃代谢及脂肪代谢的影响》，南京农业大学硕士学位论文，2022年。

[42] 赵晓东：《冷季全舍饲对麦洼牦牛生长性能、血液生化和血清矿物元素的影响》，四川农业大学硕士学位论文，2016年。

[43] 梁远：《基于交易特性视角肉牛养殖户的产业组织模式选择及其效应研究》，吉林农业大学博士学位论文，2024年。

[44] 李名镜、祁应军、李文军：《生计和生态视角下搬迁牧户保有牲畜的行为研究——以青海省玉树州搬迁牧户为例》，《北京大学学报（自然科学版）》2021年第4期，第773—782页。

后 记

在乡村振兴特色优势产业培育工程丛书之《中国牦牛产业发展蓝皮书（2022）》和《中国牦牛产业发展蓝皮书（2023）》顺利出版的基础上，2024年10月，中国乡村发展志愿服务促进会再次委托四川省草原科学研究院副院长、国家畜禽遗传资源委员会牛专业委员会委员、国家肉牛牦牛产业技术体系红原综合试验站站长罗晓林研究员牵头编写了《中国牦牛产业发展蓝皮书（2024）》。

本书由四川省草原科学研究院联合青海大学、吉林农业大学、中国农业科学院北京畜牧兽医研究所、中国农业科学院兰州畜牧与兽药研究所、青海夏华清真肉食品有限公司、红原牦牛乳业有限责任公司、甘孜藏族自治州康定蓝逸高原食品有限公司、西藏昌都市藏家牦牛股份有限公司等相关机构专家、企业家共同组成编委会组织编写。为完成本书，编写组成员通力合作，历经方案设计、提纲确定、数据调研、实地考察、个别访谈、数据分析等环节，并多次召开线上线下专题研讨会、汇报会、调度会和专家修改评审会。书稿经中国乡村发展志愿服务促进会统一组织的专家初审会和专家评审会评审后，最终定稿。全书由四川省草原科学研究院副院长罗晓林研究员总体设计撰写方案、全程指导并最终审定，四川省草原科学研究院赵洪文副研究员负责资料的收集整理和统稿。数据调查统计工作得到了青海、西藏、四川、云南、甘肃等省（区、市）各级领导、专家和企业家的大力支持。

本书撰写人员具体分工如下：

绪　论

　　　　罗晓林（四川省草原科学研究院副院长、研究员）

　　　　　　赵洪文（四川省草原科学研究院副研究员）

第一章　牦牛产业发展基本情况

　　　　　　马志杰（青海大学研究员）

　　　　　　谢　鹏（中国农业科学院北京畜牧兽医研究所副研究员）

第二章　牦牛产业发展外部环境

　　　　　　王　军（吉林农业大学教授）

第三章　牦牛产业发展重点区域

　　　　　　梁春年（中国农业科学院兰州畜牧与兽药研究所研究员）

第四章　牦牛产业发展重点企业

　　　　　　赵洪文（四川省草原科学研究院副研究员）

　　　　　　张新军（青海夏华清真肉食品有限公司畜牧师）

第五章　牦牛产业发展的代表性产品/品牌

　　　　　　谢　鹏（中国农业科学院北京畜牧兽医研究所副研究员）

　　　　　　张　丽（甘肃农业大学教授）

第六章　牦牛产业发展效益评价

　　　　　　王　军（吉林农业大学教授）

第七章　牦牛产业发展趋势与对策

　　　　　　张翔飞（四川省草原科学研究院副研究员）

附　录　2024年牦牛产业发展大事记

　　　　　　赵洪文（四川省草原科学研究院副研究员）

　　　　　　尚凯圆（四川省草原科学研究院硕士）

　　本书由编委会主任刘永富会长审核。在此，向蓝皮书统筹规划、章节写作和参与评审的专家们表示感谢！正是大家的辛勤努力和付出，保证了本书的顺利出版。此外，中国出版集团有限公司及研究出版社也对本书给予了高度重视和热情支持，其工作人员在时间紧、任务重、要求高的情况下，为本书的出版付出了大量的精力和心血，在此一并表示衷心的谢意！感谢所有被本书引用和参考过的文献作者，是你们的研究成果为本书提供了参考和借鉴。由于编写时间短，本书仍存在一些不足和有待改进与完善的地方，真诚欢迎专家学者和广大读者批评指正。

本书编写组

2025年5月